JULES SIMON

LÉON-SÉCHÉ

FIGURES BRETONNES

JULES SIMON

SA VIE, SON TEMPS, SON ŒUVRE

1814-1896

DOCUMENTS INÉDITS

NOUVELLE ÉDITION

REVUE, CORRIGÉE ET AUGMENTÉE

Illustrée de portraits et de nombreuses gravures

PARIS

LIBRAIRIE HISTORIQUE DES PROVINCES

ÉMILE LECHEVALIER

39, QUAI DES GRANDS-AUGUSTINS, 39

1898

Il a été tiré de cet ouvrage 60 exemplaires sur Japon.

AVERTISSEMENT

La première édition de ce livre date de l'année 1887. Jules Simon était alors souverainement impopulaire, et je me rappelle encore la réponse qu'il me fit, quand je lui parlai d'écrire sa vie : « Mon ami, me dit-il, vous avez vraiment du temps à perdre. A quoi bon faire un livre qui n'intéressera personne et que personne ne lira!... »

Le livre, à sa grande surprise, obtint plus qu'un succès d'estime dans le monde blasé de la politique et des lettres, peut-être à cause des documents nouveaux qu'il apportait à l'histoire contemporaine, mais surtout, j'imagine, parce qu'il révélait au public un Simon qu'on ne connaissait pas.

En moins de six mois, la première édition de ce livre fut épuisée.

Celle que je publie aujourd'hui ne diffère de

l'ancienne que par les chapitres q e j'y ai ajoutés, les notes que j'ai multipliées au bas des pages et les erreurs de détail que j'ai rectifiées. Je ne suis pas, en effet, de ceux qui brûlent ce qu'ils ont adoré. En 1887, je n'avais qu'une ambition : réhabiliter Jules Simon dans l'opinion publique, en établissant, pièces en mains, que le libéral impénitent qui était en lui n'avait jamais changé. Aujourd'hui je n'ai qu'un but : lui rendre un dernier et suprême hommage, en attendant les honneurs du bronze que sa ville natale lui réserve.

L. S.

PORTRAIT DE JULES SIMON

Commençons la Sainte croisade, la croisade de la Science : Il n'y a plus de supériorité ni de Sécurité que par elle. Dans la Société telle que les Siècles, les révolutions et la liberté nous l'ont faite, il n'est plus permis d'ignorer, il n'est plus possible de S'arrêter.

Il faut courir, ou mourir.

Jules Simon

AUTOGRAPHE DE JULES SIMON

JULES SIMON

I

La maison natale et les parents de Jules Simon. — Son extrait de naissance. — Origine de ses relations avec la
famille d'Orléans. — Une pièce de vers inédite. — Ses
souvenirs d'enfance. — Le collège de Vannes. — M. Dufilhol et le roman de *Guionvac'h*. — L'École normale
en 1833. — Jules Simon et Victor Cousin. — Un suppléant
à la Sorbonne à 83 f. par mois. — Le restaurant Flicoteaux. — Le *Timée* de Platon. — Petites vilenies de
Victor Cousin.

Jules Simon, de son vrai nom François-Jules
Suisse (1), est né à Lorient, rue du Port, n° 7 (2), le
27 décembre 1814, à trois heures du matin, et fut
baptisé le même jour à l'église paroissiale de Saint-

(1) Jules Simon porta dès l'enfance, comme nom de famille, le prénom sous lequel était habituellement désigné
son père. Cependant, comme je le dis plus loin, ses deux
thèses pour le doctorat sont signées de son nom patronymique.

(2) Cette maison porte actuellement le n° 98 de la rue du
Port, à Lorient. M. Jules Simon est né dans la partie qu'occupe le débit de boissons « A la descente des Lannionnais. »

Louis (1). Son père, Alexandre-Simon Suisse, appartenait à une famille lorraine. C'est malheureusement tout ce qu'on sait de ses origines. Les registres de l'état-civil de Lorient où il vint se fixer au début du Consulat, et ceux de Saint-Caradec (Côtes-du-Nord) où il mourut le 7 mars 1843, le font naître à Landresin ou à Loudrefin, ancien département de la Meurthe. Or il n'y a pas de commune de ce nom dans l'ancienne Meurthe, non plus que dans l'ancienne Moselle, et les recherches que j'ai faites de différents côtés pour retrouver la souche

(1) Voici la copie textuelle de son extrait de naissance :

« Extrait du registre des actes de naissance de la ville et commune de Lorient (Morbihan), pour l'année 1814, où est écrit ce qui suit:

« L'an mil huit cent quatorze, le vingt-huit décembre, à quatre heures après midi, par devant nous Pierre Lemir, adjoint à la mairie de Lorient, faisant les fonctions d'officier de l'état-civil, en vertu de la délégation spéciale de monsieur le maire, est comparu le sieur Alexandre-Simon SUISSE, marchand de draps, âgé de cinquante ans, lequel nous a présenté un enfant, du sexe masculin, né rue du Port, n° 7, à trois heures du matin, du jour d'hier, de lui déclarant et de dame Marguerite-Vincente Fontaine, son épouse, mariés en cette commune le sept ventôse an dix, et y domiciliés, et auquel il a déclaré vouloir donner les prénoms de FRANÇOIS-JULES. Les dites déclaration et présentation faites en présence des sieurs Mathieu Meyrat, marchand de vins, âgé de quarante-un ans, et Jean-Baptiste Morel, marchand tapissier, âgé de quarante-un ans, accompagnés de Jules-Gustave Suisse, âgé de six ans et demi et Hermine-Françoise Suisse, âgée de neuf ans, frère et sœur de l'enfant, domiciliés en cette commune, et après lecture faite du présent acte de naissance, sous notre seing, ceux du père et des témoins, signé : Meyrat, Morel, Alexandre-Simon Suisse et Lemir, adjoint. »

paternelle de Jules Simon ont été infructueuses.
Ce qui est certain, c'est que son père était protestant, qu'il s'était marié une première fois avec une
demoiselle Marie-Jeanne Guyomart, — un nom
bien breton, entre parenthèse, — qu'il était resté
veuf avec deux enfants après huit ans de mariage,
et que, par suite de circonstances demeurées incon-
nues, il était venu s'établir à Lorient comme marchand de draps (1). C'est là qu'il épousa en se-
condes noces, le 26 février 1802, Mlle Marguerite-
Vincente Fontaine, née à Lorient de parents bretons. Il avait alors trente-huit ans, sa femme vingt-
six. De ce mariage naquirent cinq enfants, dont
l'illustre écrivain qui fait l'objet de cette étude.

Jules Simon apprit à lire à l'école que tenait à
Lorient, rue Bodélio, Mlle Fontaine, sa tante ; il fit
une partie de ses classes au collège de cette ville, et

(1) Il fit aussi du courtage maritime et fut pendant quelque temps percepteur à Saint-Jean-Brévelay. Il avait servi
je ne sais en quelle qualité dans les armées de la République
et avait assisté à la bataille de Valmy. C'est même ce souvenir patriotique qui fut cause de la liaison de Jules Simon
avec le duc d'Aumale. Le jour où le roi Louis-Philippe
inaugura le musée de Versailles, il prit le bras de Jules
Simon, qui était à cette époque professeur de philosophie
au lycée de cette ville, et, s'arrêtant devant le tableau de la
bataille de Valmy : « J'étais là, dit le roi avec fierté. — Mon
père aussi, repartit Jules Simon. — Vraiment ! — Oui, Sire !
— Eh bien, faites-moi le plaisir de venir ce soir au château,
je vous présenterai à mes fils. Le duc d'Aumale ne se doutait pas que, cinquante ans plus tard, le jeune professeur de
Versailles contribuerait plus qu'aucun autre à lui rouvrir
les portes de la France, sous le consulat de M. Carnot.

les termina au collège royal-communal de Vannes.
On lui avait donné le titre honorifique de « royal »
parce que, en 1814, la plupart des élèves avaient
fait le coup de fusil dans les bandes de Chouans(1).

Je ne m'attarderai pas à raconter ses années de
collège, il l'a fait lui-même, à ma demande, dans
une page exquise qu'on trouvera à l'appendice de
ce livre et qui obtint en son temps un succès
énorme (2). Je rappellerai seulement qu'il fut ce
qu'on est convenu de nommer un fort en thème,
et mieux qu'un fort en thème, un fort en tout (3).
Il n'avait que seize ans quand il acheva sa rhéto-

(1) Lire à cet égard *l'Affaire Nayl* et les *Histoires poétiques*
de Brizeux.

(2) *Le collège de Vannes en 1830* fut publié par la
Revue illustrée de Bretagne et d'Anjou, dans son n° du
15 avril 1886.

(3) Lisez ces vers, dans lesquels il traduisit, à quatorze
ans, quelques strophes du *Dies Iræ* :

I

Ce jour-là, ce jour de colère
Du Christ élevant la bannière
Réduira le siècle en poussière.

2

Ah ! que dirai-je en ma misère
Au Christ armé de son tonnerre,
Jugeant les crimes de la terre ?

3

Jésus Sauveur, Jésus pieux,
Sois-moi miséricordieux !
Jésus, souviens-toi du Calvaire.

4

Dans ce jour d'épouvantements,
De terreur et de châtiments,
Jésus, souviens-toi d'être père !

5

Jésus, mon espoir, mon effroi,
Qui mourus pour nous sur la croix,
Jésus, par le cœur de ta mère,
Épargne-moi ! pardonne-moi !
Sauve-moi !

En cette année 1830, il y eut entre tous les collèges de
Bretagne un concours dont le sujet était un discours français et un discours latin. Jules Simon remporta les deux
premiers prix.

rique, et déjà il s'était trouvé aux prises avec les premières difficultés de la vie.

Ses parents, n'ayant pas réussi dans les affaires, s'étaient retirés à Hennebont où ils vivaient chichement. Un jour qu'il l'avait emmené promener avec lui sur les bords du Blavet, son père lui dit : « Mon enfant, tu viens de terminer ta quatrième à Lorient, je voudrais pouvoir t'envoyer à Vannes pour compléter tes études, mais nos moyens ne nous le permettent pas. Et puis à quoi cela te servirait-il ? Une fois reçu bachelier, tu ne pourras pas aller plus loin, faute d'argent. Il vaut mieux, vois-tu, prendre un état tout de suite. Je connais un horloger à Pontivy. Si tu veux m'en croire, tu entreras chez lui en apprentissage ? »

L'enfant ne répondit pas, mais quand il rentra à la maison, il se mit à pleurer. La mère devinant le sujet de ses larmes essaya de le consoler. Il était inconsolable et voulait à tout prix continuer ses études. La pauvre femme, ayant foi dans l'avenir de son fils sortit, alors d'une cachette quelques centaines de francs qu'elle avait économisés sou à sou, et Jules Simon fut placé à Vannes chez les Lazaristes, sorte de petit séminaire libre dont les élèves suivaient les cours du collège. Il y remporta les premiers prix. Mais au bout de l'année sa mère l'avertit qu'il lui était absolument impossible de renouveler le sacrifice qu'elle avait fait. Jules Simon ne se découragea pas. Il avait entendu dire qu'au collège de Vannes on avait coutume de

faire donner des leçons aux commençants par les
élèves des classes supérieures. Quand les vacances
touchèrent à leur fin, il quitta la maison paternelle
avec une pièce de six francs dans sa poche et se
rendit à pied à Vannes, où il alla trouver M. Le
Nevé, qui était à ce moment professeur de rhétorique au collège. Il lui fit part de la triste situation
qui lui était faite et lui demanda s'il ne pouvait
pas lui procurer quelques leçons. M. Le Nevé lui
objecta que ces leçons étaient réservées aux rhétoriciens, et que ce serait déroger aux habitudes
de la maison que d'en procurer à un élève de
seconde. Mais le cas de cet enfant de quatorze
ans lui parut si digne d'intérêt, qu'il le conduisit
sur-le-champ chez Mme Le Normand, la veuve
d'un notaire de campagne, qui tenait, auprès de
la cathédrale, la pension des enfants de chœur.
Après l'avoir bien examiné, Mme Le Normand
dit à Jules Simon qu'elle consentait à lui donner
le logement et la nourriture pour 250 francs par
an, à condition que, lorsque l'abbé qui instruisait
les enfants de chœur serait malade, ou appelé à
l'évêché, ou occupé de ses examens au séminaire,
il le remplacerait.

— C'est entendu, dit M. Le Nevé.

Et comme Jules Simon se défendait, disant
qu'il lui serait impossible de payer cette somme.

— Qu'à cela ne tienne, répliqua Mme Le Normand, je vous ferai crédit sur votre bonne mine.

Et notre écolier eut sa petite chambre et

trouva, grâce à l'obligeance de M. Le Nevé, à donner huit leçons pour vingt-quatre francs par mois, ce qui lui permit de payer, à vingt sous près, sa pension à la Psalette.

Il m'a dit depuis que cela l'avait trempé. Je le crois sans peine. Quand on débute dans la vie sous de tels auspices, on est armé jusqu'aux dents pour la lutte.

Lorsqu'il était au collège de Vannes, c'était, m'écrit un de ses anciens condisciples, « un jeune homme timide, d'une figure très agréable. Il avait une belle chevelure noire, frisant naturellement, et son teint pâle, son corps légèrement penché semblaient révéler une nature délicate et ajoutaient à l'intérêt qui s'attachait à sa personne. » Il a gardé jusque sous ses cheveux blancs sa timidité native.

En sortant du collège de Vannes, Jules Simon fut appelé à Rennes par M. Dufilhol, proviseur du lycée de cette ville, qui, en qualité d'ami de sa famille, le traita plutôt en fils qu'en maître-répétiteur (1). Aussi bien ne fit-il à Rennes que des suppléances gratuites (2). Un de ses camarades

(1) C'est M. Dufilhol qui le maria, en 1843, avec Mlle Louise-Marie-Emilie Boissonnet, née à Paris le 8 décembre 1825. Ce mariage fut célébré le 8 août à Rennes, où Mlle Boissonnet était domiciliée de fait.

(2) « Je me promène le soir dans mon dortoir, écrivait-il alors à l'un de ses condisciples, surveillant au petit séminaire de Vannes; dans chaque lit, un gros garçon, bel enfant le plus souvent, espiègle en diable, quoique mar-

au collège de Lorient et ensuite à l'École de droit,
M. de la Durantais, rédigeait alors une *Revue de
Bretagne*. Jules Simon devint son collaborateur
et fournit des matériaux à M. Dufilhol pour son
roman de mœurs de *Guionvac'h* (1), qui parut chez
Ebrard en 1835. Ce roman lui coûta même assez
cher. M. Dufilhol lui en avait fait cadeau, pendant
qu'il était à l'École normale, dans la délicate pensée de lui venir en aide. Or il se trouva que, deux
ou trois ans après, Jules Simon fut obligé de payer
les frais de l'édition; il ne s'en était vendu que six
exemplaires (2). M. Dufilhol ne le sut jamais. En
retour, son ancien maître-répétiteur le fit nom-

mot, la face brillante de santé, les mains toutes sales d'encre,
dort et ronfle de tout son cœur, sans penser à autre chose
qu'à sa toupie et à ses pensums, ou tout au plus à sa classe
et à ses prix. Je me rappelle souvent la galerie du milieu
du grenier Daudé. Là, nous n'étions pas tous deux chiens
de cour : qui nous l'eût dit alors ! Pour toi, tu ne fais pas
une quatrième étude, tu as affaire à des jeunes gens, tu les
conduis par la raison, tu es un heureux chien. Nous, nous
mordons du matin au soir. On fait du bruit : je regarde
avec mes yeux noirs. Une petite tête jolie sort de sous la
couverture : « Ce n'est pas moi, monsieur, je vous assure »;
j'avais plutôt envie de l'embrasser ou de rire que de me
mettre en colère ; bast, atroce métier ! Une heure d'arrêt à
Rivault pour parler sans nécessité. Il faut en passer par là.
On me reproche cependant de ne pas être assez sévère.
Voilà la police des collèges royaux »

(1) Guionvac'h était le nom que le frère de Jules Simon
avait donné à son cheval.

(2) Ce livre a été réimprimé dans ces dernières années par
la Société des Bibliophiles bretons, et M. Paul Sébillot me
disait un jour qu'il avait plus qu'aucun autre ouvert la voie
aux folk-loristes

MAISON NATALE DE M. JULES SIMON
D'après un croquis de M. Nayel

mer plus tard recteur de l'académie de Rennes.
« J'ai été voué toute ma vie, m'écrivait-il un jour
à propos de *Guionvac'h,* à ces professions lucra-
tives. » Il est certain qu'avec son grand talent et
un peu de savoir faire, il aurait pu acquérir une
belle fortune. Mais il était resté Breton jusqu'aux
moelles, c'est-à-dire le contraire de l'homme po-
sitif, et il a toujours sacrifié ses intérêts à ses
convictions politiques ou religieuses. Je dis bien
religieuses, car s'il perdit de bonne heure la foi
catholique, ce ne fut qu'après une lutte terrible
de sa raison contre son cœur. Encore demeura-t-
il, à son insu, plein du Dieu de sa sainte mère.
La preuve en est dans la correspondance inédite
qu'il entretenait à l'École normale avec quelques-
uns de ses anciens camarades du collège de
Vannes, en attendant celle qu'il fournit publiquement, cinquante ans plus tard, quand il protesta
du haut de la tribune du Sénat contre la loi
Ferry, et mieux encore quand il mourut. « Nous
n'étions, a-t-il écrit quelque part, ni voltairiens,
ni catholiques. Nous étions incertains ! Incertains
avec le désir de croire. Nous étions, après tout,
les seuls malheureux, ou, si ce mot blesse les
catholiques, je dirai que nous étions les plus
malheureux ! » Et c'est pour combattre le doute
qui peu à peu envahissait son âme, qu'il allait
entendre le P. Lacordaire au collège Stanislas, et
rêver dans le clair-obscur de Notre-Dame. Mais
il subissait malgré tout, en matière philosophique

l'influence de Jouffroy et de Cousin, et c'est ce
qui explique que sa sœur, qui était fille de la Charité et qui devait mourir au Pérou, supérieure de
l'hôpital de Lima, ait cru un jour, sur la foi d'un
voyageur insuffisamment renseigné, qu'il était
devenu ministre protestant. La pauvre femme se
souvenait sans doute de la crise violente que son
frère avait traversée à l'École normale et des
longs entretiens qu'il avait eus alors avec elle
sur les dogmes fondamentaux du catholicisme,
auxquels il avait le chagrin de ne plus croire, et,
comme elle l'avait perdu de vue pendant des
années, elle s'imaginait que le libre examen avait
fini par lui faire embrasser la religion de son
père.

Sur ces entrefaites, Jules Simon fut nommé professeur de philosophie à Caen, d'où Victor Cousin,
qui avait besoin de lui pour ses traductions de
Platon, l'appela quelque temps après à Versailles.

Le moment est venu de raconter tout au long
les misères et aussi les vilenies que le père de
l'éclectisme fit à son meilleur élève, depuis sa sortie
de l'École normale jusqu'à son entrée à l'Académie des sciences morales et politiques. L'auteur
du *Devoir* écrivait récemment dans le *Journal des
Débats* que Cousin avait été non seulement un
grand philosophe et un très grand écrivain, mais
aussi un très grand comédien. C'est le comédien
que je voudrais montrer ici, car il est assez peu
connu et mérite de l'être. « On ne connaît pas bien

un homme quand on ne le connaît pas de tous les côtés. »

Les rapports de Jules Simon avec Victor Cousin datent de 1833, c'est-à-dire de son entrée à l'École normale.

Les normaliens étaient logés à cette époque sur la rue Saint-Jacques, dans un coin délabré de l'ancien collège du Plessis, aujourd'hui lycée Louis-le-Grand. « Une longue cour, ou plutôt une sorte d'impasse avec quelques arbres chétifs, bordée d'un côté par les dortoirs et les salles d'études qui formaient une aile du collège, et de l'autre par un grand vilain mur, des plafonds qu'il fallait soutenir avec des poteaux », telle était l'École normale quand Jules Simon y entra. Elle est un peu mieux aménagée aujourd'hui, mais les soixante élèves dont elle se composait ne savaient pas ce que c'était que le confortable, car la plupart des collèges tombaient en ruines, et l'Université était brouillée dans ce temps-là avec l'hygiène la plus élémentaire. On était en pleine période romantique. Le bruit des batailles qui se livraient au théâtre et dans la presse autour des œuvres de Victor Hugo et de ses disciples, se prolongeait jusque sur les bancs de l'école où l'enthousiasme des nouvelles doctrines littéraires avait gagné presque tous les cœurs. Les professeurs eux-mêmes, et quels professeurs ! Cousin, Jouffroy, Damiron, Ampère, Nisard, Michelet, avaient tous répondu à l'appel du cor d'*Hernani*, sans déser-

ter pour cela le camp des classiques, et il fallait
voir avec quelle hardiesse et quelle éloquence ils
reculaient, dans leurs cours, l'horizon jusque-là
borné de la science, de l'histoire et de la philosophie ! Il n'est donc pas étonnant qu'ils aient formé
des élèves tels que MM. Jules Simon, Duruy,
Wallon, Emile Saisset, Francisque Bouillier et
Ernest Havet. C'était surtout le cours de Michelet
qui passionnait ces jeunes intelligences. La chose
s'explique quand on a connu le grand historien.
Vit-on jamais causeur plus étincelant ! Il ne professait pas, il conversait, et comme il savait tout, il cau-
sait de tout à bâtons rompus, poussant une pointe
ici, une autre là, quittant l'histoire pour la littérature, ayant le don du mot qui fait image et le
pouvoir magique de ressusciter les choses mortes.

Victor Cousin aussi excellait dans l'art si difficile de la conversation ; mais ce n'était pas le
même genre que Michelet. Il était beaucoup plus
rhéteur et, tout en donnant libre carrière à son
imagination, il était plus correct et moins décousu.
Parmi les critiques qui ont le plus vivement attaqué sa philosophie, quelques-uns veulent bien
reconnaître qu'il fut un merveilleux orateur.
D'aucuns disent qu'il ne fut même que cela. Il est
certain que sa phrase, comme celle des écrivains
du xviie siècle dont il s'était nourri, est essentiellement oratoire. Mais c'était la mode alors : les
écrivains adoraient la grande période, la phrase
aux larges plis. Aujourd'hui nous en sommes à

peu près revenus. Nous avons adopté la phrase courte de Voltaire. Elle est moins ronflante et moins majestueuse, à coup sûr, mais elle a gagné en précision ce qu'elle a perdu en magnificence.

En 1836, qui fut sa dernière année à l'École normale, Jules Simon suivait le cours de Victor Cousin avec Emile Saisset, son inséparable, et Lorquet qui mourut fou, je crois, il y a quelques années, après avoir été secrétaire de la Faculté des lettres. Ce devait être un plaisir de faire un cours à ces trois jeunes hommes ! Cousin ne venait cependant à l'école qu'une fois par semaine : le dimanche matin. Quand il arrivait, le portier sonnait la cloche, car il n'y avait pas de tambour, et criait à tue-tête : Monsieur Cousin ! Les trois élèves descendaient alors au plus vite et se rendaient à la bibliothèque, où il y avait tout juste une chaise de paille et une petite table pour le maître. Cousin commençait la plupart du temps son cours sous la forme d'une causerie, mais comme il avait la parole extrêmement facile, il se grisait vite de sa parole. Alors il enflait la voix, gesticulait, s'agitait comme s'il avait eu cent élèves à l'écouter. Il lui arriva plus d'une fois de glisser sous la table au beau milieu de son discours. Mais cela ne l'arrêtait pas, il se relevait machinalement et repartait comme de plus belle. M. Thiers disait de lui : « Mon ami Cousin dit bien des folies : il ferme les yeux et il s'imagine qu'il voit des statues. (1) »

(1) *Port-Royal*, par Sainte-Beuve, t. V, p. 396.

Il ne fut pas toujours dupe de son imagination, et, dans le domaine de l'histoire, il me semble qu'il a dressé quelques statues qui font bonne figure encore.

Souvent il se bornait à corriger le devoir de ses élèves, et encore le corrigeait-il assez mal, car il s'agissait de la traduction du douzième livre de la *Métaphysique*, et il n'était pas si ferré sur le grec qu'on veut bien le dire. Il connaissait beaucoup mieux le latin, ce qui ne l'a pas empêché de nous donner une bonne traduction de Platon.

Jules Simon racontait dernièrement que c'était lui qui avait traduit le *Timée*. Ce *Timée* tenait au cœur de Cousin : il aurait bien voulu le traduire, mais pour cela il fallait être bon helléniste et bon mathématicien, et il n'était ni l'un ni l'autre.

— Vous devriez l'entreprendre, dit-il un jour à Jules Simon, qu'il paraissait affectionner tout particulièrement.

— Volontiers, répondit son élève.

Et le jeune normalien se mit à la tâche, dès qu'il fut sorti de l'école, et lui livra le *Timée,* chapitre par chapitre.

Vous croyez peut-être que Cousin l'en remercia. Vous vous trompez. Il n'eut même pas la délicatesse de désigner son *collaborateur* dans la préface de ce livre. Il fit la même chose, d'ailleurs, à M. Ravaisson qui lui avait traduit le *Parménide*, et ses élèves ne sont pas les seuls qui aient eu à se plaindre de ses audacieuses appro-

priations. Un jour que Sainte-Beuve les lui reprochait sur un ton de mauvaise humeur, Cousin
lui dit : « Je crois être aussi délicat qu'un autre
au fond, mais, je l'avoue, je suis grossier dans
la forme (1). »

Est-il bien sûr qu'il n'eût que l'enveloppe de
grossière ? Il est permis d'en douter, surtout
quant on sait qu'après avoir envoyé Jules Simon
à Caen (1836) et à Versailles (1837) comme professeur de philosophie, il lui enleva sa chaire de
Versailles pour en doter M. Ad. Franck sous
prétexte qu'il était plus âgé que lui.

Encore, s'il lui avait donné une compensation
quelconque ! Mais non, il avait besoin de lui pour
différents travaux et ne songeait qu'à se l'attacher.
Et comme Jules Simon lui confessait ses embarras : « Je vous dis, s'écriait Cousin, qu'il faut le
pavé de Paris à qui veut se faire une réputation. »
Le pavé de Paris c'est dur, quand on n'a pour
vivre que quatre-vingt-trois francs par mois. C'est
pourtant la situation que lui fit Cousin le jour où
il lui confia sa suppléance (2). Je vous laisse à penser comment il vivait. Il avait loué. place de la
Sorbonne, n° 2, chez le père de M. Louis Ménard,
une mansarde carrelée, froide comme glace l'hiver, avec un lit de sangle, qu'il payait trente francs
par mois, et s'était arrangé de façon à ne dépenser

----

(1) *Port-Royal*, par Sainte-Beuve, t. III, p. 416.
(2) En attendant, il dut se contenter, pendant près d'un an,
de son traitement d'agrégé, c'est-à-dire de quatre cents francs.

que quinze sous par jour pour sa nourriture. Le matin il déjeûnait avec un pain de deux sous, et le soir il dînait au restaurant Flicoteaux, que fréquentaient alors tous les étudiants pauvres (1). Les trente francs qui lui restaient passaient dans son blanchissage et son entretien. Et Cousin était fier de cela. Quand on se plaignait à lui de l'insuffisance de son traitement, il disait en montrant la petite fenêtre de la place de la Sorbonne : « Voyez Simon, il habite là-haut sous le toit et ne sait pas aujourd'hui s'il mangera demain. » On a bien raison de dire que les parvenus n'ont pas de mémoire.

Un jour qu'ils se promenaient ensemble aux Champs-Élysées, Cousin s'arrêta tout à coup devant l'hôtel du duc de Choiseul et dit à son suppléant :

— Vous voyez ce beau jardin, cette belle maison, eh bien, j'en aurai autant demain !

— Comment cela ? lui demanda Jules Simon avec étonnement.

(1) « J'avais trouvé le moyen de dîner chez lui pour treize sous. Ma carte était le produit de longs tâtonnements et d'une profonde expérience. Je la conserve ici pour la postérité. Un potage à la julienne qui était fort bon : quatre sous. Un fricandeau aux haricots blancs (très peu de fricandeau et beaucoup de haricots) : six sous. Du pain à discrétion : deux sous ; et un sou pour la fille ; total : treize sous. Je mangeais ce dîner-là d'un bout de l'année à l'autre. Je vous dirais bien que je l'assaisonnais avec de l'eau claire ; mais, pour être plus véridique, j'aime mieux dire que je l'assaisonnais avec de l'eau de la Seine... « (Jules Simon : *Mon Petit Journal*).

PORTRAIT DE VICTOR COUSIN

— Je crois que je vais faire partie du cabinet de M. Thiers, seulement n'en parlez à personne.

— Je n'en aurai guère le temps, si vous êtes ministre demain.

Effectivement, Cousin le mandait le lendemain au ministère de l'Instruction publique pour lui exprimer le regret de ne pouvoir le nommer chef de son cabinet.

— Figurez-vous, lui dit-il, qu'en rentrant chez moi, hier soir, j'ai trouvé R... dans mon escalier, qui m'a sauté aux jambes. Il avait eu vent de ma nomination et s'était posté là en m'attendant. Je n'ai pu faire autrement que de le prendre. Mais, si vous le désirez, je puis vous confier le poste de chef du secrétariat.

Jules Simon le remercia, disant qu'il ne voulait pas quitter l'enseignement. Cousin lui donna raison, et comme il allait quitter le cabinet du ministre :

— A propos, je vous préviens que j'ai touché ce matin le traitement entier de mon cours. Je ne pourrai donc rien vous remettre ce mois-ci.

Comme don de joyeux avènement, c'était réussi, n'est-ce pas ? Et Jules Simon, pour vivre ce mois-là, fut obligé de vendre sa montre.

Il me semble que tous ces traits sont bien caractéristiques et que l'on commence à voir le nez du comédien. Mais ce n'est pas tout. Huit mois après, Cousin tombait du pouvoir et recevait la visite de son suppléant.

— Eh bien, lui dit-il, me voilà libre. Nous allons pouvoir reprendre nos anciennes habitudes.

— Parfaitement. J'y mets pourtant une condition.

— Laquelle ?

— C'est que vous ne m'enverrez plus l'argent de mon cours par votre domestique. Cela m'humilie.

Cousin demeura interloqué, puis, après quelques instants de silence :

— Vous m'apprenez mon devoir.

Il ne sut jamais le faire vis-à-vis de son disciple. En voulez-vous d'autres preuves ? Je n'ai que l'embarras du choix.

En 1846, Jules Simon se porta à la députation dans l'arrondissement de Lannion, sous le patronage MM. Duvergier de Hauranne et de Rémusat. Il avait pour concurrents un nommé Tassel et M. de Cormenin. Mais la candidature de ce dernier, inventée par M. Odilon-Barrot, n'était pas bien sérieuse, et tout laissait supposer qu'en dépit de l'opposition violente du clergé, Jules Simon l'emporterait. Mais une manœuvre de la dernière heure changea complètement le résultat du scrutin. La veille de l'élection, un homme était venu de Paris, par la diligence, qui avait reçu la mission de voir en catimini les personnes les plus influentes de Lannion et de les décider à voter pour M. de Cormenin. Cette mission produisit son effet : M. de Cormenin eut cinq voix et Tassel l'emporta de deux voix sur Jules Simon.

Or, devinez quel était cet homme ? M. Barthélemy Saint-Hilaire lui-même. L'ancien secrétaire de la présidence sous M. Thiers était déjà très lié avec Victor Cousin, et c'est M. Cousin qui l'avait envoyé à Lannion pour empêcher son suppléant d'être élu (1).

Quelques années après, c'était au commencement de l'Empire, Cousin devait encore lui jouer deux autres tours tout aussi vilains.

Voici dans quelles circonstances :

Un matin de l'année 1857, Jules Simon recevait un petit mot de M. Guizot le priant de passer chez lui à telle heure. C'était pour lui annoncer que l'Académie française lui avait décerné à une voix de majorité le prix de vingt mille francs.

— Mais je n'étais pas sur les rangs !

— Cela ne fait rien, MM. Thiers, de Rémusat, Montalembert et moi, nous avons pensé que ce prix vous revenait de droit.

— Et quels étaient mes concurrents ?

— Henri Martin et George Sand.

— A votre place j'eusse donné le prix à George Sand. Mais, puisque vous m'avez accordé la préférence, il me reste à vous remercier bien vivement.

---

(1) La conduite de Cousin en cette circonstance est d'autant plus inqualifiable, qu'il avait formellement promis son appui à Jules Simon. Nous aurons l'occasion d'y revenir un peu plus loin.

Ces vingt mille francs, en effet, tombaient comme la manne dans le ménage de Jules Simon, car le coup d'État, en lui fermant la bouche, l'avait absolument ruiné, et il en était réduit à donner des leçons pour vivre.

Là-dessus Cousin arrive de Cannes où il allait passer tous les hivers et fait annuler le vote de l'Académie sous prétexte qu'elle avait procédé irrégulièrement. On retourne au scrutin : impossible cette fois de réunir sur aucun des candidats la somme de voix nécessaire. Jules Simon parlait déjà de se retirer, mais ses amis l'en dissuadaient dans l'espoir qu'une voix ou deux se détacheraient de Henri Martin ou de George Sand pour lui constituer la majorité. A la fin, les résultats étant toujours les mêmes, Dupin aîné proposa à l'Académie de décerner le prix à M. Thiers. M. Thiers n'étant pas là, quelqu'un demanda qu'il fût consulté au préalable. Cet avis prévalut, mais avant d'accepter, l'ancien ministre de Louis-Philippe écrivit à M. Jules Simon qu'il avait toujours voté pour lui et qu'il lui donnerait sa voix tant qu'il resterait sur les rangs. Jules Simon se retira, et c'est M. Thiers qui eut le prix de vingt mille francs. Je me hâte d'ajouter qu'il l'abandonna généreusement à l'Académie pour fonder celui qui porte son nom.

M. Cousin avait remporté là une grande victoire. Il en remporta une autre du même genre le jour où Jules Simon brigua pour la première fois l'honneur d'entrer à l'Académie des sciences morales et politiques. C'était en 1860. Il s'agissait de remplacer M. de Tocqueville. Jules Simon se trouvait avoir pour concurrent son ancien professeur de philosophie, M. Adolphe Garnier. Mais il avait pour lui les voix de MM. Mignet, Thiers, Guizot, Damiron, par conséquent de grandes chances d'être élu.

Le jour du vote arrive ; on dépouille le scrutin : il y avait trente-deux bulletins dans l'urne, et chaque candidat en avait obtenu la moitié. Le second tour donne le même résultat, ce que voyant, M. Thiers fait remarquer à l'Académie que M. Cousin — dont la voix semblait acquise à Jules Simon — s'était absenté tout à l'heure et propose, en attendant son retour, que la séance soit suspendue. La chose est accordée ; on court pendant ce temps-là après M. Cousin. Personne ne l'avait vu, ni les domestiques, ni le portier. Cependant, tous avaient la certitude qu'il n'était pas sorti de l'Institut. Enfin, las de l'attendre, on recommence le vote, et M. Ad. Garnier, grâce au suffrage de M. Michel Chevalier qui était arrivé sur ces entrefaites, est élu contre Jules Simon. On a su depuis que, pour ne pas donner sa voix à son ancien suppléant, Cousin était resté caché pendant une heure, — on ne dit pas où.

Cependant Jules Simon ne tarda pas à prendre sa revanche. Le 21 février 1863, il était nommé, à l'unanimité des suffrages, membre de l'Académie des sciences morales et politiques, en remplacement de M. Dunoyer; or, le jour de la première séance trimestrielle des cinq académies, on vit Cousin se diriger vers le fauteuil de son disciple, le prendre dans ses bras devant tout le monde et prononcer à haute voix ces paroles qui, à elles seules, étaient toute une confession :

— Mon ami, votre présence ici m'enlève un remords.

N'avais-je pas raison de dire plus haut que Cousin fut un grand comédien ?

Jules Simon ne lui en garda jamais rancune. Il lui fut toujours reconnaissant, au contraire, de lui avoir ouvert la voie. C'est lui qui lui fit ériger le monument qu'on peut voir à la Sorbonne, et, comme pour se rappeler ses premières années de gloire et de misère, il a placé son image au beau milieu de son cabinet de travail.

Comme tous les vrais philosophes, Jules Simon a le plus profond dédain des injures qui lui sont faites. On peut le calomnier, il ne répond pas. Si jamais on publie sa correspondance, on sera surpris des services énormes qu'il a rendus à ses plus grands ennemis.

II

Voilà donc Jules Simon chargé de suppléer
Victor Cousin à la Sorbonne. La tâche était sin-
gulièrement difficile. Il n'était âgé que de vingt-
cinq ans, son inexpérience de la chaire était complète, il n'avait jamais parlé en public, et Cousin
avait laissé un souvenir profond dans l'esprit de
ceux qui l'avaient entendu. Mais Jules Simon
avait la foi, la science, le feu sacré, le diable au
corps et, ce qui ne gâtait rien, une éloquence

naturelle. Au bout de quelques jours, il avait
conquis son auditoire. Il le charma pendant douze
ans, et tel était l'agrément de sa parole, qu'aujour-
d'hui encore ses anciens élèves se rappellent son
cours avec délices.

« Je me souviens, comme si c'était d'hier, m'é-
crivait l'un d'eux récemment, de l'effet que pro-
duisirent sur moi ses premières conférences. Il
faisait alors son cours sur l'École d'Alexandrie.
C'était un beau jeune homme, au teint pâle et
maladif. Il avait une magnifique chevelure noire
bouclée qu'il portait rejetée en arrière et dans laquelle il passait de temps en temps sa main fine et
blanche. Mais ce mouvement machinal de sa main
à son front n'était pas, croyez-le bien, pour dissi-
per les nuages qui couvraient sa pensée. Elle était
aussi claire que son expression. Les mots venaient
naturellement et d'abondance se ranger bout à
bout pour former des phrases d'une coupe aussi
simple qu'harmonieuse, et sa morale était si haute
qu'il nous soulevait littéralement de terre. »

Par malheur, il n'a publié aucun de ses cours.
La seule chose qu'il en ait extraite, c'est, en 1844,
son ouvrage sur l'*École d'Alexandrie,* et ce n'est
certainement pas ce qu'il a fait de mieux (1). Tout

(1) Il avait publié cinq ans auparavant sa thèse de doctorat : *Du Commentaire de Proclus sur le Timée de Platon,*
au sujet de laquelle il aimait à raconter l'anecdote suivante :
« J'étais parti pour les vacances après avoir publié mon premier livre. Je n'étais pas peu fier d'y voir mon nom flam-
boyer sur la couverture, tout mon nom : Simon Suisse C'est

est perdu ou à peu près, car il n'en a gardé que des notes à peine lisibles, et les notes d'un cours, jetées pêle-mêle sur une feuille de papier pour en arrêter les grandes lignes, ne sont en quelque sorte que la maquette d'une statue.

Les pages suivantes que j'ai pu tirer de son cours sur la Propriété, feront regretter, j'en suis sûr, qu'on ne l'ait pas recueilli dans son entier. Il le fit de 1849 à 1851. On ne pouvait pas lui reprocher de manquer d'actualité. C'était le gros problème de l'époque. Le Communisme révolutionnaire avait mis la Propriété à l'ordre du jour. Jules Simon étudia les origines de la Propriété et fit le procès du Communisme.

« La propriété, disait-il, n'est pas comme la famille réglée tout entière par la nature. Est-ce que le chef n'est pas donné ? Est-ce que l'enfance ne doit pas respect et obéissance ?

« La propriété est naturelle dans son principe et artificielle dans ses applications.

la seule fois que je l'aie arboré. Cousin fit la moue en le voyant. « Simon Suisse, dit-il ! Vous ne ferez jamais de cela un nom célèbre. Prenez Jules Simon, c'est plus vraisemblable. » Je sacrifiai aussitôt mes nobles aïeux, et je ne signe plus que Jules Simon depuis ce temps-là.

« Je mis donc mon livre, avec un secret orgueil, sur la table à ouvrage de ma mère. Elle le prit aussitôt flairant un roman. Elle vit un titre barbare et mon nom au-dessous. « C'est toi qui as fait cela ? — Oui, mère ; comme vous voyez. — Et cela te rapporte beaucoup d'argent ? — Oh ! non, pas du tout. — Que tu es bête, alors ! » Et elle remit le livre paisiblement sur la table. Elle ne m'a jamais donné d'autre encouragement. » (*Mon petit Journal*).

« Commençons par la déterminer : elle comprend trois choses : le droit de posséder, de succéder et de transmettre.

« Le droit de posséder est incontestable. Il repose : 1º sur le travail; 2º sur la liberté civile; 3º sur la liberté politique; 4º sur la famille.

« Mais on conteste la succession, la transmission.

« 1º Origine injuste;

« 2º Excès de richesse, pouvoir et luxe qui en résultent. Coalition des bourses;

« 3º Excès de misère. Oppression morale, politique et matérielle ;

« 4º Atteinte à la morale, amour du lucre, brigandage extra-légal et légal, corruption, droits politiques, honorabilité, égoïsme, atteinte à la famille ;

« 5º Monopole de l'argent et de l'instrument;

« 6º Spéculation commerciale ;

« 7º Misère de l'ouvrier et du consommateur.

« Ce sont là des objections contre l'organisation.

« La seule objection contre le principe serait : le droit de ne pas mourir de faim. J'admets pleinement l'objection. Le droit de vivre est incontestable. Il n'en résulte pas le droit de voler, mais certainement le devoir pour la société de fournir du pain, un abri et l'aliment intellectuel aux pauvres. Le droit de vivre n'est pas une objection contre le principe de la propriété, mais contre toute organisation qui ne le reconnaîtrait pas. »

Ces principes posés, il combat avec Aristote le communisme de Platon comme étant condamné par la tradition universelle, et comme impraticable, soit qu'il consiste dans la communauté du fonds, de la culture ou des fruits. Pour le rendre possible, il faudrait, entre autres choses, limiter la population. On n'éviterait ni les procès, ni l'égoïsme, car l'égoïsme qui consistait dans la propriété à ne travailler que pour soi, consisterait dans la communauté à ne pas travailler du tout.

« Le communisme est injuste en ce qu'il répartit inégalement le bonheur et le travail et souvent le bonheur en sens inverse du travail. Il est contraire à la nature, car le désir de posséder est naturel : il résulte de l'amour de soi, et il en est la conséquence nécessaire. L'amour de soi n'est pas un sentiment repréhensible : on n'en peut blâmer que l'excès.

« Le communisme est désastreux. Personne n'étant heureux. l'État ne le sera pas, car la prospérité commune n'est que l'ensemble des bonheurs particuliers.

« En résumé, tout ce que l'on fait dans la voie du communisme, on le fait contre la liberté. Le communisme de Platon supprime la liberté politique, la liberté civile, la liberté personnelle. Sa République est une *République-couvent*.

« Ceux qui disent que la propriété détruit l'égalité sont dans l'erreur : la vraie égalité est celle des droits et des devoirs.

« En effet, supposons l'absence de propriété, pourrai-je choisir la nature, l'instrument, la méthode, l'heure et le degré de mon travail ? pourrai-je refuser une fonction sociale ou me refuser à obéir au maître, quel qu'il soit, que la Constitution me donne, et aux règles, quelles qu'elles soient, qu'elle me prescrit ?

« Pourrai-je chercher dans la liberté du foyer domestique, un asile contre l'oppression du dehors ? Que serai-je pour ma femme et mes enfants, soustraits à mon autorité et à ma protection ?

« La nature s'accommodera-t-elle de cet état ? Quoi ! la nature et la justice souffriront qu'on m'arrache à mon œuvre, à mon génie, à ma conviction politique et religieuse, à mes affections ? Quoi ! il faudra me reposer sur ce maître, quel qu'il soit, non seulement de ma destinée, mais de la destinée, après moi, de ma femme et de mes enfants !

« Non, cela ne se peut. Au nom de la nature, au nom de la justice et de la liberté, la propriété est légitime. Elle est la représentation du travail, la sanction de la liberté.

« Si l'on abolissait la propriété, il faudrait :

« Ou la loi agraire ;

« Ou le salaire égal ;

« Ou le salaire proportionnel ;

« Ou la vie en commun égale ou proportionnelle.

« Ecartons la loi agraire, qu'admettait Aristote, comme irréalisable à cause de la mobilité perpétuelle (cadastre et culture) de l'inégalité des besoins, des aptitudes et des lots.

« Les trois autres hypothèses supposent la perfection humaine. Le salaire égal ou proportionnel serait la source de répartitions absurdes, d'injustices criantes, d'inégalités choquantes. Que penser d'une proportionnalité qui s'arrête devant le tombeau? La vie en commun serait insupportable étant contre nature. On ne vit ni toujours seul, ni jamais seul. L'abolition de la propriété entraînerait donc la perte absolue de la liberté. Pour quel motif ferait-on ce sacrifice ? Pour le bien-être ? Non, car on perd, par la suppression de l'émulation, une part de la force et de la richesse communes. On perd aussi l'usage de la liberté, si important pour le bonheur. Même la liberté civile, qui console des malheurs publics.

« D'ailleurs, le bien-être naturel n'est pas le but suprême de la politique.

« La politique a pour but d'aider l'homme à accomplir sa destinée. Or, Dieu ne nous a faits ni sujets, ni sectaires. Il nous a faits citoyens, pères de famille, hommes libres.

« Conclusion : la propriété est absolue ; mais elle doit être organisée (modifiée) selon les temps et les lieux, conformément à ses principes, sans quoi, le principe étant détruit, elle devient caduque.

« Il faut donc *par les lois* empêcher le gain illicite ou excessif (disproportionné au travail ou au risque), assurer la vie de chacun, ôter à la richesse tout privilège ajouté, produire, *par les mœurs,* la famille et la fraternité. »

Cette argumentation serrée comme les mailles d'un filet nous donne la trame du cours de Jules Simon. Il n'y manque que les broderies de la forme, le mouvement oratoire inséparable du développement de la pensée. Encore une fois, c'est grand dommage que la sténographie ne nous ait pas gardé dans leur intégrité ses conférences à la Sorbonne.

Qu'on lise encore le parallèle suivant entre Platon et Aristote que j'extrais de ses notes sur *la Morale et la Politique de Platon* (cours de 1851).

PLATON

« Platon et Aristote diffèrent essentiellement sur le but de la politique.

« L'idéal de Platon, c'est de réaliser dans l'État l'image de la Justice.

« L'idéal d'Aristote, c'est de procurer aux citoyens la plus grande somme du bonheur compatible avec la condition humaine.

« La grandeur de l'idée de Platon est le vrai ; mais il se trompe sur la nature de la Justice, qu'il confond avec l'Unité. Il méconnaît le droit, et rend les citoyens malheureux.

« Il faut chercher Platon moins dans les *Lois,*

ouvrage de sa vieillesse, que dans la *République*.

« *Résumé de la doctrine de Platon :* Mépris du monde.

« *Dialectique :* Système des idées.

« Le Dieu qui termine ce système est l'Un absolu, immobile ; et le Dieu du *Timée* n'est qu'une inconséquence reconnue par Platon lui-même.

« Tout le système a ce caractère d'abstraction inanimée. Partout des universaux ; nulle part de l'action. C'est ce qu'Aristote lui a reproché : « Vous avez le drapeau, non le général ». Le reproche est mérité par le fond, non par l'intention.

« S'il résulte de ce caractère des idées que les divers éléments du Cosmos ne sont pas unis par les liens de descendance et de génération, il résulte de la nature de la dialectique un enchaînement, une disposition admirable, depuis le monde jusqu'à Dieu. L'Unité étant le parfait, la perfection du multiple est l'imitation de l'Unité, l'imitation de Dieu, c'est-à-dire la bonne ordination, et le mouvement régulier : l'harmonie. La Justice est donc, Dieu d'abord, et au-dessous de Dieu, la tendance vers Dieu, l'imitation de Dieu.

« Il s'ensuit que, après avoir posé et étudié l'absolu par la dialectique ; après être redescendu de Dieu au monde en décrivant les astres et les lois régulières du monde, Platon veut décrire la société civile ; il le fait nécessairement sur le plan de cette unité, de cette justice, c'est-à-dire qu'il met chaque être, chaque volonté, chaque affection à sa place harmonieuse, ne songeant jamais à l'individu mais à l'ensemble et ne se préoccupant de rien, sinon de réaliser l'Unité par le devoir.

« Donc il ne met pas le droit à côté du devoir ; il oublie ou refoule la liberté et la nature.

« Si, à la dialectique, il avait joint la psychologie, l'histoire et la pratique, il aurait mieux connu le devoir ; il l'aurait éclairé par le droit, fondement de la liberté. Il aurait utilisé et non mutilé la nature.

« Malheur à qui ne connaît que l'homme. Mais on se perd dans les abstractions quand on étudie Dieu sans se rappeler ses œuvres.

« Pour accomplir l'unité dans l'État, seul but dont il ait à se préoccuper, il jette tous les hommes dans le même moule par une éducation, des fêtes, une religion communes ; et il les soumet à une autorité unique et despotique.

« Il n'a garde d'accorder la liberté de conscience, qui est la première des libertés, et par conséquent la source de toutes les diversités. — Ni la liberté politique, qui serait le désordre, — ni la liberté de se choisir un état, qui serait consacrer le droit de l'individu contre celui de l'État, — ni la famille, ni la propriété.

« CONCLUSION : Je voudrais montrer par ce résumé, que le plus fort argument en faveur de la propriété et de la famille, c'est la liberté ; — que toutes les libertés se tiennent ; que sans liberté de conscience, il n'y a pas de liberté politique ni de vraie liberté civile ; — que, quand on accuse la philosophie, qui est la science de la liberté, de porter la perturbation dans la morale, on fait le contraire de ce qui est à faire.

« ÉDUCATION. — Platon condamne tous les enfants à l'éducation en commun. Il remplace le père et la mère par des magistrats.

« Nos disputes sur les droits de l'État et ceux de la famille n'ont rien à voir ici. Nous pensons qu'il faut protéger l'enfant — et la société — contre l'incapacité et même contre la négligence et le mauvais vouloir du père. Mais de là à le priver de son père et, comme dans Platon, de sa mère et de sa nourrice, il y a un abîme.

« RÉSULTATS que Platon se promet.

« 1º *La fraternité universelle.*

« Réponse : Tous les crimes seront augmentés.
Tout le monde adoptera l'enfant distingué et répudiera les autres.
La fraternité n'y gagnera rien. Le cœur comme l'esprit a besoin d'analyse.

« 2° *L'absence d'égoïsme par l'identité des in-térêts.*

  « Réponse : Alors abolissez avec la famille l'in-dividu.

    Vous comprimez la nature et l'in-dividu : il revient.

    Il ne s'agit pas de détruire l'intérêt, mais de le régler et de l'utiliser.

 « L'intérêt de la famille est d'une nature spiri-tuelle, et c'est en même temps l'école du sacrifice et de la fraternité.

 « 3° *Le Patriotisme.*

  « Réponse : Est-il intelligible sans la famille ?

    Est-il possible sans la famille ?

 « On combattra un jour le patriotisme au nom de la philanthropie (1).

ARISTOTE

 « Caractère général : point de souffle poétique. Il nous transporte dans les faits, repousse les révolutions, rétablit la propriété et la famille. Sentiment de dignité morale dans les détails ; observations fécondes ; mais pas de principes fixes. De là surtout le vague de la composition.

 « PRINCIPE. -— L'intérêt de la société : cet inté-

—————

(1) C'est, en effet, ce que fait aujourd'hui le socialisme international.

rêt est la vertu, mais subordonnée et confondue
avec une certaine culture intellectuelle et une certaine modération.

« FORME POLITIQUE. — Il est trop intelligent
pour ne pas voir, comme Platon, que le but est
la forme sociale. Mais, de ce principe vrai, on
n'est pas autorisé à conclure l'indifférence de la
forme politique. Il était particulièrement digne
d'Aristote d'en comprendre l'importance comme
méthode.

« Il préfère en général la République, et la République aristocratique; il préfère la royauté, s'il
y a un Alexandre, mais sans hérédité. Au fond,
il conseille de conserver et d'améliorer ce qu'on
a, et donne des conseils même aux tyrans.

« ORGANISATION SOCIALE. — Il admet les
esclaves. Donc sa république est une oligarchie.
Donc, il doit méconnaître et proscrire le travail.
Donc la propriété pour lui est la propriété domi-
nante.

« Il admet la liberté, mais comme préférence
et comme fait, non comme droit.

« Il hait l'opulence et la misère, et regarde les
classes moyennes comme le salut de l'État; mais
se trompant sur la propriété et sur la liberté, il
ne sait que gêner ou exiler les riches. Il n'a recours ni à l'éducation, ni à la richesse mobile, ni
au crédit.

« Il comprend à merveille que le magistrat

importe plus que la loi. Il recommande de ne pas livrer le pouvoir à un ennemi de la constitution ; de soûmettre le gouvernement à une constitution et surtout à des mœurs.

« Mais il n'a pas de principes, et il ne parle pas de Dieu.

« Quel est le bonheur dont Aristote se préoccupe ?

« Est-ce le plaisir ? Non. Est-ce l'intérêt sous sa forme grossière ? Non. C'est le bonheur par la vertu, dans la vertu. Il distingue trois sortes de biens : les biens étrangers, les biens du corps et ceux de l'esprit.

« Il montre que nous ne pouvons mépriser ni les premiers ni les seconds, mais que les troisièmes sont bien supérieurs et dépendent bien plus de nous. Que d'ailleurs on peut corriger la fortune par les biens de l'esprit. En rapprochant ce passage de la morale, on trouve une sagesse humaine d'un caractère élevé.

« Mais, quand on cherche la vertu de ce côté, on ne la trouve pas. Ni le bonheur non plus.

« Aristote n'est arrivé qu'à l'indifférence en matière politique, à la théorie des faits accomplis : tirer le meilleur parti possible des événements.

« Qu'y a-t-il dans la théorie des faits accomplis ? La négation de Dieu et de la Justice.

« Dans les temps de trouble elle engendre l'apologie de la *force*.

« Non, la politique et la morale ne se séparent pas.

« Mais qu'est-ce que la Morale ? C'est la justice, c'est-à-dire le Droit et le Devoir, la Liberté et le Dévouement.

« A l'origine, liberté, fraternité.

« La liberté et le droit individuel se fondent seuls contre le privilège. Ils aboutissent à la funeste théorie : Chacun chez soi, chacun pour soi.

« Il faut donc à la fois sauver la liberté et la société, donner à la liberté tout ce qui n'est pas incompatible avec le salut social. »

Ce résumé du cours de Jules Simon sur la Propriété et le Communisme contenait, dans ses grandes lignes, tout le programme de sa politique et par ce temps où l'on ne s'étonne d'aucune palinodie, ce m'est une joie de constater que l'homme d'État resta toujours fidèle à l'enseignement du professeur de la Sorbonne.

En même temps que son cours à la Sorbonne, il faisait à l'École normale la conférence d'histoire et de philosophie. Il semble que ces travaux auraient dû suffire à son activité. Mais quand on a vingt-six ans et qu'on a reçu en partage les dons les plus heureux de la nature, on n'a pas le droit de s'endormir sur ses premiers lauriers. Il voulut donc élargir encore le champ de ses études.

Le journalisme le tentait, il se sentait l'étoffe et

le tempérament d'un publiciste, mais les journaux
d'alors, — le *Constitutionnel,* le *Globe,* le *National* (1), — lui faisaient l'effet de places fortes qu'il
fallait prendre d'assaut, et il reculait à l'idée d'en
faire le siège. Que de fois, son manuscrit dans sa
poche, il erra comme une âme en peine autour
des cabinets de rédaction sans oser en franchir le
seuil ! Il partait bien résolu, mais, arrivé à la
porte, sa timidité naturelle reprenait le dessus,
il perdait contenance et remettait sa visite au
lendemain, — pareil en cela aux personnes qui,
prises du mal de dents, s'arrêtent court au seuil
du dentiste.

Cependant un jour, après avoir passé et repassé
vingt fois devant les bureaux de la *Revue des
Deux Mondes,* qui étaient alors installés rue des
Beaux-Arts, il se risqua à jeter un article dans
la boîte de la Revue, et s'enfuit en se disant : A la
grâce de Dieu ! C'était une variété sur *l'École
d'Alexandrie* par M. Matter. Huit jours après il
en recevait les épreuves et les reportait lui-même
à M. Buloz, qui lui demanda à brûle-pourpoint
pour quel motif il ne lui avait pas remis son
étude, au lieu de la déposer dans la boîte.

— Je n'osais pas, répondit Jules Simon.

— Je ne suis pourtant pas un ogre, riposta
Buloz sur le ton bourru qui lui était habituel.

(1) Il entra au *National,* comme principal rédacteur, en
1848, et pendant trois ans y fit tous les jours le bulletin
politique.

Et, après avoir causé quelques instants avec lui et l'avoir engagé à lui apporter autre chose, il ajouta :

— Voulez-vous réussir ? éreintez les gens, on n'arrive en ce monde. qu'en se faisant des ennemis.

Le moyen est commode et à la portée de tous, mais il répugnait à la nature honnête et droite de Jules Simon. On peut dire de lui ce qu'on voudra, on ne lui reprochera jamais de s'être fait un marchepied des débris de ses anciennes amitiés, de ses jalousies ou de ses trahisons. Ayant de l'esprit autant qu'un autre, il n'en a jamais abusé contre qui que ce soit ; ses coups de plume n'emportent jamais le morceau, c'est tout au plus s'ils égratignent. Sa critique a la finesse de son sourire, et, comme le lui disait un jour M. de Freycinet, à propos d'un de ses articles du *Matin*, sa « griffe est si délicate qu'on ne garde que l'impression du velours ».

Cependant il eut le chagrin, en 1840, de froisser les susceptibilités de Lamennais en analysant d'une façon un peu vive son *Esquisse d'une philosophie*. Lamennais n'aimait pas à être contredit. Il avait beau changer de système à chaque manifestation de sa pensée, comme il était de bonne foi, il n'admettait pas qu'il pût se tromper. Il passa ainsi d'un extrême à l'autre tout naturellement, sans presque s'en apercevoir. Après avoir été pendant sa jeunesse l'ardent champion de la

théocratie, il devint sur le tard le défenseur fa-
rouche de la démocratie. Pascal disait que les
philosophes entretiennent les maladies morales de
l'homme. Il semble que ce mot cruel ait été fait
pour Lamennais. Toute sa vie, en effet, il agita
les esprits et troubla les âmes. Mais peut-on dire
de lui qu'il fut vraiment un philosophe ? « Lamennais, écrivait Jules Simon dans son article de la
Revue des Deux Mondes, méprise beaucoup les
psychologues ; et telle est à cet égard la force de
ses convictions, qu'il oublie, quand il parle de
la psychologie et de ceux qui la cultivent, cette
réserve et cette gravité qui donnent partout ailleurs
un si beau caractère au style de l'*Esquisse*, et qui
sied si bien à un esprit sage et élevé. S'il avait
un peu moins dédaigné cette science que d'autres
grands esprits ont mieux appréciée, depuis Socrate,
Platon et Aristote jusqu'à Descartes, Locke et
Kant (je ne veux pas citer de contemporains),
M. de Lamennais aurait mieux connu peut-être
les conditions de la connaissance humaine ; il
n'aurait pas tenté l'impossible, et au lieu d'effleu-
rer la psychologie pour étayer son septicisme, il
l'aurait étudiée pour l'approfondir. »

Et Jules Simon terminait ainsi : «... Que reste-
rait-il à ce compte du livre de M. de Lamennais ?
L'effort d'un grand esprit pour réunir en un système complet et régulier des doctrines dont aucun
prestige de style ne saurait déguiser la radicale
insuffisance. Voilà ce qui resterait pour la phi-

losophie, et pour la renommée littéraire de M. de Lamennais un glorieux titre de plus. »

Ces lignes étaient aussi justes que sévères.

C'est ainsi que Jules Simon débuta à la *Revue des Deux Mondes*. Il y collabora pendant des années et y publia, entre autres choses, son manuscrit de l'*Ouvrière*. Mais bientôt cette Revue ne lui suffit plus. Ses anciens camarades de l'École normale, Amédée Jacques et Émile Saisset, rêvaient comme lui d'avoir un recueil périodique pour répandre leurs doctrines philosophiques. Ils avaient, en 1847, publié ensemble un manuel de philosophie qui avait eu beaucoup de succès. Ils fondèrent ensemble la *Liberté de penser*, avec l'idée préconçue de secouer le joug de Cousin. Ceci se passait à la fin de l'année 1847.

Quelques mois auparavant, Jules Simon s'était porté à la députation dans l'arrondissement de Lannion. J'ai dit plus haut sous quel patronage et par suite de quelles intrigues il avait échoué.

La correspondance qu'il entretint à cette époque avec M. Robert, principal du collège de Lannion, correspondance mise au jour tout récemment (1) par M. Charles Le Goffic, va nous permettre de suivre les diverses péripéties de la lutte qu'il soutint contre ses concurrents de droite et de gauche, tout en nous apportant sur sa vie privée

(1) *Revue encyclopédique* du 20 juin 1896.

des renseignements qui ne sont pas sans intérêt :

« Vous ne savez peut-être pas, écrit-il à son
correspondant, quelques mois avant les élections
générales de 1846, que j'ai, dans une partie de
l'Université, la réputation de parler assez bien.
Mes amis pensent depuis longtemps que j'arri-
verai à être député et que j'y songe. Non seulement on m'a fait dans une ou deux villes des
ouvertures qui ne m'ont pas paru assez sérieuses ;
mais ici, plusieurs de mes amis, M. Villemain
entre autres, m'en ont parlé et ont parlé de moi
dans ce sens. En Bretagne, toute la Faculté des
lettres de Rennes est persuadée que je ne pense
pas à autre chose ; et Dufilhol qui m'a marié,
a failli rompre le mariage parce que, d'après les
premières propositions de la famille de ma femme,
je n'aurais pas eu 500 francs de contributions. Il
en résulte que toutes les fois qu'il me voit en
relations avec une ville, il croit que je vais m'y
présenter. »

Cela l'ennuie et risque de lui faire une fausse
situation, car, tout heureux qu'il soit de trouver
à Lannion un collège électoral à son goût, il ne
voudrait pas avoir l'air de diviser l'opposition,
ce qu'on ne manquerait pas de lui reprocher s'il
se portait contre le général Thiard, qui passait
pour être le candidat de la gauche. Il a, d'ailleurs,
le temps d'attendre, ayant un ouvrage commencé

et n'étant âgé que de trente et un ans à peine. Ce
n'est qu'au cas où le général Thiard ne se présen-
terait pas qu'il laisserait poser sa candidature à
Lannion. Or, en ce moment, il n'était question
que de la candidature de M. Plougoulm, premier
président à la cour de Rennes, et de celle d'un
journaliste libéral qui répondait au nom de
Pétetin. Ce Pétetin paraissait à Jules Simon plus
redoutable que M. Plougoulm. « Il ne m'est pas
connu personnellement, écrivait-il à M. Robert,
mais je sais à merveille qui il est. Je le crois
honnête homme, à peu près dans nos opinions.
Il n'est pas sans talent comme écrivain. Il aurait
sur moi quelques avantages en cas de compéti-
tion : l'un, c'est qu'il est journaliste depuis quinze
ans et serait certainement prôné par les journaux ;
l'autre, que les matières dont il s'occupe sont plus
à la portée de tout le monde. » Cependant il
reconnaît qu'il aurait sur M. Pétetin, qui est de
Lyon, l'avantage d'être de Lorient et d'avoir toute
sa famille dans les Côtes-du-Nord à Uzel. Il a
peut-être aussi plus de réputation que ce concurrent probable, mais il ne s'abuse pas sur les
chances que pourrait lui donner la réputation,
« attendu qu'elle ne s'adresse guère qu'aux philosophes et qu'elle est plus grande (si on peut parler
de grand à propos de ce qui est petit) en Allemagne qu'en France ». Cependant, on pourrait
toujours faire valoir à son actif qu'il parle bien,
que son cours est le plus suivi de la Faculté des

lettres, et que, sous ce rapport ses preuves sont faites. Quant aux services qu'il pourrait rendre comme député, c'est un point sur lequel il convient qu'il s'entende une fois pour toutes avec son correspondant.

« Assurément, lui écrit-il, il n'entre pas dans ma pensée d'acheter des voix par des services, ni dans la vôtre de me proposer un tel marché. Mais il doit être permis de se faire des amis, ou bien on ne serait jamais élu que dans son propre canton. Ce que je ferais sans hésiter, sur votre demande, quand vous ne m'auriez jamais parlé d'affaires électorales, pourquoi ne le ferais-je pas avec les intentions que nous avons ?..... Je puis recommander un candidat pour les grades universitaires à Rennes ou à Paris. Je puis aider un membre de l'Université à se faire rendre justice. Je puis l'aider de mes conseils dans les concours, lui en faire savoir les résultats avant le public, etc. Je puis quelque chose dans la presse. Au ministère, je ne suis bon qu'à deux choses : faire arriver les choses sous les yeux du ministre et savoir ce qui se passe dans les bureaux. »

Restait à savoir maintenant s'il pouvait compter sur l'appui du centre gauche. M. de Rémusat lui était acquis, et M. de Rémusat avait la confiance et l'oreille de M. Thiers. Il se croyait sûr aussi de M. Cousin. Mais encore une fois l'appui du centre gauche était subordonné à l'attitude

que prendrait le général Thiard. Or, le général se
porta à Lannion en même temps qu'à Châlons et
fut élu dans les deux collèges. Jules Simon, qui
n'avait point pris part à la bataille électorale, se
demandait avec une certaine inquiétude pour
quel collège il opterait, et si, le cas échéant, il
serait, lui Simon, accepté par le comité lanion-
nais. Il écrivit donc à M. Robert pour sonder le
terrain. M. Robert lui répondit que M. Depasse,
maire de Lannion, appuierait certainement sa
candidature, et que ses chances seraient encore
plus grandes s'il pouvait obtenir le patronage du
général Thiard, à supposer que le général optât
pour Châlons. Mais on parlait déjà des candidatures possibles de Bethmont et de Lamoricière,
car l'opposition de Paris cherchait à caser dans
les collèges vacants ceux de ses membres qui
avaient échoué aux élections générales. Et Jules
Simon était résolu à se retirer définitivement si
Bethmont se présentait. Mais Bethmont ne se
présenta pas. Toutefois, avant de se rallier à la
candidature de Jules Simon, le comité électoral
de Lannion voulut être renseigné exactement sur
sa « position particulière dans l'Université »,
sur l'indépendance qu'elle lui laissait vis-à-vis
du pouvoir, enfin sur son état de fortune.
Scrupules très louables, d'ailleurs, et que Jules
Simon s'empressa de lever par la déclaration
suivante, adressée sous forme de lettre à
M. Robert.

« J'ai assez de fortune pour garantir mon indépendance vis-à-vis de ceux qui ne connaîtront
ni moi ni ma position. Pour vous, mon cher ami,
la garantie principale doit être mon caractère. Je
ne dis pas cela par orgueil : mes qualités et mes
défauts contribuent à me rendre indépendant ;
mes qualités, parce que je suis particulièrement
fidèle à ma parole et à mes convictions ; et mes
défauts, parce que je suis fier et ombrageux,
peut-être à l'excès. Cependant, je vous prie,
à l'occasion, d'insister sur ma position particulière dans l'Université, parce que seul vous
pouvez bien la connaître. Vous savez qu'à
l'École normale je suis titulaire et par conséquent inamovible. A la Faculté, je suis suppléant de Cousin, mais suppléant depuis sept ans
révolus, ce qui me constitue aussi une inamovi-
bilité complète. Il va sans dire qu'un suppléant
veut avancer, c'est à vous d'expliquer que la
nomination à une place de titulaire se fait par
élection. Ainsi, pour ma position actuelle, je ne
dépends de personne, et pour mon avancement, il
dépend d'une élection à laquelle le ministre est
étranger. Or, comme la plus grande ambition
possible d'un membre de l'Université est d'être
titulaire à la Sorbonne, vous voyez que je n'aurais pas même à regretter mon indépendance,
puisqu'elle ne choquerait pas mon intérêt. Quant
à ma position matérielle, la voici. De patrimoine,
pas un denier. Mes livres m'ont procuré un re-

venu qui s'élève à présent à 2,000 francs environ,
en comptant tout ce qui me vient de ma plume
et qui doit nécessairement s'accroître chaque
année. Je n'ai que cela, avec le produit de mes
deux places. Je suis marié sous le régime de la
communauté avec donation entre vifs, sans aucune réserve. J'ai ainsi, du chef de ma femme,
un revenu de 6,000 francs, c'est-à-dire après les
impôts payés et tous les autres frais. Vous pouvez
donc dire 7,000 francs, si vous voulez. Ce revenu
consiste pour un tiers en rentes sur l'État 5 p. 100,
et, pour le reste, en une maison située à Paris sur
le boulevard, tout près de chez moi. A la mort de
ma belle-mère, la fortune de ma femme sera
doublée. Je vous donne là des renseignements
très circonstanciés, parce qu'il faut qu'un *confi-
dent* sache tout ; mais je ne pense pas que vous
ayez autre chose à dire que 8,000 francs de revenu
net bien établi, pour le moment, 12,000 plus tard,
et, pour ma place, à peu près le même présent et
le même avenir. Notez que je n'ai pas d'enfants.
Avec tout cela, mon cher ami, vous aurez de la
peine à me transformer en richard ; mais cependant je crois que vous pouvez rassurer les timides.
D'ailleurs, d'ici deux ou trois ans, ma fortune
s'augmentera nécessairement. Faites de tout ce
verbiage l'usage que vous voudrez. En tout cas, je
serais prêt en tout temps à prendre un engagement très explicite de n'accepter ni place ni faveur
ni pour moi ni pour les miens ; sauf, bien entendu,

le passage de suppléant à titulaire, qui a lieu par
élection, et l'entrée à l'Institut, qui est aussi une
élection et où j'ai déjà été candidat il y a trois ans.
Vous qui connaissez l'enseignement, vous savez
qu'en faisant cela je ne renoncerais qu'à une seule
place, celle de conseiller. Je crois cette déclaration de nature à ôter tous les scrupules et je la
ferais aussi explicite que l'on voudrait. »

Le comité électoral de Lannion, après cette
explication pleine de franchise, adopta la candidature de Jules Simon, mais on convint qu'il ne
la déclarerait que dans les derniers jours. Pourquoi? M. Le Goffic va nous le dire : « L'opposition libérale était, en effet, fort divisée à Lannion.
Un parti extrême s'était décidé pour la candidature de M. Yves Tassel, notaire à Perros-Guirec
et conseiller général, fort riche et très influent ;
une autre fraction penchait pour M. Le Gorrec,
maire de Pontrieux ; le parti légitimiste, enfin,
soutenait M. de Concaradec. Jules Simon avait
pour lui les libéraux modérés de l'arrondissement ; il se croyait assuré, par surcroît, de
l'appui des comités parisiens, tout en gardant
quelques craintes du côté du *National,* qui ne lui
pardonnait pas ses attaques contre Cormenin,
battu aux élections générales, ce qui pouvait diviser sur son nom la gauche de Paris ; cette dernière crainte était la plus justifiée. Le comité
Barrot surtout, tâtonnait, prétendait ne point sen-

tir l'opportunité d'une présentation immédiate.
Les électeurs locaux ne voulaient point s'avancer sans connaître sa décision. Ces tergiversa-
tives décidèrent Jules Simon à une résolution
extrême.

« Je me présente moi-même, directement, écrit-
il à M. Robert. Je fais imprimer une lettre à
quatre cents exemplaires, dans laquelle je dis :
1º que je suis libéral ; 2º dynastique ; 3º partisan
de la paix ; 4º des réformes modérées ; 5º de l'agriculture et du commerce, — que je suis breton, etc.
Je demande la constitution d'un comité, la convo-
cation préparatoire des électeurs. J'annonce que
je ne veux pas diviser l'opposition, mais la consulter. Là-dessus, vous et vos amis vous agissez
de trois façons : 1º vous faites faire le comité ;
2º vous faites écrire par le comité à M. Thiers et
à M. Barrot pour le consulter sur moi et sur les
autres (Tassel et Le Gorrec) ; 3º vous me prônez
dans le pays... Je crois que mon plan est le meilleur, c'est le plus décidé. Voici ma position :
l'appui sans réserve du centre gauche, peut-être
celui de toute la gauche. En tout cas, ceux qui
n'écriront pas pour moi ne répondront que du
bien si on les consulte. »

Quelques jours après, Jules Simon était à Tré-
guier par où il commençait sa tournée électorale.
La lutte promettait d'être chaude, car, si Le
Gorrec s'était désisté, l'extrême gauche persis-

tait à soutenir la candidature d'Yves Tassel, à l'extrême droite celle de M. Concaradec.

« Mes concurrents s'entendaient mieux que moi, à faire des visites, a-t-il écrit dans son *Petit Journal*, mais je les battais à plate couture dans les réunions publiques.

« Mes amis eurent un jour l'idée d'en organiser une formidable à Plestin. C'était pour un dimanche. On convoqua par lettre tout l'arrondissement. Le curé fut obligé, bien à contre-cœur, car tout le clergé était violent contre moi, de reculer l'heure de la grand'messe. J'arrivai de Lannion à cheval, avec cinq ou six amis. La foule était énorme; elle remplissait tout le cimetière et les rues qui le bordaient. Je parlai par la fenêtre de la mairie, située au premier étage d'une auberge.

« On m'avait dit de crier de toutes mes forces et de ne pas parler plus de vingt minutes. J'ai une voix capricieuse, tantôt forte et tantôt faible. Elle était forte ce jour-là; je me trouvais en train et je fis vaillamment une courte harangue qui mériterait d'être reproduite. A peine eus-je terminé, que je me sentis saisi par des bras vigoureux. C'était mon auditoire qui, non seulement s'étendait en bas à perte de vue, mais qui était monté au premier étage et remplissait la salle de la mairie, les escaliers et le cabaret du rez-de-chaussée. Ils étaient plusieurs milliers de paysans, et il n'y en avait pas un qui ne fût sérieusement

résolu à m'embrasser. Je passai de main en main,
au milieu des cris les plus étourdissants, et je me
trouvai dans la rue sans que mes pieds eussent
touché la terre. Je commençais à avoir peur de ma
gloire et à me demander si je sortirais vivant de
tant d'accolades. Mes amis, qui avaient le même
souci, firent amener nos chevaux au milieu de la
foule, on nous hissa sur nos selles, et Savidan, qui
a été depuis, et pendant plus de trente ans, le juge
de paix de Lannion, se mit à *toucher* nos mon-
tures, c'est-à-dire à les frapper à coups de gaule,
et à les lancer au grand galop au milieu de cette
multitude. « Nous allons les écraser ! m'écriais-
je. — Allez toujours ! » répondaient les autres, en
frappant à coups redoublés. Mon auditoire
approuvait cette manœuvre, mais il n'entendait
pas me tenir quitte, et, prenant ses sabots dans
ses mains, il nous suivit à la course, en poussant
des Jules Simon à fendre l'air. C'était comme
une course de démons. Je n'ai jamais vu depuis,
ni pareil spectacle, ni pareil enthousiasme.

« Comme je commençais à me demander s'il
faudrait galoper jusqu'à Lannion et s'ils étaient
de force à courir de ce train pendant trois lieues,
nous arrivâmes au pied d'une montée qui leur
coupa la respiration et les obligea à renoncer.
Nous la franchîmes encore au galop, en faisant
de grands saluts pour répondre aux cris qui redou-
blaient. Puis, la distance s'agrandit entre eux et
nous ; le chemin tourna, nous les perdîmes de

vue, et nous nous écriâmes tous ensemble :
« Respirons ! »

« Il était temps !

« Nous étions tous de belle humeur, après un
tel succès ; et moi, naturellement, je me gaudis-
sais plus que les autres. On me demanda si j'avais
jamais eu ou vu un succès pareil. Je voulus faire
le modeste. « Non, me dit Depasse, que vous
avez vu depuis député à la Constituante et à la
Législative, et qui était alors président de mon
comité, il est impossible que vous ayez vu ailleurs
rien d'analogue. C'est un vrai délire. Et ils sont
au moins trois mille. Ecoutez ! » Il tenait ma
bride, pendant ce temps-là, et le vent nous
apportait encore l'écho des derniers hourras.
« Allons, dit-il en insistant, avouez que cela vous
remue ! — Eh bien ! lui dis-je, il faut que j'en
convienne. — Oui, dit-il en riant et en lâchant
mon cheval, qui partit d'un pas plus modéré,
suivi de toute la cavalcade, mais voici ce que
j'ai à vous dire : c'est qu'à l'exception de ces messieurs (ils étaient six), il n'y avait pas là un seul
homme, — pas un seul, entendez-vous bien ? —
qui sût un mot de français. Tous ces applaudissements vous ont été donnés de confiance. »

« C'est le plus grand succès oratoire de toute
ma vie. »

Mais son éloquence devait échouer contre la
coalition des partis d'extrême droite et d'extrême

gauche, servis à souhait par la candidature Cormenin que le comité Odilon-Barrot lui avait opposée à la dernière heure, à l'instigation jésuitique de Victor Cousin. Le clergé l'accusait d'être panthéiste, athée, de s'être prononcé contre Montalembert et Lacordaire, sur la question de l'enseignement, de vouloir détruire la religion ; le candidat d'extrême gauche ne l'accusait de rien moins que de corruption : « Il ne donnait pas d'argent, fi donc ! il en prêtait, ce qui était moins coûteux et plus habile, car on se débarrasse de la reconnaissance, mais il faut compter avec un créancier. » Le préfet lui-même affirmait qu'en votant pour Jules Simon, les électeurs étaient bien sûrs de mettre le feu à l'Europe.

Malgré tout, Jules Simon gardait jusqu'au dernier moment l'espoir de vaincre, comme en témoigne la lettre suivante qu'il écrivait à M. de Rémusat à la veille du scrutin (1).

« Monsieur,

« Je vous écris au milieu de grandes préoccupations. Comme vous pouvez bien le penser, les fatigues excessives que m'ont occasionnées les courses que j'ai été obligé de faire dans le pays, m'ont mis sur le flanc, et cependant la lutte commence dans deux jours. Les passions sont exaltées ici à un tel degré de violence, qu'on ne peut guère

____

(1) Lettre inédite.

espérer de voir la *bataille* cesser après la ferme-
ture du scrutin. Mes chances continuent d'être de
beaucoup les plus grandes, quoique l'extrême
gauche, le clergé et les légitimistes fassent cause
commune contre moi. Je l'aurais même emporté
à une grande majorité si Paris, qui devait au commencement, vous vous en souvenez, m'apporter
tant de secours, était resté neutre. A défaut de
secours, j'aurais voulu obtenir des membres de
l'opposition ce qu'on ne refuse à personne, quand
on se respecte soi-même, la justice. Je viens de
lire une lettre signée de M. Gustave de Beaumont,
dans laquelle on déclare que je suis ministériel.
Quand on ne saurait de moi que mon nom, personne n'aurait le droit de douter de ma parole,
je n'y ai jamais manqué, ni de la fermeté de mes
convictions puisque je n'en ai jamais changé.
Est-ce une nécessité de la vie politique qu'un
candidat qui se présente pour la première fois soit
accusé de ministérialisme par les hommes les
plus graves et les plus respectés, lorsqu'il est cons-
tant, avéré, que son élection est combattue par le
ministère ? J'ai envoyé ma profession de foi à la
plupart de ces messieurs en même temps qu'à
vous-même ; est-il possible d'être plus explicite ?

« Votre appui, monsieur, celui de M. Cousin (1), de M. Duvergier de Hauranne, devait me

(1) Pendant son séjour à Lannion, Victor Cousin lui
avait écrit une lettre dans laquelle il lui disait que sa nomination honorerait l'Université.

mettre à l'abri d'une calomnie si gratuite et si
inattendue. Je vous le dirai franchement, la lecture de cette lettre m'a dégoûté du succès. Je
vous serai éternellement reconnaissant, avec
tous mes amis, de l'appui que vous m'avez
donné ; ce sera le seul souvenir de cette candidature, que je voudrais garder, avec celui du dévouement enthousiaste qui m'accueille ici. Mais
je ne puis plus dire que je tienne à réussir; je me
dois à ma candidature, et c'est pour cela uniquement que je persiste.

« Avec la lettre de l'extrême-gauche, on col-
porte une lettre de M. Odilon-Barrot dans
laquelle je ne suis pas nommé, mais M. Odilon-
Barrot, après avoir recommandé M. Cormenin,
ajoute qu'on « évitera ainsi d'envoyer à la
Chambre un fonctionnaire public ».

« M. Duvergier de Hauranne m'avait dit quand
je suis parti : Si l'on vous accuse de ministérialisme, faites écrire au comité. Il répondra alors
sans hésiter, car ce n'est plus faveur, c'est justice.
Mais, je n'ose adresser personne au comité, je ne
sais plus ce que je devrais en attendre. On écrit
dans tous les pamphlets (et il en paraît chaque
matin un du clergé et un de la gauche), que la
gauche me repousse unanimement. On a distri-
bué aux électeurs 5oo exemplaires du discours
de M. Thiers sur les fonctionnaires publics. On
dit ici que c'est lui qui les a envoyés. Vous com-
prenez bien que je ne le crois pas.

« La candidature de M. Cormenin est toujours
impossible. Je pense que je passerai, mais si ce
n'est pas moi, ce sera Tassel ou Concaradec.

« Adieu, monsieur, j'emporte d'ici un grand
fond de tristesse. Ma conscience d'honnête
homme a été blessée par ce que j'ai vu : j'avais
pris jusqu'ici les choses et les hommes au sérieux.
Je suis obligé de penser que vous et deux ou trois
hommes que je respecte font partie de la Chambre ; sans cela je désespérerais trop.

« Je ne sais pas ce que je vous écris, au milieu
de vingt personnes. Vous excuserez cette lettre.
Je ne voulais y mettre que l'expression de mon
inaltérable attachement, et je ne vois que trop
que je l'ai remplie de mes plaintes. C'est qu'en
vérité on a manqué à l'équité à mon égard.

« Veuillez me rappeler au souvenir de M. Duvergier de Hauranne, mon unique soutien après
vous dans la Chambre, et me croire le plus
reconnaissant et le plus dévoué de vos servi-
teurs. »

Jules Simon ne savait pas, quand il écrivait
cette lettre, que M. Barthélemy Saint-Hilaire
avait été envoyé secrètement à Lannion avec la
mission de voir les personnes les plus influentes
et de les détacher de lui en faveur de M. de Cormenin. Encore eût-il été élu sans l'intervention
publique, le jour même du scrutin, d'un ecclésiastique qui se tenait en permanence devant la salle

du vote. Il y avait à cette époque à Lannion, au milieu de la place du Centre, un édifice bizarre, vermoulu qu'on appelait l'Auditoire. C'est là qu'on votait. Un escalier en bois à double rampe conduisait à la salle du vote, et sur le palier se tenait l'abbé, qui arrêtait au passage tous les électeurs et leur disait: « Pour qui votes-tu toi ? — Je ne sais pas. — Tu ne sais pas? ça veut dire que tu votes pour Jules Simon. Eh bien, ne vote pas pour lui, c'est un menteur. Il t'a dit qu'il était Breton ; or j'ai la preuve du contraire : il est de Lorient !... » Et le bon Breton votait pour Cormenin, pour Tassel ou Concaradec. Et c'est ainsi que Jules Simon fut battu. On dit qu'on a toujours vingt-quatre heures pour maudire ses juges ; plus d'un an après Jules Simon écrivait à M. Robert :

« Quand je serais un peu maussade et exigeant en ce moment, mon cher ami, il faudrait me le pardonner, car vraiment je suis plus malheureux depuis un an qu'il n'est permis de l'être, quand on n'a rien fait pour cela. Je me suis mis à faire mon journal pour m'occuper et me distraire principalement, car j'étais envahi par une sorte de dégoût de la vie et de lassitude qui m'effrayait moi-même. Je ne dis cela qu'à vous. Peut-être ai-je eu tort de jouer avec la publicité ; cependant jusqu'ici je n'ai pas à m'en repentir. Cela m'a un peu compromis avec le centre gauche et fâché net avec M. Cousin, mais la gauche en est fort embarrassée à cause de son Cormenin. Vous me parlez toujours de Lannion comme d'un collège où je me représenterai, mon cher ami ; cependant, je crois que, quand on a choisi Tassel, on ne peut guère le quitter que pour Le Gorrec. Il est difficile que de Paris on influe sur vos électeurs. J'aurai toujours contre moi d'avoir été l'adversaire de Cormenin, et peut-être d'avoir un peu de talent. Cependant je me suis lié intimement depuis ma candidature avec un député influent, et j'ai aussi une ressource dans M. Baroche, qui vient d'entrer à la Chambre et qui est mon cousin, comme vous le savez probablement. Je voudrais espérer, ne fût-ce que pour avoir une raison de durer. Car, mon cher Robert, vous parlez de votre mélancolie, je doute bien qu'elle égale la mienne et qu'elle ait d'aussi justes, c'est-à-dire d'aussi tristes causes... »

Cependant Jules Simon se consolait de sa défaite dans l'étude de la philosophie et aussi dans sa collaboration active à la *Liberté de penser*. C'était Amédée Jacques qui était le directeur officiel de cette Revue, mais au fond c'était Jules Simon qui la dirigeait.

Il en faisait les trois quarts à lui tout seul dans les commencements, tantôt sous son nom, tantôt sous un nom d'emprunt, tantôt même sous celui de Jacques. Il suffit de parcourir les premiers

volumes pour s'en apercevoir, car son style
souple et clair le trahit. Je jurerais, par exemple,
que l'article programme est tout entier de sa
main. Mais bientôt les collaborateurs affluèrent
de tous côtés. M. Renan y fit ses débuts et publia
ses *Origines du langage* et son *Cosmos ;* de Hum-
boldt, Bersot, Cucheval-Clarigny, Eug. Despois
y donnèrent de très brillants et très solides
articles ; Emile Deschanel y traita les questions
sociales. Bref, au bout de quelque temps, tout ce
qui avait un nom dans la critique littéraire et
dans la philosophie se rencontra dans les bureaux
de la *Liberté de penser*. Il serait plus juste de dire
dans la chambre d'Amédée Jacques, car la Revue
n'était pas assez riche pour s'offrir le luxe d'une
installation quelconque et avait élu domicile chez
son directeur. Joubert qui tenait une boutique de
librairie, 14, rue des Grés, près de la Sorbonne,
n'en était que dépositaire. On allait à l'économie
le plus possible ; non-seulement on ne payait
aucun article, mais encore on faisait soi-même à
la main le service des abonnés.

Malgré tout, la Revue ne pouvait joindre les
deux bouts ensemble : on lisait si peu alors et cette
publication était si sérieuse ! Elle tint cependant
près de quatre ans et ne cessa de paraître qu'au
coup d'État. Pauvre Jacques ! On l'aurait bien
étonné si on lui avait dit, en 1848, que quelques
années après, la République qu'il avait appris à
aimer dans Platon serait étranglée par son Pré-

sident ; que la liberté serait proscrite, la loi violée,
ses représentants déportés ou jetés sans ressources sur tous les chemins de l'exil ; que lui-même
s'en irait chercher fortune à Montévidéo et
qu'après des alternatives de succès et de revers,
comme photographe d'abord, comme instituteur
ensuite, il épouserait la fille du président de
l'Uruguay et mourrait là-bas d'une mort mysté-
rieuse !...

Mais Jules Simon n'attendit pas le coup d'État
pour quitter la *Liberté de penser*. Sous l'influence
des événements révolutionnaires, cette Revue
avait accusé de bonne heure des tendances socia-
listes qui l'inquiétaient. Il est vrai qu'en cela elle
n'avait fait que suivre le courant de l'opinion,
car le socialisme avait recruté des adeptes à peu
près dans tous les camps aux approches de la révolution de Février, et les illusions n'étaient pas
toutes tombées dans le sang des journées de juin.
Tant que M. Deschanel s'était contenté de défendre le *Droit au travail,* Jules Simon n'avait rien
dit. Même après la terrible expérience des ateliers
nationaux, la thèse était défendable. Mais le jour
où, sous couleur de répondre à Montalembert,
M. Deschanel apporta à la Revue un article dans
lequel il était dit : « De catholiques il n'y en a
plus ; il est impossible que le pape lui-même, au
XIXe siècle, ne soit pas au moins socinien. Et
s'il n'y a plus de catholiques, il est clair que nous
ne le sommes point.

« Et maintenant, puisque nous avons accepté
sans réserve l'alternative posée par M. de Montalembert : « Catholicisme ou Socialisme », il suit,
n'étant pas catholiques, que nous sommes socia-
listes. Nous dirons comment et en quel sens ; »
— ce jour-là, dis-je, Jules Simon, qui ne voulait
pas être engagé par l'article de Deschanel, déclara
à Amédée Jacques que, s'il le faisait passer, il se
retirerait. L'article passa, et il fit comme il l'avait
dit. Ce qui démontre que Jules Simon avait sur
le socialisme des idées très arrêtées. Il l'avait
bien prouvé d'ailleurs dans son Cours à la Sorbonne sur la Propriété. Eh bien, tel il s'était
montré dans sa chaire de philosophie, tel on le
retrouva, en 1848, à la tribune de l'Assemblée
Constituante et vingt-trois ans plus tard dans les
conseils du gouvernement de M. Thiers. Il a toujours été l'adversaire décidé et convaincu de toute
espèce de communisme ; aussi, quand on l'accusa
d'avoir fait partie de l'Internationale, se conten-
ta-t-il de hausser les épaules. Cependant comme
il s'est formé à cet égard une véritable légende,
il est bon qu'on sache une fois pour toutes comment et par qui elle s'est accréditée.

C'était vers la fin de l'Empire. Jules Simon
était député de la Seine depuis 1863 et ses livres
sur l'*Ouvrier de huit ans* et sur l'*Ouvrière* lui avaient
conquis dans la classe laborieuse une très grande
popularité.

Un jour, un ouvrier du nom de Fribourg (il a

su depuis qu'il était suspect au parti ouvrier),
sonna à sa porte et se dit envoyé vers lui par un
groupe de travailleurs, pour avoir son avis sur
les conférences d'économie politique qu'ils se
proposaient de faire à Genève. Jules Simon, qui
était à cent lieues de penser que de ces conférences
devait sortir l'Internationale, en approuva chau-
dement l'idée. Mais, pour aller à Genève, il fallait
de l'argent et les ouvriers n'en avaient pas.
Fribourg demanda donc à Jules Simon de les
aider de sa bourse. Et le député de la Seine tira
de sa poche une pièce de vingt francs.

Depuis lors il n'avait plus entendu parler de
ces conférences, quand, en 1871, ce Fribourg fut
appelé à déposer devant la commission d'enquête
dont M. Daru était président. Il y raconta l'histoire de l'Internationale et, pour s'excuser d'en
avoir fait partie, déclara que M. Jules Simon y
était affilié. Comme preuve de ses dires, il donna
même le numéro sous lequel avait été inscrite
sa *cotisation* de vingt francs. La commission,
trouvant l'argument péremptoire, consigna la
chose dans son procès-verbal, et, quand Jules
Simon, qui était ministre de l'Instruction publique, en fut informé par Saint-Marc Girardin,
c'était déjà trop tard : les journaux savaient
qu'il avait fait partie de l'Internationale sous le
numéro 606.

Et voilà comment naissent les légendes !

Je disais donc que Jules Simon avait toujours

été l'adversaire du communisme. Je me hâte
d'ajouter, sans espérer toutefois convaincre ceux
qui lui reprochent d'avoir changé depuis quinze
ans son fusil d'épaule, qu'il n'a jamais varié dans
ses principes. En veut-on la preuve? Elle est
facile à faire. J'ai eu la bonne fortune de mettre
la main sur ses premières proclamations aux
électeurs des Côtes-du-Nord, en 1848 et 49.
Qu'on en rapproche les différents actes publics
qu'il accomplit dans ses dernières années, et
l'on verra que mon assertion est absolument
vraie.

Voici la proclamation qu'il adressait en 1848 à
ses électeurs (1) :

« Chers compatriotes,

« Un candidat qui aspire à l'honneur de vous
représenter doit vous dire, avant tout, ce qu'il
pense et ce qu'il est.

« Je regarde comme nécessaire le maintien de
la République. Elle a été acceptée par toute la
France ; elle est reconnue au dehors. Revenir
aujourd'hui sur ce premier acte de la souveraineté populaire, ce serait se jeter pour longtemps
dans la voie des révolutions. Et pourquoi jouer
ainsi au hasard l'avenir du pays? De toutes les
formes du gouvernement, la forme républi-

(1) Il fut élu à l'Assemblée constituante le dixième sur
seize par 65,638 suffrages.

caine est la plus raisonnable et la plus juste. C'est celle qui se concilie la mieux avec la liberté et l'égalité ; j'ai la conviction profonde qu'elle peut aussi se concilier avec l'ordre. L'histoire, la réflexion, tout le prouve. Il ne faut pas nous laisser abuser par les manœuvres de la première révolution : entre elle et nous il y a un demi-siècle. Nous n'avions alors que l'enthousiasme de la liberté, aujourd'hui nous en avons l'intelligence.

« Je voterai donc à l'Assemblée nationale pour le maintien de la République...

« Chers compatriotes,

« Au-dessus de toutes les questions politiques plane la question sociale. Il n'y a pas à se le dissimuler : c'est une révolution sociale que le peuple vient de faire. Dès le lendemain de la révolution, le problème de l'organisation du travail s'est emparé de tous les esprits. Il faut le discuter sans entraînement ; il faut s'efforcer de mettre le travailleur à sa véritable place, sans sacrifier le capital. Après une législation qui autorisait les coalitions d'ouvriers, on pouvait craindre une réaction terrible ; mais les travailleurs ont été les premiers à comprendre que la ruine du fabricant est la ruine de l'ouvrier. Sachons-leur gré de cette sagesse et demandons au capital tous les sacrifices compatibles avec la propriété de l'industrie. Il n'y aura plus désormais d'exploitation de l'homme

par l'homme ; il y aura des associés, dont l'un
donnera sa fortune l'autre ses bras ou son intelligence. Dans une société bien réglée, dans celle
que nous fera l'Assemblée nationale, le patron et
l'ouvrier ne sont pas des ennemis, ce sont des
ouvriers qui ne peuvent ni réussir, ni succomber
l'un sans l'autre. Association, rapports équitables
du capital et du travail, voilà la sagesse. Destruc-
tion de la propriété, communisme, voilà le crime
et le fléau.

« Le communisme n'était jusqu'ici, chers compatriotes, qu'une vaine et criminelle utopie ;
aujourd'hui, il est un danger. Ce danger, je ne
l'exagère point ; il ne faut pas non plus le méconnaître, il faut l'appeler par son nom, et se déclarer
hautement son ennemi. Il n'y a pas de société
sans la propriété et sans la famille. La propriété
est sacrée dans son principe, car c'est le principe
social lui-même, et la propriété détruite, la famille
est ébranlée, la nature humaine mutilée, l'éternelle
justice violée. Citoyens, gardons dans nos cœurs
le culte du foyer domestique, ces sentiments
chers et sacrés, qui, en nous attachant à nos frères,
à nos enfants, nous enchaînent à la patrie. Toucher à la famille, c'est outrager du même coup
Dieu, la nature et la justice. Il est beau d'être
citoyen, mais il faut être homme avant tout.

« Etre homme !... Je ne puis prononcer ce mot
sans être effrayé de ce qui reste encore à faire
pour l'éducation du peuple.

« Quoi ! nous donnons du pain à ceux qui en manquent, et l'éducation, ce bienfait de Dieu, nous ne la répandons pas autour de nous de toute l'énergie du devoir et de la charité ! Nous voilà libres ; soyons au moins dignes de l'être ! L'ignorant n'est-il pas un déshérité, un esclave ? Et pouvons-nous croire que Dieu nous pardonnera, parce que nous aurons fait une part de nos richesses à nos frères, si nous gardons pour nous le trésor de l'intelligence ?

« O mes concitoyens, si je désire, dans le fond de mon cœur, une part de cette puissance que vos votes vont donner, c'est parce que, enfant du peuple, j'ai dû gagner à la sueur de mon front l'éducation qui va chercher comme d'elle-même l'enfant du riche ; c'est parce que j'ai vu de près, avec la misère du corps, la misère de l'esprit ; c'est parceque je sais que ce n'est pas la peine de naître, si l'on n'est pas initié à ces belles connaissances, patrimoine immortel de l'humanité ; c'est parce qu'il y a en grand nombre, dans notre patrie, de pauvres enfants délaissés par leur famille, souffrants du froid et de la faim, malades, végétant dans la souffrance, dans l'ignorance ; parce qu'il y a de pauvres mères qui n'ont plus de lait, à force de pâtir elles-mêmes ; qui vont, la mort dans le cœur, livrer leurs enfants tout jeunes au travail abrutissant des machines, non pas faute de tendresse, mais faute de temps et de pain. C'est parce que l'école, même gratuite, est quelquefois un luxe pour l'enfant du pauvre. Saluons l'ère nouvelle, si, avec la liberté, elle nous apporte la vie du corps et de l'esprit. Voilà la vraie république. fondée sur la justice et propagée par l'intelligence.

« Lorsque je me présentai l'année dernière aux suffrages de l'arrondissement de Lannion, la question de la liberté d'enseignement me suscita beaucoup d'ennemis. Je n'ai pas à revenir sur cette question qui n'existe plus. Quand la liberté est partout. absolue, sans limite, aucune liberté n'est à craindre. Que tout se fasse au grand jour ; la publicité et la concurrence seront des garanties suffisantes pour la société et pour l'État. S'il faut une autorité scientifique, qu'elle émane de l'Institut, corps électif ; s'il faut une surveillance morale, qu'elle vienne directement des familles par l'élection. Qu'il n'y ait plus de rivalité que dans le bien. C'est à présent qu'il faut s'unir pour enseigner aux hommes Dieu, la justice et la liberté. Pour moi, je le dis du fond du cœur : Je n'ai plus d'ennemis. On peut m'attaquer. Je rendrai le bien pour le mal. J'ai le droit de dire hautement, mes chers concitoyens, que je défendrai à l'avenir le principe de la liberté religieuse, parce que je l'ai défendu toute ma vie.

« Les calomnies que j'ai rencontrées, et que je pardonne à leurs auteurs, ne m'empêcheront pas de me rendre ce témoignage. J'ai lutté contre l'intolérance et je suis prêt à recommencer le combat, si jamais l'intolérance doit renaître. En combattant l'intolérance, je crois combattre pour la Religion, pour la liberté de conscience. Aucun homme ne se mettra jamais, moi vivant, entre Dieu et la conscience de mes frères. *On aura beau me traiter en ennemi de la religion, on ne m'empêchera pas, si jamais la religion est menacée, de me dévouer pour elle.* La liberté de conscience, la liberté de penser n'est pas seulement une, de nos libertés, c'est la source et la condition de toutes les autres. »

N'est-ce pas là tout le programme de sa vie politique, et peut-on lui reprocher maintenant — comme un manquement à ses principes ou comme une sorte d'apostasie — d'avoir combattu l'art. 7, et de s'être fait au Sénat le défenseur de la religion et de la liberté de conscience ?

Mais la *Politique radicale*, me dira-t-on, qu'en faites-vous ? Je n'ai garde de l'oublier et nous en causerons plus loin ensemble. En attendant, je maintiens que Jules Simon fut toute sa vie l'homme de son programme de 1848. Il avait dit que le communisme était un danger pour la société. Il le combattit de toutes ses forces à l'Assemblée constituante et jusque sur les barricades contre les insurgés de Juin, sans pour cela pactiser avec les hommes de la rue de Poitiers. Il avait dit que la liberté de l'enseignement n'était pas à craindre. Et c'est lui qui, dans son admirable rapport sur la loi organique de l'enseignement primaire, présenta à la Constituante un projet où les intérêts de la liberté et ceux de l'enseignement national étaient assurés et sauvegardés.

Aussi pouvait-il dire en toute vérité à ses électeurs en posant sa candidature à la Législative :

« Tout ce que je vous ai promis, l'année dernière, je l'ai fidèlement et scrupuleusement tenu. C'est que ma conscience même vous avait parlé et que je n'avais rien dit qui ne fût dans mon esprit et dans mon cœur.

« Toutes les mesures qui pouvaient compromettre l'ordre, toutes sans exception, m'ont eu pour adversaire. J'ai repoussé toutes les lois qui auraient changé les conditions de la fortune publique et privée. J'ai cru que dans un temps où le monde politique était si profondément troublé, il fallait se montrer conservateur énergique de tous les intérêts sociaux. J'ai combattu l'émeute sous toutes ses faces, comme législateur et comme soldat. J'ai été l'un des premiers, le premier peut-être, à proposer de dissoudre les ateliers nationaux et de rouvrir les ateliers privés en venant au secours de l'industrie. Le 15 mai, je n'ai quitté un instant l'Assemblée nationale, complètement envahie, que pour venir dans la cour même du palais prendre un fusil au milieu de la 10e légion. Au mois de juin, je suis monté, avec la troupe et la garde nationale, sur les barricades de la rue Saint-Antoine : j'ai pénétré un des premiers dans le faubourg. Si je me vante ainsi d'avoir fait mon devoir, c'est que l'on n'a pas craint de nous transformer, moi et quelques-uns de mes amis et de mes collègues, en ennemis de l'ordre, de l'ordre que nous avons défendu au péril de notre vie...

« J'ai attaché mon nom à une loi sur l'enseignement que plusieurs d'entre vous ont entre les mains. J'ose dire qu'on ne pouvait faire une plus large part à la liberté d'enseignement, dont on m'a si longtemps et si injustement accusé d'être l'ennemi. On pourra calomnier cette loi, mais j'en appelle avec assurance à tous les hommes compétents. Rapporteur de la loi organique, mêlé à toutes les discussions qui ont eu lieu sur cette question capitale, dans les comités, dans les commissions et à la tribune, j'emporte la conviction d'avoir loyalement servi mon pays, les intérêts de de la liberté et ceux de l'enseignement national... »

Mais il est écrit que les modérés ne seront jamais compris par le suffrage universel et qu'ils seront toujours écrasés entre les ultras de droite et de gauche.

De 1848 à 1849, il s'était opéré subitement dans l'opinion publique, sous l'empire de la peur, un mouvement de réaction dû en grande partie aux ateliers nationaux et aux journées de juin.

Jules Simon, qui avait donné sa démission de

représentant du peuple en 1849, pour entrer au Conseil d'État, ne fut pas renommé lors de la réélection du premier tiers de ce Conseil. Il échoua également dans les Côtes-du-Nord, aux élections de la Législative. En sorte que, du jour au lendemain, malgré sa courageuse conduite, il se retrouva professeur comme devant.

Et encore ne garda-t-il pas longtemps sa chaire à la Sorbonne et sa conférence à l'École normale.

Le 9 décembre 1851, sept jours après le coup d'État, alors que les rues portaient encore les traces de la résistance désespérée de la loi contre le crime, Jules Simon se rendit à la Sorbonne et trouva la grande salle, où il faisait son cours, envahie par les étudiants qui le saluèrent en entrant de leurs acclamations.

« Messieurs, leur dit-il d'une voix émue, je vous fais ici un cours de morale (il parlait cette année-là de la morale et de la politique de Platon). Je vous dois aujourd'hui, non une leçon, mais un exemple. La France est convoquée demain dans ses comices, pour blâmer ou approuver les événements qui viennent de se passer. N'y eût-il qu'un vote de blâme, je viens vous dire publiquement que ce sera le mien. »

Un tonnerre d'applaudissements couvrit ses paroles, et l'ovation qu'on lui fit fut telle, qu'il eut toutes les peines du monde à obtenir une minute de silence.

« Depuis que je parle à la jeunesse, ajouta-t-il sur un ton triste, je l'ai vue applaudir les doctrines généreuses. Mais j'ai vu aussi bien des âmes fléchir devant les nécessités ou les séductions de la vie. Je prends ces applaudissements que vous me donnez pour un serment. Si jamais vous pactisez avec le crime politique pour avoir votre part du bénéfice (Non! non !), si vous le faites, souvenez-vous, souvenez-vous que vous serez des parjures ! »

Ce furent les dernières paroles qu'il prononça à la Sorbonne. Quand il quitta la grande salle, les applaudissements redoublèrent, et les étudiants se précipitèrent au dehors pour le porter en triomphe. Mais il s'était déjà dérobé dans une voiture qu'avaient fait avancer MM. Charles Beslay, qui fut depuis président de la Commune, et Victor Bois, qui devint secrétaire de Dorian pendant le siège.

Le soir même, son ancien collègue, M. Fortoul, demandait au conseil des ministres son arrestation :

— Destituez-le, mais ne l'arrêtez pas, dit le prince-président.

Et, le lendemain matin, sa révocation paraissait en tête du *Moniteur*.

Jules SIMON en 1860.

III

Consummatum est. C'en est fait de la liberté. Elle a été liée, garottée, proscrite avec tous ceux qui la défendaient, républicains et monarchistes. Elle erre maintenant, pieds nus et la besace au dos, par tous les chemins de l'Europe et, comme le Fils de l'homme, c'est à peine si elle peut trouver une pierre où reposer sa tête. Tout ce qu'il y avait d'illustre, tout ce qui portait un nom dans la politique et dans les lettres, dans la science et dans les armes, est à présent hors de France. L'armée a perdu ses meilleurs généraux dans Cavaignac, Le Flô, Changarnier, Lamoricière. Toutes les grandes voix se sont tues. La tribune devenue veuve de tous ses orateurs a été supprimée comme inutile. Demain ce sera le tour de la chaire, et le P. Lacordaire qui nous aidait à supporter l'exil des Thiers, des Odilon-Barrot, des Ledru-Rollin, des Victor Hugo, des Rémusat, se verra interdire la parole pour avoir bravé à Saint-Roch la colère de César. Jamais révolution ne fit pareil vide en France. Jamais attentat plus criminel ne fut couvert d'un tel silence. Ce silence durera douze ans et ne sera rompu, en 1857, que par le hoquet de dégoût de Jules Favre : *Vox clamantis in deserto*. Pendant douze ans la presse sera condamnée à chanter les louanges de l'empire. Pendant douze ans la pensée française devra, pour circuler *librement* sous la forme du journal et du livre, recevoir l'estampille du ministère de l'intérieur, et la loi de sûreté générale, en rendant tous les citoyens suspects, jettera la terreur dans le pays. En sorte que pour respirer l'air pur de la liberté il faudra passer la frontière.

C'est en Belgique, en Angleterre, en Espagne, en Italie, mais surtout en Belgique, que s'étaient réfugiés les proscrits de décembre, et c'est de là qu'ils faisaient appel à la conscience humaine contre le triomphe insultant du parjure. Mais hélas! tous les projectiles de leur éloquence ne dépassaient pas les limites de la douane, et la France ne connut qu'après la chute de l'empire les *Propos de Labiénus* et les *Châtiments*. La Révolution avait eu ses émigrés à l'intérieur; l'empire eut ses exilés à l'intérieur.

Michelet était de ceux-là. Jules Simon aussi.
Ce ne fut pas leur faute. Michelet s'en alla planter sa tente au bord de la Loire et demeura une année à Nantes pour étudier sur place les causes de la guerre de Vendée (1). Jules Simon se renferma dans l'étude de la philosophie, non certes par indifférence ou par résignation. Ce libéral de naissance ne pouvait s'accommoder de la servitude. En manifestant à la Sorbonne ses opinions républicaines, en refusant quelques jours après de prêter serment à l'empire, comme professeur à l'École normale, il s'était suffisamment désigné aux poursuites des fauteurs du coup d'État. On s'était contenté de le destituer. Dès lors il n'avait plus qu'à attendre les événements. Comme ils ne

(1) M. Emile Souvestre lui avait donné une lettre de recommandation pour son beau-frère M. Papot, qui était alors chef d'institution à Nantes. Michelet loua une maison de campagne située sur la route de Rennes, au sommet d'un coteau qui domine la rivière de l'Erdre. Cette maison qu'on appelait la Haute-Forêt appartenait à un M. Pironneau. De style Louis XV, coiffée d'un toit en poivrière, elle se composait de quatorze pièces, dont un beau salon, que Michelet avait meublé presque entièrement avec des meubles provenant de la vente du roi Louis-Philippe. On sait que Michelet avait été précepteur de la princesse Clémentine. Un beau jardin s'étendait devant la maison, un verger plutôt qu'un jardin avec un cèdre énorme qu'on apercevait de trois lieues à la ronde.

La plupart des documents qui lui ont servi pour écrire le siège de Nantes et les noyades de Carrier lui avaient été fournis par M. Dugast-Matifeux, dont la collection révolutionnaire, une des plus belles qui existent, est aujourd'hui à la Bibliothèque publique de Nantes.

venaient pas, il alla au-devant d'eux. Un matin
de l'année 1854 il jeta à la face du gouvernement
le seul livre qui pût l'atteindre, puisqu'il parlait
de liberté, d'indépendance et d'honneur, — cette
poésie du devoir, comme le dit si bien Alfred de
Vigny. « Peut-être le moment est-il opportun
pour parler aux hommes de leurs devoirs, écrivait-il à la fin de sa préface, quand le plus grand
nombre paraît occupé seulement de son droit, et
se laisse entraîner à confondre ses droits avec son
intérêt. Non seulement les caractères sont rares,
les convoitises ardentes, l'indulgence excessive
en face du succès; mais on voit apparaître des
théories destinées à légitimer aux yeux des hommes tout ce que le devoir condamne. On entend
faire l'apologie de la force, distinguer une grande
morale et une petite, parler avec mépris de la
liberté, condamner la philosophie dans le pays
d'Abélard et de Descartes, maudire la Révolution
de 1789 sur cette terre qu'elle a sauvée et qu'elle
protège.

« J'ai combattu ces impiétés de tout mon cœur
et de toutes mes forces pendant dix-sept années
d'enseignement. Je dédie aujourd'hui à mon
ancienne, à mon éternelle cause, cet humble
livre que j'aurais voulu rendre moins indigne
d'elle. »

C'était là un noble langage. L'empire feignit de

(1) 1 vol. in-18, Hachette.

ne pas l'entendre, et il fallut que l'Académie
française couronnàt le *Devoir* (1) pour que l'empereur s'en montràt mortifié. Je sais même à ce
sujet une anecdote curieuse. Mais comme Mgr
Dupanloup en fut le héros, je la raconterai un
peu plus loin, quand j'aurai à m'occuper de la
guerre ouverte faite par l'évêque d'Orléans au
ministre de l'instruction publique de M. Thiers
et au président du Conseil sous le maréchal de
Mac-Mahon.

Deux ans plus tard, Jules Simon publiait la
Religion naturelle (1), œuvre calme et magnifique,
contestable à coup sûr au point de vue de la doctrine, mais dont on ne peut s'empêcher d'admirer
la sereine indépendance et la sévérité religieuse.
Oui, religieuse dans toute la force du mot, car
Jules Simon n'est pas de ces sectaires, de ces
iconoclastes, comme les religions positives nous
en ont tant donné, qui traitent d'idole tout dieu
qui n'est pas celui de leur conception. Sa philosophie plane au-dessus de tous les temples, de
tous les dogmes humains, mais il est une croyance
universelle à laquelle elle se rallie. Il croit à la
Providence, à la persévérance de la personnalité
dans l'autre vie, à la récompense et à la punition
suivant le mérite. Il croit si profondément à
l'immortalité de l'âme, qu'il se déclare l'adversaire résolu du panthéisme de Spinoza, qui nous

(1) 1 vol. in-18, Hachette.

l'ôte en nous enlevant la liberté. C'est un esprit religieux qui, pour ne reconnaître d'autre autorité que la raison et pour repousser la foi révélée, se rencontre sur beaucoup de points avec les docteurs de l'Église, avec Bossuet entre autres, dont il accepte la magnifique définition de la vie future : « Voir Dieu éternellement, tel qu'il est, et l'aimer sans pouvoir jamais le perdre ».

Telle est la *Religion naturelle*. Avouez que ce libre-penseur côtoie de bien près le christianisme. Je ne sais plus quel philosophe a dit que la raison serait un jour plus religieuse que la foi. La raison de Jules Simon est celle d'un moraliste qui cherche la vérité et croit l'avoir trouvée en dehors de toutes les communions religieuses, mais qui n'en respecte pas moins toutes les croyances. Dès sa plus tendre jeunesse, il étonnait ses maîtres plus encore par sa liberté d'examen que par sa grande piété. Il n'avait déjà aucun goût pour les pratiques dévotes et ne se gênait pas pour dire ce qu'il pensait de certaines superstitions ridicules. Parvenu à l'âge d'homme, la religion naturelle lui apparut comme le seul port de refuge de toute âme croyante et libre. Plus tard, quand il vit l'Église, à trois ans de distance, bénir les arbres de la liberté et absoudre le crime couronné dans la personne de l'empereur, ce spectacle le rendit tout à fait sceptique à l'endroit du catholicisme. On le deviendrait à moins. Mais il ne prétexta point, comme tant d'autres, de ce scandale pour insulter l'Église. Il se souvint qu'elle avait été sa mère nourrice, qu'il avait été élevé sur ses genoux, et s'il avait pu, comme le fils du patriarche de la Bible, lui épargner cette honte en la couvrant de son manteau, il l'eût fait de grand cœur. Car, en dépit de ses erreurs et de ses fautes, il a toujours tenu l'Église catholique pour une force morale qu'il faut se garder d'amoindrir. Il sait que la religion naturelle est trop simple et trop nue pour être embrassée d'ici longtemps par le peuple ; qu'elle ne parle pas assez aux yeux, puisqu'elle n'a pas de culte, et que c'est par les yeux, par l'éclat de ses cérémonies, que le catholicisme séduit et retient les âmes.

Ce libre-penseur n'a donc rien de commun avec les charlatans de l'athéisme. « S'il est vrai cependant, écrivait-il en 1865 dans l'avertissement de son livre, que le nom de libres-penseurs, qui a été fait par nous et pour nous, soit aujourd'hui revendiqué, comme leur propriété exclusive, par des enfants qui ne croient à rien, pourquoi s'en effrayer ou s'en irriter ? Sommes-nous spiritualistes et déistes du bout des lèvres ? Jouons-nous un rôle quand nous parlons de Dieu ? Nous servons-nous de ce nom sacré comme d'un moyen de police ? Ressemblons-nous à ces incrédules qui vont à la messe le dimanche pour entretenir et exploiter la foi des âmes simples ? C'est affaire aux hypocrites de se fâcher et de trembler, mais la conviction sincère est conciliante et calme. Elle

n'injurie pas, elle discute. Elle sait que la tolérance ne consiste pas seulement à ne pas brûler
les athées. »

Après avoir lu la *Religion naturelle*, M. Bersot
lui écrivait une lettre charmante pour le compli-
menter « sur son évêché » et lui demander « une
cure dans son diocèse ». Le mot est joli, mais ce
n'est qu'un mot que Sainte-Beuve devait rééditer
quelques années plus tard, lors de la fondation de
son « grand diocèse ». D'ailleurs, entre les deux
diocèses de Sainte-Beuve et de Jules Simon, il y
a un abîme. S'il est permis de faire gras le vendredi dans celui de Jules Simon, il est expressé-
ment défendu d'y faire montre de ses sentiments ;
on y respecte le vendredi saint, et « l'évêque » de
la *Religion naturelle* ne fut point de ceux qui,
pour narguer les catholiques, allaient ripailler ce
jour-là au Palais-Royal. Il avait bien autre chose
à faire. Pendant que Sainte-Beuve, son ancien
camarade et ami, courtisait les puissants du jour
pour obtenir une chaise curule au Sénat, lui par-
tageait son temps entre l'étude et sa correspondance avec les proscrits. Resté sans ressources
avec deux enfants en bas âge, par suite de sa
destitution, il avait d'abord vécu du produit
de deux leçons de latin. Puis Hachette était venu
le chercher pour fonder sa Bibliothèque des
chemins de fer et le *Journal pour tous*. Ah ! que
de jolies préfaces, que de charmants petits livres
il a jetés là dans ce gouffre de la librairie à bon

marché, sans même se donner la peine d'y mettre sa signature !

Qui connaît sa *Saint-Barthélemy* et sa préface d'*Eugénie Grandet* ? C'est pourtant du Jules Simon de la bonne marque.

J'ai dit qu'il était en relations directes avec les proscrits de décembre. Un comité de secours avait été fondé à Paris sous la présidence de M. Goudchaux, l'ancien ministre des finances de Cavaignac ; c'est lui qui remplissait les fonctions de secrétaire et je vous prie de croire que ce n'était pas une sinécure. Pendant que M. Goudchaux faisait la quête à domicile et y gagnait la maladie qui devait l'emporter, Jules Simon écrivait lettre sur lettre pour faire prendre patience à tous les malheureux qui mouraient de faim. Quand il avait réuni une certaine somme, il allait lui-même la porter à Bruxelles. Il connaissait par cœur le chemin de l'hospitalière Belgique. Pour couvrir les frais de son voyage il donnait des conférences à Bruxelles, à Gand, à Liège, à Tournai, à Anvers... et toujours sur la liberté. Avec quelle éloquence il en parlait ! On dit que l'on n'apprécie bien une chose que lorsqu'on l'a perdue. Le joug qui pesait sur la France avait augmenté son amour pour la liberté, et le feu sacré dont il brûlait pour elle, en sortant de sa bouche, enflammait tout son auditoire (1).

(1) Il a réuni ses conférences de Belgique dans la *Liberté de conscience*, qui parut en 1859 (1 vol. in-18, chez Hachette).

Tant de services rendus à la cause libérale et
républicaine méritaient bien une récompense publique. Elle se fit attendre douze ans. Il entra, en
1863, à l'Académie des sciences morales et politiques et fut nommé, la même année, député au
Corps législatif par la huitième circonscription de
la Seine (1). C'est Jules Favre lui-même qui lui
offrit cette candidature. Ils s'étaient connus, en
1848, sur les bancs de l'Assemblée constituante.
Du jour où ils siégèrent côte à côte au Corps législatif ils devinrent les meilleurs amis du monde et
ne se séparèrent plus.

Laissez-moi saluer au passage cette noble figure
de Jules Favre. Elle est bien effacée aujourd'hui ;

(1) Voici la proclamation qu'il adressait à ses électeurs :

« Messieurs les électeurs,

« Il y a deux sortes de liberté, celle qui est écrite dans les
constitutions, et celle qui est fondée sur les mœurs. Des
électeurs absolument indépendants, des députés investis de
la plénitude du mandat législatif, des ministres respon-
sables, une presse libre pour renseigner les électeurs, sur-
veiller les députés, exprimer les plaintes des citoyens, et
rendre le crédit solide par la publicité et le contrôle ; point
de guerre, si ce n'est pour la défense de l'honneur national
et du droit, point de dépense de luxe, si ce n'est quand le
budget est en équilibre, et qu'on a pourvu à toutes les
dépenses de nécessité et d'humanité ; point de loi d'exception, ni de pénalité arbitraire, ni de condamnation sans jugement et sans tribunal : ce sont là des principes qu'il faut
sauvegarder ou réclamer avec énergie, et qui sont la condition de la liberté, sans être la liberté elle-même. La liberté
n'est complète et durable dans un pays, que quand elle est
unanimement regardée comme le seul fondement de la di-

sa mémoire est tombée au tourbillon qui, depuis
seize ans, a emporté au gouffre de l'oubli tant
d'hommes fameux et tant de choses saintes. Raison de plus pour que je lui rende ici un dernier
hommage. J'appartiens à une génération qui, par-
venue à l'âge où l'on réfléchit, incarna en lui ses
rêves de liberté, qu'il enchanta littéralement de
son éloquence, et qui, lorsqu'il eut succombé
sous le poids d'événements dont il n'était pas responsable, ne se consola jamais de l'avoir vu traî-
ner aux gémonies par ceux-là même qui la veille
le portaient aux nues. Jules Favre fut comme
tant d'autres une victime de la destinée. Or, je ne
suis pas de ces barbares qui crient malheur aux
vaincus et leur donnent à terre le coup de pied

gnité des citoyens, de la grandeur de l'État, de la prospérité
du travail, du bien-être des travailleurs. Les esprits sérieux
se préoccupent aujourd'hui, à juste titre, de la gêne qui
résulte pour les ouvriers de leur accumulation dans les
grands centres de manufacture. Le remède est dans la
liberté. C'est elle qui fait le travail florissant et puissant ; elle qui rend l'ouvrier maître de sa destinée par
l'association, le crédit et l'école ; elle qui substitue partout l'intelligence à la force et l'ordre à la compression.
Une bonne école fait plus qu'une bonne loi pour la liberté. Une armée d'instituteurs vaut mieux, pour l'ordre,
qu'une armée de soldats. Pour moi, Messieurs, ne deman-
dant rien à personne, ne craignant rien de personne, ami de
la liberté que j'ai constamment aimée et uniquement servie,
je n'entrerais au Corps législatif, si vos libres suffrages m'y
appelaient, que pour me dévouer plus complètement à elle.
C'est la cause du peuple, c'est la cause de l'avenir, et ce sera
la mienne à jamais.

« Jules SIMON. »

de l'âne. Toute ma vie, au contraire, j'ai eu une pitié profonde pour les grands hommes tombés du pouvoir, après y avoir été portés par la faveur et l'enthousiasme populaires. Je ne les ai jamais courtisés que dans la mauvaise fortune.

Après nos malheurs de 1870, j'ai été le premier peut-être à oser prendre la défense de Jules Favre, car il était alors le bouc émissaire chargé de tous les péchés d'Israël. J'y mis tout mon cœur et toute mon âme. Par malheur le petit journal littéraire qui publia mon plaidoyer n'avait pas de cautionnement. Poursuivi pour avoir inséré un article jugé politique, il fut condamné à cent francs d'amende. Ce fut ma première condamnation pour délit de presse. J'en suis encore très fier. Quant à Jules Favre, il m'en garda jusqu'à la fin de sa vie une reconnaissance qui me rendait confus, mais qui me procura le bonheur inestimable de pénétrer dans son intérieur, de le voir dans l'intimité, en pantoufles, comme on dit. Ah ! le cher grand homme ! comme il était bon, généreux et simple ! On pouvait s'adresser à lui sans crainte, il était toujours prêt à vous rendre service, à vous aider de ses conseils. Comme toutes les âmes fortes, il n'avait pas de rancune. Cela ne veut pas dire qu'il fût insensible aux injures qu'on lui faisait. Mais il était né philosophe et trouvait dans ses croyances religieuses la force de supporter toutes les avanies. Sans avoir en matière de religion des idées aussi arrêtées que M. Jules Simon, il avait à cet égard plus d'une affinité avec lui. Ainsi l'on peut dire qu'après Dieu, il n'aima, il ne servit qu'une chose en ce monde, et cette chose c'est la liberté. « Dans le monde moderne, disait-il en 1868, en terminant son discours de réception à l'Académie française, les nations ne peuvent être puissantes qu'à la condition d'être libres et croyantes. Elles ne peuvent être croyantes qu'à la condition d'éclairer leur foi par la raison dégagée de toute entrave. Cette conviction a été l'âme de ma vie. » Jules Favre échappait par l'indépendance et la largesse de son esprit au classement des sectes religieuses ou philosophiques qui se partagent le domaine de l'âme. Il allait aussi bien entendre un sermon à la Madeleine qu'à l'Oratoire Saint-Honoré.

Cependant, quelques années avant sa mort, on avait répandu le bruit qu'il allait abjurer le catholicisme. C'était le moment où MM. Renouvier, Réveillaud et autres philosophes prêchaient la conversion en masse au protestantisme. Jules Favre avait consacré dans le *National* une série d'articles au dernier ouvrage de M. de Pressensé, et l'on avait cru lire, entre les lignes de son étude, qu'il s'apprêtait à embrasser la religion réformée. D'autant qu'il avait épousé sur le tard une protestante.

Je m'émus de cette nouvelle que m'apportaient différents journaux, et lui écrivis pour lui demander ce qu'il y avait de vrai dans les dispositions qu'on lui prêtait. Or, voici ce qu'il me répondit :

« Paris, 4 janvier 1878.

« Cher Monsieur,

« La lettre que vous m'avez fait l'honneur de m'écrire me prouve que je ne me suis pas expliqué assez clairement en répondant à vos premières communications. Vous me supposez catholique libéral : aucun de mes actes, de mes discours ni de mes écrits n'a pu le faire croire. On ne peut être catholique qu'à la condition d'admettre *tous* les dogmes de l'Église et d'observer *tous* ses commandements. Je ne suis pas davantage protestant, et la nouvelle que certains journaux auraient donnée de ma prétendue conversion est une invention pure. Le protestantisme est supérieur au catholicisme, parce qu'il repose sur le principe du libre examen qui est le mien. Sa morale est plus précise, et il a le mérite de se rapprocher, plus que toute autre secte, de la simplicité évangélique. Il ne me semble pas cependant le dernier mot de la rénovation religieuse que j'appelle de tous mes vœux.

« Cette rénovation consistera dans la réhabilitation complète de la raison humaine éclairée par le triple rayon de la science, de la liberté, du spiritualisme. Nous n'avons donc ni le même point de départ ni le même but. Je suis convaincu que vos idées de réforme sont inspirées par le sentiment du bien, et à ce point de vue j'y applau-

dis. Mais je ne saurais m'y associer, plaçant la
vérité bien au-dessus de ce que vous entendez
conserver.

« JULES FAVRE. »

Cette lettre a toute la valeur d'un testament, et,
si je la publie aujourd'hui, c'est qu'elle nous ren-
seigne exactement sur les idées philosophiques
de Jules Favre, et qu'elle explique, en des termes
qui ne permettent pas l'équivoque, comment un
homme né dans la religion catholique peut être
amené à appeler un pasteur protestant à ses funérailles, sans avoir au préalable embrassé le protestantisme.

IV

Napoléon III disait en 1854 au prince Albert,
qui l'a rapporté depuis dans ses *Mémoires,* « qu'il
ne permettait pas à ses ministres de se réunir et
de discuter les affaires ensemble, que toutes les
questions se traitaient avec lui seul et qu'il racontait rarement à l'un ce qu'il avait décidé avec
l'autre ».

— Vous me reprochez, disait-il au prince
Consort, de n'avoir personne à côté de moi qui

puisse me remplacer dans les rapports de l'empire avec les grandes puissances, mais *où trouver un homme ?*

Le mot est dur, mais peint exactement le régime. Jamais règne, en effet, ne fut plus pauvre en hommes d'État que celui de Napoléon III. Avec son tempérament de conspirateur taciturne et d'autoritaire indécis, l'empereur n'aurait pu s'accommoder de ministres qui n'eussent pas fait toutes ses volontés. Aussi, pour le représenter dans les Chambres et auprès des différentes cours d'Europe, n'eut-il guère que des domestiques. En réalité, il n'eut que trois hommes à qui l'on ne saurait sans injustice refuser la qualité d'homme d'État. Ce furent : le duc de Morny, M. Billault, et M. Rouher. Un Parisien, un Breton et un Auvergnat. Je ne compte pas M. Emile Ollivier, qui ne fut, à proprement parler, que le ministre des dernières prières.

Quand M. Billault mourut (1863), M. de Morny dit tout haut : « L'empire perd son bras gauche ».

A la mort du duc de Morny (1865), tout le monde dit : « L'empire perd son bras droit ».

Restait la tête avec M. Rouher, tête forte qui porta le poids de bien des discussions, de bien des responsabilités, mais qui, comme une boussole désorientée, perdit le nord après la mort du duc de Morny.

De ces trois hommes politiques, M. de Morny fut à coup sûr le plus remarquable et le mieux

doué. Il n'avait pas l'éloquence de Billault et l'opi-
niâtreté de M. Rouher, mais quel homme d'action ! quel esprit souple, audacieux ! Il disait que
les affaires c'était l'argent des autres. Jamais
homme ne sut mieux manier l'argent et brasser
les affaires. Il avait presque autant d'idées finan-
cières que M. de Girardin d'idées politiques. A
une par jour faites le compte. Avec cela, homme
du monde comme pas un. Tour à tour, et souvent tout ensemble, journaliste, président de la
Chambre, auteur dramatique, sa principale force
était qu'il se mêlait à tout, qu'il voyait tout, qu'il
fréquentait les milieux les plus divers. Si quelqu'un avait pu réconcilier la France libérale avec
l'empire, c'eût été certainement lui.

Un jour qu'il reprochait à M. Billault de trop
s'enfermer dans son cabinet :

— Savez-vous, lui disait-il, pourquoi j'ai fait
un bon ministre de l'intérieur ? C'est parce que je
vivais à l'extérieur.

Ce mot d'esprit n'a pas cessé d'être juste. Pour
faire un bon ministre de l'intérieur il faut, en effet,
mettre souvent le nez à la fenêtre et respirer l'air
de la rue. Les bruits du dehors, les courants
divers de l'opinion publique vous en apprennent
mille fois plus que tous les rapports des agents de
police et la lecture des journaux officieux.

Le duc de Morny n'était pas seulement très
ouvert, très répandu, il était aussi très large
d'idées et libéral — à sa manière. Ce n'est pas

lui, par exemple, qui aurait fait disparaître les minutes sténographiques des délibérations de la Chambre de 1842 à 1854, s'il avait présidé le Corps législatif à cette époque. Je n'en veux pour preuve que la publication des *Archives parlementaires* qui fut commencée sous ses auspices. Mais M. Billault était un esprit étroit, égoïste, qui ne pensait qu'à lui, et, soucieux de sa réputation, ne voulait à aucun prix laisser derrière lui des minutes qui souvent donnaient tort au procès-verbal détaillé, — seul mode de publication des débats autorisé alors par la Constitution. Voilà pourquoi il les fit brûler en quittant la présidence.

M. Billault était entré, en 1837, dans la vie politique comme député de l'arrondissement d'Ancenis. Il avait alors trente-deux ans.

Né à Vannes, il s'était installé de bonne heure comme avocat à Nantes, où il avait épousé une demoiselle Ducoudray-Bourgault. Ce n'était pas d'ailleurs un avocat sans causes. Doué d'une éloquence naturelle, plaidant bien les affaires, il s'était fait rapidement une assez belle clientèle. J'ajouterai qu'il aimait sa charge, et qu'ayant été rendu à la vie privée à l'expiration des pouvoirs de la Constituante, en 1849, il en avait pris facilement son parti, comme en témoigne sa correspondance inédite que j'ai eue entre les mains.

Mais il avait prononcé, en 1848, un discours sur le droit au travail qui l'avait mis en évidence et désigné au suffrage du prince-président.

Après le coup d'État, on lui trouva un siège, je ne sais plus où, et il fut nommé président du Corps législatif. Il mourut au moment où l'empire venait de s'engager dans l'expédition du Mexique, laissant à M. Rouher un poste terriblement difficile et la tâche non moins lourde d'appliquer, de soutenir à la face de l'Europe, « la plus belle pensée du règne ».

Certes, ce n'est pas M. Billault qui eût commis la faute de prononcer ce mot malheureux et tant d'autres, comme le fameux « jamais », ou « la politique des trois tronçons ». Ce n'était pas un aigle, il ne voyait pas les choses de très haut, mais il voyait plus loin et plus juste que M. Rouher. Dans ses discours de ministre, on retrouvait bien l'avocat habitué à plaider le pour et le contre, son éloquence était plus serrée que chaude ; il n'avait pas le cri de l'orateur, mais il avait certainement l'étoffe d'un homme d'État.

— Tête de billot, disait l'empereur.

— Pour vous servir, répondait-il.

Il n'était pas Breton pour rien. Quand il avait avancé une chose, le diable ne l'en aurait pas fait démordre.

M. Rouher était plutôt avoué qu'avocat. C'était un débrouilleur d'affaires. Il avait un vrai talent pour dépouiller un dossier et tirer les choses au clair. Quand l'empereur avait commis quelque bévue, — ce qui lui arrivait assez souvent, hélas !

— il disait en riant : « Rouher arrangera cela ».

C'était un de ces chiens fidèles qui ne savent qu'obéir et qui, ne pouvant se consoler de la perte de leur maître, se couchent sur leur tombe et se laissent mourir. M. Rouher est mort à la peine.

Ce fut M. Billault qui eut à soutenir l'assaut furieux des cinq, — assaut magnifique où le rire ailé de Picard alternait avec la morgue hautaine de Jules Favre, et qui devait ouvrir la brèche à MM. Jules Simon, Thiers, Berryer, etc. etc. On put dire ce jour-là que les vrais hommes de gouvernement étaient du côté de l'opposition, que le ministère du pays était à gauche. Plût au ciel que la France ait eu alors pour ministre de l'instruction publique M. Jules Simon ! pour ministre de la justice M. Jules Favre ! Nous n'aurions point subi si longtemps le joug de la magistrature servile que l'on sait, l'enseignement primaire eût été porté aussitôt à la hauteur de celui de l'Allemagne, et nous n'aurions point été battus, en 1870, par les maîtres d'école allemands. M. Thiers nous aurait épargné la honte de Queretaro, l'humiliation de Sadowa et la funeste convention de septembre, — ces préliminaires fatals de la guerre franco-allemande. Mais il était écrit que l'empereur serait toute sa durée le prisonnier de sa propre fortune, et que du jour où il voudrait s'allier à la liberté, il tomberait repoussé par elle !.....

Ah ! que de pages admirables, que de discours superbes nous ont valus ces années de despotisme ! C'est vraiment pendant la période de 1860 à 1870 que les républicains et les libéraux gagnèrent la France à la République et firent l'éducation du suffrage universel. La tribune de la Chambre des Députés entendit-elle jamais plaidoyers comparables à ceux de Jules Favre et de Jules Simon ? A-t-on jamais fait depuis, sur le droit de réunion et d'association, sur les associations coopératives, sur la liberté de la presse, sur les droits de l'instruction publique, sur les intérêts des femmes dans les classes laborieuses, voire sur la peine de mort, un cours public qui vaille celui que fit Jules Simon au Corps législatif dans l'espace de sept ans ? J'ai dit un cours : il semble, en effet, quand on relit ses discours d'une inspiration si haute, que Jules Simon s'était proposé, en entrant au Corps législatif, d'y continuer son cours de philosophie à la Sorbonne. Ce qui le distingue des autres orateurs de l'opposition, c'est que chez lui la liberté n'est jamais séparée de la morale. C'est au nom de la liberté et de la morale qu'il prononça les deux discours que je retiens ici, d'abord parce qu'ils marquent tout particulièrement dans son existence, ensuite parce qu'ils n'ont rien perdu de leur actualité.

Je veux parler des intérêts de la femme dans les classes laborieuses, et de la question des rapports de l'Église et de l'État.

Tout le monde a lu l'*Ouvrière* et l'*Ouvrier de huit ans*. Je n'étonnerai personne en disant que ces deux livres ont exercé une influence considérable, en

France et à l'étranger (1), sur les lois qui règlent le travail des femmes et des enfants mineurs dans les usines et les manufactures. Avant d'écrire l'*Ouvrière*, Jules Simon avait parcouru toutes nos grandes fabriques du Nord et de l'Est, il avait visité les *courettes* de Lille, les *forts* de Roubaix, les

(1) J'en trouve la preuve dans la lettre suivante (inédite) que je reproduis *in-extenso* en raison de son importance :

« Paris, le 9 janvier 1869.

« Monsieur le président,

« Je vous remercie beaucoup de la bonne pensée que vous avez eue de m'envoyer un exemplaire du Rapport de M. Kuborn. Je vous prie de m'envoyer un second exemplaire que je présenterai de la part de l'auteur à l'Académie des sciences morales, avec un rapport de quelques mots suivant notre usage.

« Nous n'avons pas, en France, de femmes employées dans les houillères. J'en ai vu à Seraing, et en Angleterre avant la dernière loi ; mais le rapport est si clair et si concluant qu'il emportera, je l'espère, l'assentiment des personnes les plus étrangères à la question. Il est hors de doute que le travail des femmes dans les houillères constitue pour elles, et par conséquent pour la société, un double danger physique et moral. Il n'est pas moins évident que l'État, en présence d'une nécessité si grave et si manifeste, a le droit de prononcer l'interdiction. Je suis également d'accord avec vous pour la limite de 14 ans pour les jeunes garçons employés dans les mines. Les trois articles que vous proposez sont excellents. Je crois que la loi est toute faite, il n'y a plus qu'à faire des vœux pour que le gouvernement et les chambres l'adoptent dans les termes mêmes de l'Académie. Je n'y voudrais ajouter qu'un quatrième article, pour établir une sanction pénale, et une inspection salariée et régulière, si elle n'existe pas déjà en Belgique, ce que j'ignore.

« Quoique nous n'ayons pas de femmes employées dans les houillères, comme je le rappelais tout à l'heure, le rap-

couvents de Saint-Quentin, qui servaient d'asile à
des milliers de travailleurs, et il était revenu navré
de ce qu'il avait vu. Comment s'étonner après cela
de l'avilissement du suffrage universel, de la dé-
population du pays, de la décadence de la famille
française? Quand la femme, — cette gardienne

port de M. Kuborn sera lu ici avec beaucoup d'intérêt, parce
qu'il n'y a qu'une différence de degré entre le travail souter-
rain et le travail de fabrique. Le mal, dans les houillères, est
intolérable, et donne lieu de prononcer l'interdiction absolue pour les femmes et l'interdiction pour les garçons
jusqu'à l'âge de 14 ans. Il est moindre dans les fabriques ;
pour les femmes, je ne crois pas que l'interdiction puisse
être prononcée, je crois seulement que la loi peut fixer à
10 heures, ce qui même est beaucoup, le maximum de la
journée ; pour les enfants, jusqu'à treize ans, je n'admets
qu'une journée de cinq heures. J'ai tout lieu de croire qu'un
projet dans ce sens, comprenant les femmes et les enfants,
sera très prochainement présenté au Corps législatif. M. Forcade de la Roquette y travaillait très activement dans les
derniers temps de sa présence au ministère des travaux publics. Dans ce projet, si mes renseignements sont exacts,
l'âge de l'entrée dans les manufactures sera fixé à 10 ans au
lieu de 8. Je tiens surtout à la limite de 5 heures. On pourrait à la rigueur consentir à 6. C'est 6 heures 30 en Angleterre, mais avec huit demi-congés, interdiction absolue du
dimanche, du jour de Noël et du vendredi. Les huit heures,
actuellement tolérées par la loi française de 1841, et constamment dépassées dans la pratique, entraînent une véritable dégénérescence de la race. Je l'ai constatée de toutes
façons, par les tables de mortalité, par les registres d'hôpitaux, et par le résultat des opérations du recensement militaire.

« Je vois que l'Académie a porté son attention sur la mortalité des enfants dont les mères travaillent aux mines ;
beaucoup de médecins français sont en ce moment préoccu-
pés de la mortalité des nourrissons pendant la première

naturelle du foyer domestique, — travaille du matin au soir, loin de chez elle, dans la promiscuité malsaine des manufactures. M. Jules Simon a raison de le dire : la famille ouvrière n'existe plus. N'allez pas en conclure cependant qu'il condamne le travail de la femme (1). Non, son désir

année, je n'ai pas la prétention de vous l'apprendre : mais j'ai moi-même, il y a quinze jours, fait un rapport à l'Académie sur un mémoire du docteur Brochard, médecin à Bordeaux, rempli des faits les plus désolants et en même temps les plus probants. La mortalité des enfants assistés est particulièrement effroyable ; elle est de 90 pour 100 dans les départements de la Loire-Inférieure et de la Seine-Inférieure. Il y a des femmes connues pour la rapidité avec laquelle les nourrissons périssent entre leurs bras, et les maisons de prostitution de Paris ont soin de se procurer leurs adresses. Même pour les enfants que leurs mères n'abandonnent pas, et qu'elles placent elles-mêmes en nourrice, la première année est bien difficile à franchir. Les femmes travaillent jusqu'au neuvième mois et reviennent au métier dès qu'elles peuvent se tenir debout, c'est-à-dire presque sur-le-champ. Rien qu'en payant aux mères le salaire de quinze jours sans travail (quinze jours, c'est bien peu pourtant !), M. Jean Dollfus a diminué la mortalité des enfants de 13 pour 100.

« M. Kuborn a mille fois raison de dire qu'outre les raisons d'humanité, il y a une raison de patriotisme puissante pour supprimer les causes d'un pareil fléau...

« JULES SIMON. »

(1) « ... Je suis d'avis, écrivait-il à un de ses anciens condisciples à la date du 8 janvier 1869, que les femmes ont, au même titre que nous, le droit de travailler ; que le travail leur est bon, et que l'oisiveté leur est nuisible ; qu'il faut par tous les moyens s'efforcer de leur procurer un travail solitaire et sédentaire, conforme à leurs aptitudes, à leurs goûts, et qui puisse se concilier avec leurs devoirs d'épouses

7

ne va pas aussi loin. Du moment que l'insuffisance
du salaire de son mari lui fait une loi de travailler,
il voudrait qu'elle fût employée isolément, que
son travail fût équitablement rétribué, qu'il n'ex-
cédât pas la mesure de ses forces, et surtout qu'il
ne l'enlevât point à sa vocation naturelle, en rendant le foyer désert et l'enfant orphelin. « Quand
les liens de la famille se relâchent, c'est le plus
grand malheur qui puisse arriver à un peuple. Il
lui importe sans doute d'avoir des lois libérales,
des campagnes bien cultivées, un commerce florissant, mais il lui importe encore plus d'avoir
des mœurs. C'est le bien qui donne tous les autres
et sans lequel tous les autres ne sont rien. »

Mais par quels moyens pourrait-on rendre la
femme au foyer? Est-ce par l'augmentation du salaire de l'homme? Hélas! « on ne saurait oublier,
comme le dit Jules Simon, qu'il existe une loi
plus forte que toutes les lois écrites dans les codes,
plus forte même que la charité la plus ardente :
c'est la loi économique qui régit tout développement industriel et qui force le fabricant à mesurer
ses dépenses sur ses chances de bénéfice et à lutter

et de mères. Je donnerais de bon cœur la dernière goutte
de mon sang pour la liberté, et je ne désire pas avec moins
de passion de voir renaître la probité scrupuleuse, l'austé-
rité des mœurs, la chasteté de l'époux et de l'épouse, le respect filial ; je ne sépare même pas ces deux grandes causes,
la famille et la liberté, persuadé qu'il faut être esclave du
devoir, pour être capable d'exercer et même de comprendre
les droits du citoyen... » (*Lettre inédite.*)

contre la concurrence étrangère. La hausse même
des salaires ne mettrait fin au paupérisme qu'à
la condition d'être accompagnée d'une réforme
profonde dans les mœurs. » Le problème à ré-
soudre consisterait, suivant l'auteur de l'*Ouvrière*,
à sauver l'ouvrier par lui-même. Comment ? en
lui inspirant l'amour du travail et de l'économie,
en le déshabituant du cabaret. Pour cela, Jules
Simon pense qu'il suffirait de lui construire des
logements propres, aérés, salubres. Du jour où
l'ouvrier aurait un nid convenable, il se plairait
chez lui entre sa femme et ses enfants, il fréquen-
terait moins le cabaret. Ah ! le cabaret, c'est en
effet la plaie des cités ouvrières. C'est là qu'on
fait la saint-lundi, que s'en va le plus clair du
salaire de la semaine. « Du jour où le cabaret
serait vide, la misère serait à peu près vaincue ! »

Malheureusement, les logements d'ouvriers ne
sont pas si faciles à faire que le croyait alors
Jules Simon. Si la chose ne présente pas de
grandes difficultés en province, il n'en est pas de
même à Paris. Voici quatre ou cinq ans que le
conseil municipal étudie cette question, elle n'est
guère plus avancée que le premier jour (1). En
théorie cela n'a l'air de rien, il semble qu'il n'y ait
qu'à vouloir ; mais quand on passe de la théorie
à la pratique, le problème paraît tout autre. C'est

____

(1) Depuis lors, elle a fait un grand pas par la construction des logements à bon marché.

le terrain, la main-d'œuvre, le capital de garantie,
etc., etc. Ah! si les moyens de communication
étaient plus faciles et moins chers, on pourrait
construire des cités ouvrières au delà des fortifi-
cations. Mais tant que le métropolitain ne mar-
chera pas, il ne faut pas y songer. Et puis, est-il
bien sûr que l'ouvrier parisien consentirait à se
loger dans des cités en dehors de la barrière ? Il
faudrait pour cela qu'il changeât du tout au
tout, car à l'heure qu'il est il partage sa vie entre
l'assommoir et le café-concert, et, pour donner
libre carrière à ses goûts de débauche et de plaisir,
il a besoin d'avoir son Paris sous sa main. Ne lui
parlez pas d'aller habiter à la campagne : la campagne c'est bon le dimanche, quand les beaux
jours sont venus. Mais en semaine !... il aime
bien mieux loger dans un taudis, à deux pas du
boulevard. Ne lui en voulons pas trop, d'ailleurs,
de ses mauvaises habitudes. Nous y sommes tous
pour quelque chose. Quand je dis nous, je m'entends. On lui a tellement monté la tête en ces
dernières années, qu'il avait fini par croire que
tout lui était permis, qu'il était le maître de la
situation, que la clef de la question sociale était
dans sa poche. Hélas! il en a rabattu depuis et ne
tient plus la dragée si haute à ses patrons. Après
la série des vaches grasses, les vaches maigres
sont venues. La hausse des salaires n'a duré
qu'un temps, le travail est vite retombé au cours
moyen. Bref, l'ouvrier parisien ne songe plus

à se mettre en grève. Il commence à se rendre
compte de ce que les grèves lui coûtent. Ah !
que ne suit-il le conseil de Jules Simon ! Il veut
être libre, il veut être maître de son sort, c'est
très bien. Que n'épargne-t-il alors, au lieu de
vivre au jour le jour, sans souci du lendemain ?
Il n'y a que les caisses de secours mutuels et de
retraite, les associations alimentaires, l'épargne
enfin qui puisse protéger l'ouvrier contre ces trois
grands ennemis : le chômage, la maladie et la
vieillesse ; de même que c'est l'ordre et l'économie qui seuls puissent permettre le retour de
la femme dans la famille......

Je viens de résumer à grands traits les travaux
de Jules Simon sur la question ouvrière. Je me
propose à présent d'étudier avec lui la question,
délicate entre toutes, des rapports de l'Église et de
l'État, qu'il trancha carrément par la séparation
dans son discours du 3 décembre 1867.

Et d'abord examinons la question au point de
vue historique. Tous les libéraux sont d'accord
aujourd'hui pour déplorer que l'Assemblée constituante n'ait pas proclamé la liberté des cultes.
C'était, en effet, en 1790, la solution naturelle et
logique. Mais l'Assemblée constituante ne comprenait pas qu'on entreprît de révolutionner la
société civile sans révolutionner l'Église. L'Église
et l'État ayant vécu maritalement sous la monarchie absolue, il lui sembla qu'ils devaient continuer à vivre ensemble sous la monarchie consti-

tutionnelle, sauf à modifier l'esprit et la lettre de leur contrat de mariage. La séparation, si tant est qu'elle l'ait envisagée sérieusement, avait le tort, à ses yeux, de créer un État dans l'État, et comme le haut clergé n'était rien moins que libéral, elle craignait que l'Église de France, une fois émancipée et abandonnée à elle-même, ne devînt un centre de résistance, un foyer de conspiration.

D'un autre côté, elle se faisait un scrupule de rompre avec l'Église, après l'avoir dépouillée de ses biens. La séparation, prononcée à peine les premières enchères ouvertes, n'était-ce pas un vol manifeste que l'honnêteté politique lui défendait de commettre ? Dans ces circonstances, après avoir pesé le pour et le contre, l'Assemblée constituante ne vit de salut pour l'État que dans une transaction avec l'Église, et quelle transaction !

Quand on étudie les préliminaires de la constitution civile du clergé, il est facile de voir que la Constituante n'entendait rien aux affaires ecclésiastiques et qu'elle était dominée, en matière religieuse, par la philosophie du dix-huitième siècle. Comme la Révolution avait affranchi la glèbe, elle crut qu'il dépendait d'elle d'affranchir le bas clergé et de renouveler la face de l'Église de France, en déchirant le Concordat de 1516 qui l'avait humiliée devant la cour de Rome, en la ramenant par delà le régime des pragmatiques, au principe électif de la primitive Église chrétienne. Pure illusion de philosophes. L'expérience aurait dû lui enseigner qu'on ne peut réformer l'Église qu'avec le concours de la papauté, et que tous les gouvernements qui ont voulu lui faire violence — sauf Henri VIII, en Angleterre — ont dû, tôt ou tard, plier le genou devant elle. Il n'y avait qu'un seul moyen de restaurer l'Église gallicane en 1790; ce moyen c'était la séparation.

Mais, dira-t-on, la séparation de l'Église et de l'État entraînait logiquement la suppression du budget des cultes ou la restitution à l'Église des biens que l'État s'était appropriés. C'est encore là une erreur. Quand l'Assemblée nationale décréta que les biens du clergé seraient mis à la disposition de la nation, elle créa le budget des cultes pour l'indemniser. Cette indemnité n'était pas un salaire, et il ne vint alors à l'esprit de personne que la rente servie au clergé par l'État aliénerait son indépendance au point d'en faire une armée de fonctionnaires à merci. Il restait libre de toute attache officielle et ne devait aucune reconnaissance à l'État, — surtout le haut clergé qui, dans la confiscation de ses biens, perdait d'un seul coup cent cinquante millions sur les deux cents millions qui formaient le revenu annuel de l'Église de France en 1789.

L'Assemblée constituante pouvait donc fort bien prononcer la séparation de l'Église et de l'État, tout en maintenant le budget des cultes ; la preuve en est que ce *modus vivendi* est pratiqué actuellement en Belgique. Le budget des cultes était entre les mains du gouvernement un moyen pratique de contrôle, de surveillance, qui avait cet avantage inappréciable de ne présenter aucun caractère vexatoire et d'établir par le traitement une égalité relative entre les soixante mille desservants et le clergé supérieur. Mais avant, il y avait à prendre des mesures d'ordre public, telles que la suppression des maisons religieuses, à l'exception toutefois des congrégations enseignantes ou hospitalières; le retrait à l'Église des registres de l'État civil; l'établissement des élections; une nouvelle délimitation des évêchés et des paroisses, surtout des évêchés qui, comme ceux de Metz, de Toul, de Verdun, de Saint-Dié, de Nancy, étaient suffragants d'un archevêque étranger (1) : — toutes mesures qui étaient réclamées par les cahiers de la plupart des bailliages et des sénéchaussées, mais qui exigeaient d'habiles négociations avec Rome.

Boisgelin, archevêque d'Aix, s'engageait à faire approuver la constitution civile par le Pape, si on l'envoyait en mission auprès de lui; et dans les archives romaines apportées en France par Napoléon Ier, l'abbé Grégoire a trouvé une lettre de M. Jalabert, alors supérieur du petit séminaire de

(1) Par un désordre inexplicable, ces évêchés relevaient de l'archevêché de Trèves, de même que ceux de Bâle et de Lausanne relevaient de l'archevêché de Besançon, et ceux de Tournai et de Namur de l'archevêché de Cambrai.

Toulouse, qui écrivait de Paris à Pie VI « pour le prier d'adresser un bref de *propre mouvement* aux évêques de France, étendant provisoirement leur juridiction au-delà des limites de leurs diocèses, et autorisant provisoirement encore les métropolitains ainsi désignés par l'Assemblée nationale, à instituer canoniquement les évêques qui seraient élus, même dans les sièges de nouvelle création ».

Il est donc probable que si l'on avait négocié avec la cour de Rome, elle eût sanctionné les mesures prises en vue de la séparation. Mais l'Assemblée nationale trouva plus commode de déchirer purement et simplement le concordat et de le remplacer par une constitution civile qui supprimait les ordres monastiques (12 février 1790), changeait le mode d'élection et d'institution des évêques et des curés (12 juillet et 24 août 1790) ; — s'imaginant sans doute qu'elle donnait satisfaction au Pape, en déclarant, dans une clause additionnelle, qu'elle n'entendait point porter atteinte à son autorité, et que les évêques, tout en n'étant plus nommés par lui, ne cesseraient point de correspondre avec lui.

Bien plus, elle poussa la méfiance et l'imprévoyance jusqu'à obliger le clergé à prêter serment à la constitution, ajoutant que « ceux qui n'auraient pas prêté, dans les délais déterminés, le serment prescrit, seraient réputés avoir renoncé à leur emploi et qu'il serait pourvu à leur remplacement,

comme en cas de vacance par démission. » (Décret du 27 novembre 1790.)

C'en était trop, le serment avait excédé la mesure ; aussi ne fut-il prêté que par un seul archevêque, celui de Sens, et par quatre évêques, ceux
de Viviers, d'Orléans, d'Autun et de Lydda (1).
Tous les autres évêques et archevêques le refusèrent. Parmi les prêtres, Grégoire assure que la
majorité jura fidélité à la constitution. Le clergé
se trouva ainsi partagé en deux camps : les asser-
mentés et les réfractaires. D'où le schisme et la
guerre civile, car la guerre de Vendée fut allumée
et conduite par les insermentés, à qui les évêques
envoyaient du fond de leur exil le cri de guerre
jeté par Pie VI à la Révolution.

Ce serment politique fut, je le répète, le vice
capital de la constitution civile ; il rappela le trop
fameux formulaire d'Alexandre VII et servit de
prétexte aux ennemis de l'ordre de choses nouveau.

La Constituante s'en aperçut trop tard.

Pourquoi faut-il qu'elle n'ait pas eu la hardiesse
ou la bonne inspiration de choisir, entre les deux
routes qui s'offraient devant elle, le chemin direct
de la séparation de l'Église et de l'État ? Ce chemin,
assurément, avait ses ronces et ses obstacles, mais

---

(1) A cette époque, l'Église de France comptait 18 archevêques et 113 évêques. Voir sur la question des rapports de
l'Église et de l'État sous l'ancien régime, et pendant la Révolution, notre ouvrage : *Les Origines du Concordat*
(2 vol. in-8°, chez Delagrave).

il n'aurait pas conduit la France au cul-de-sac de la Terreur, et dans tous les cas, il lui aurait épargné cette halte fatale ou plutôt ce retour en arrière qu'on appelle le Concordat.

Car enfin, qu'est-ce que le Concordat? « C'est un traité conclu, dit M. Jules Simon, entre l'État et l'Église, pour se céder l'un à l'autre, au détriment de la liberté de conscience, une part de la souveraineté qu'ils n'ont pas. L'État vend à l'Église la liberté des citoyens, pour obtenir d'elle la paix et un appui; l'Église vend à l'État ce qu'elle croit ou ce qu'elle dit être la vérité absolue, pour obtenir de lui le privilège d'enseigner seule, et celui de s'enrichir.

« Conséquence : l'Église dans l'État est l'abdication de la foi religieuse; l'État dans l'Église est la négation absolue de toute liberté; le Concordat est tout ensemble la foi avilie et la liberté proscrite. Il faut donc rejeter toute alliance entre le temporel et le spirituel. Proclamer leur séparation, ce n'est pas autre chose qu'exprimer le dogme à la fois si nécessaire et si simple de la liberté de conscience (1). »

Ainsi parle Jules Simon. Mais alors, vont s'écrier ses adversaires politiques, comment expliquer que l'auteur de la *Politique radicale* se prononce aujourd'hui pour le maintien du Concordat, quand il en demandait la suppression

____

(1) *La Liberté de conscience*, page 321.

il y a vingt-trois ans? La réponse est toute simple
et cette contradiction n'est qu'apparente. En 1867,
Jules Simon se réclamait de la liberté pour attaquer le Concordat; c'est encore de la liberté qu'il
se réclame aujourd'hui pour le défendre. Je m'explique. Quel est l'homme de bonne foi qui oserait
soutenir que la situation respective de l'Église et
de l'État est la même aujourd'hui qu'il y a vingt-
trois ans? En 1867, le pape était encore roi de
Rome; il était protégé par les baïonnettes françaises; l'Église était maîtresse de l'enseignement
en France à tous les degrés, et l'empire se faisait
le serviteur complaisant de la faction ultramon-
taine. Le Concordat pouvait donc passer alors
pour un instrument d'oppression. En est-il de
même aujourd'hui? Poser la question c'est la ré-
soudre. Non seulement le pape a perdu son pouvoir temporel, depuis le discours de Jules Simon
sur la séparation de l'Église et de l'État, mais on
a chassé les jésuites de l'enseignement secondaire,
on a laïcisé toutes les écoles publiques, et la liberté
des cultes est si complète, que le P. Hyacinthe a
pu ouvrir une chapelle gallicane à Paris. Tout
cela s'est fait en quinze ans sous le régime con-
cordataire. On ne peut donc plus dire que le Concordat opprime la liberté de conscience. En 1867,
Jules Simon défendait la liberté civile contre les
empiètements de l'Église. En 1886, c'est contre
le radicalisme lui-même qu'il défend le Concordat.
Oui, contre le radicalisme! car entre les radicaux

de 1867 et ceux d'aujourd'hui, il y a un abîme.
« Le radicalisme dont il s'agit, disait Jules Simon
dans la préface de la *Politique radicale*, c'est le
radicalisme dans le sens de la liberté. » Le radicalisme du jour est synonyme d'oppression — en
matière religieuse. On a changé l'enfant en nourrice, et c'est le père qu'on accuse d'avoir changé.
Eternelle comédie humaine !

Non, il n'est pas vrai que Jules Simon ait
changé d'avis à l'endroit du Concordat. C'est un
séparatiste convaincu qui n'accepte le Concordat
que comme pis aller, parce qu'il sait bien qu'une
dénonciation violente déchaînerait une fois encore
la guerre civile en France. Si la séparation devait
avoir pour conséquence de réaliser son rêve qui
est celui de Cavour, à savoir l'Église libre dans
l'État libre, il la voterait des deux mains immédiatement, mais ce n'est pas ainsi que l'entendent
les radicaux. Pour eux, la séparation de l'Église
et de l'État entraîne fatalement la suppression du
budget des cultes, le retour à l'État et aux communes de tous les édifices religieux, — toutes
choses sur lesquelles Jules Simon faisait ses réserves les plus expresses dans son discours sur la
question romaine et dans la *Liberté de conscience*.

En voulez-vous la preuve : la voici : « Il y a
trois sources de complications dans la législation
des cultes : la première tient aux conditions matérielles d'existence de chacun d'eux ; la seconde
aux rapports nécessaires des cultes avec les cir-

constances principales de la vie, et la troisième à
la nature du dogme et à l'organisation de la
hiérarchie dans chaque Église.

« Voici d'abord la question des édifices religieux,
qui est fort grave. Dans l'état actuel de notre
société, avec la division des fortunes, l'habitude
de jour en jour plus générale de jeter ses capitaux
dans l'industrie, l'indifférence subsistante en matière de religion, le manque absolu d'esprit d'association et d'initiative entretenu par la centra-
lisation absolue de tous les pouvoirs, il y a tout
lieu de craindre qu'on n'arrive pas, sans le secours
du gouvernement, à construire des édifices religieux convenables et à les entretenir dignement.

« D'ailleurs, que fera-t-on de tous les édifices
actuellement construits? S'ils rentrent dans les
mains de l'État, il sera obligé de les raser ou de
les vendre. Les raser, c'est de la démence; les
mettre aux enchères, c'est une profanation et une
source d'impossibilités. On l'a assez vu en 1791
et même en 1795, malgré les dispositions du décret
du 11 prairial, inspiré par une pensée de conciliation et de tolérance. Ainsi, de ce côté, il y a des
difficultés et des embarras de toutes parts.

« Quant à la suppression du budget des cultes,
ce n'est pas certes une mesure à laquelle on puisse
se déterminer légèrement..... Si on supprimait le
budget des cultes il faudrait recourir aux cotisa-
tions régulières, tolérer, par conséquent, et même
encourager la solidarité des membres de chaque

église entre eux, dans toute l'étendue du pays et leur permettre d'avoir une caisse centrale, des administrateurs de cette caisse et des collecteurs. N'est-ce pas, avec le temps, fonder un État dans l'État ?..... »

Il fallait un certain courage pour oser mettre sous les yeux des doctrinaires, qui sont toujours les plus ardents, les difficultés que présentait, résolue dans le sens de la séparation immédiate, la question des rapports de l'Église et de l'État. Mais Jules Simon n'en manqua jamais quand il s'agit de faire son devoir et de défendre ce qu'il croyait être la vérité. C'est même ce qui fit sa force dans l'opposition sous l'empire, et ce qui lui vaut encore aujourd'hui le respect de ses adversaires les plus acharnés.

Sa parole éloquente et mesurée, la campagne vigoureuse qu'il avait menée en faveur de toutes les libertés lui avaient conquis une telle popularité dans le pays, qu'elle balançait celle de Jules Favre. Et ce n'est pas peu dire. Je crois même qu'il avait plus d'influence sur les comités électoraux de Paris et de la province. Aussi l'empire, aux élections de 1869, eut-il recours à mille moyens pour le faire échouer à Bordeaux et à Paris, dans la huitième circonscription qu'on avait remaniée pour les besoins de la cause, et où il avait pour principal concurrent l'avocat Lachaud. Peine perdue. Jules Simon eut plus de 17,000 voix à Bordeaux sur 29,000 votants et

plus de 30,000 à Paris. Je ne compte que pour
mémoire les cent mille suffrages qui lui furent
donnés dans un certain nombre de collèges. Une
recommandation, un mot de lui suffisait alors
pour faire agréer un candidat. Les temps sont
bien changés. Il n'eut pourtant pas le pouvoir
d'empêcher les candidatures multiples de se produire en 1869. On se souvient que Jules Favre
fut combattu à Paris par Henri Rochefort et qu'il
passa avec peine au second tour. Gambetta se
porta, lui aussi, contre Carnot, malgré l'opposition de Jules Simon, qui ne le lui a jamais pardonné (1). Je ne sais même pas si leur vieille que-
relle ne date pas de là. Jules Simon conseillait à

(1) Voici, à titre de curiosité, une pièce de vers qu'on
répandait, sous la forme d'un placard-affiche, dans la
21e section de la 8e circonscription :

> Vous, électeurs de ces collèges,
> Votez avec conviction,
> Surtout redoutez les manèges
> Des gens de révolution.
> Prenez vos députés parmi les hommes sages,
> Parmi ceux dont la vie est une caution ;
> Ils ont seuls droit à vos suffrages.
> Repoussez, à tout prix, ces grands, ces beaux parleurs,
> Qui se décorent du titre d'orateurs
> Et dont les creux discours énervent tous les cœurs.
> Les voyez-vous prenant leurs aises,
> Vous débiter mille et mille fadaises.
> Ils voudraient, c'est leur but, infiltrer dans nos mœurs,
> Leurs sentiments odieux, destructeurs ;
> Je ne les nomme pas, ma plume s'y refuse.
> De ces désorganisateurs,
> Chacun de nous a deviné la ruse.

JULES FAVRE

Gambetta de se porter contre Emile Ollivier, disant
que Carnot était un de leurs amis, un de ceux
qui avaient le plus de titres à la reconnaissance
du parti républicain.

Et Gambetta de s'écrier que Carnot était « une
fichue bête ». Ce qui prouve, comme l'écrivait
Jules Simon à la date du 18 janvier 1869, que
« les républicains les plus illustres étaient déjà
accablés sous les calomnies et la malveillance de
leurs amis ».

Au surplus, voici sa lettre (1). Je la donne ici
dans son entier, parce qu'elle nous fait connaître

        Ils sont connus ; les bons Français
        Proscriront leurs noms à jamais.
Moi, j'aime l'empereur, hautement je l'avoue,
Il nous a tous sauvés, nul ne me désavoue.
        Montrons-nous-en reconnaissants,
        Et votons pour ses partisans.
Souvenons-nous-en bien, l'union fait la force.
Ne nous laissons pas prendre à la trompeuse amorce
        Que nous tendent nos ennemis,
        Ces vils artisans de discorde
        Voudraient troubler notre concorde,
Leurs efforts seront vains si nous restons unis.
Oui, nous triompherons, car notre cause est sainte.
Electeurs, mes amis, ne formons qu'un faisceau,
        Soutenons-nous, soyons sans crainte,
        Arborons le même drapeau.
Comme un gladiateur qui se rend dans l'arène,
Rassemblons notre force au moment de l'assaut,
Qu'en allant au scrutin, amis, rien ne nous gêne,
Nous sauvons le pays, si nous nommons Lachaud.

(1) Cette lettre est inédite.

exactement la situation du parti républicain à la veille de la bataille électorale :

« 18 janvier 1869.

« Mon cher ami,

« Je n'ai pas le temps de réfléchir assez mûrement à votre projet, pour donner mon opinion avec sécurité. Voici quelques objections :

« 1° Nous sommes bien près des élections ; il y a des engagements pris, des efforts faits. Il n'est pas toujours habile de venir tout à coup parler d'un changement de front dans un collège électoral. Il sera difficile de propager en si peu de temps une doctrine nouvelle.

« 2° La multiplicité des candidatures a pour conséquence le fractionnement des voix opposantes, tandis que toutes les voix obéissantes se concentrent sur le candidat officiel. Songez aux votes de Panurge qui ne vont qu'aux gros bataillons : cela peut faire une difficulté pour les seconds tours. Je n'exagère rien, je ne dis pas que ce sera ordinaire.

« 3° La multiplicité des candidats aura pour conséquence l'inaction de nos candidats. N'est-ce pas très grave? En l'absence du candidat et de l'impulsion qu'il donne, il n'y a que mollesse ou divergence. L'administration, au contraire, a une armée centralisée, qui ne recule devant aucun sacrifice et qui croit n'avoir rien à craindre des pouvoirs impériaux. Le candidat officiel, qu'il soit honteux ou impudent, dirige en maître ou se laisse diriger en valet ; mais, dans tous les cas, l'action est énorme et l'unité d'action complète.

« Ces objections, mon cher ami, sont celles qui me frappent en vous écrivant ; la troisième surtout mérite qu'on y songe. Vous ne voyez pas comme moi le détail de ce qu'on peut et de ce que l'on ose contre nous ; vous ne savez pas, ou du moins vous ne savez pas par une expérience aussi personnelle, combien la présence et l'énergie d'un honnête homme sont nécessaires pour triompher de certaines manœuvres. Les *honteux* surtout sont difficiles à déjouer, parce qu'ils mentent. Leurs déclarations d'indépendance, si grotesques quand elles sont accompagnées à l'orchestre par les plus bruyantes et les plus audacieuses déclarations des préfets et des gardes-champêtres, font encore des dupes dans notre pauvre pays. Comment lutteront vos candidats absents, qui ne sauront pas même s'ils travaillent pour eux ? Ils laisseront leurs noms aller sur leur bonne foi. Et qui donc maintenant a un nom en France ? Les républicains les plus illustres, qui méprisent aisément les injures de leurs adversaires naturels, sont accablés sous les calomnies et la malveillance de leurs amis.

« Vous pouvez me dire que, pensant ainsi, je ne devrais pas avoir plusieurs candidatures. Je les ai malgré moi ; j'en préviens mes amis ; ils ont persisté et exigé ; j'ai cédé, mais à condition qu'ils seraient toujours libres, jusqu'au dernier moment, de me remplacer, s'ils trouvaient un candidat ayant les mêmes opinions, la même énergie et plus de loisir.

« Maintenant, ces réserves faites, je vous déclare que votre plan me paraît très sérieux, et que, malgré vos objections, je suis bien tenté d'y adhérer et de le recommander, pourvu qu'on n'en fasse pas une règle absolue, applicable dans tous les cas et dans tous les lieux. Il épargnerait à ceux qui sont déjà sur la brèche, le travail surhumain des cinq ou six candidatures qu'on leur impose. Car vous avez bien raison de le dire, c'est un fardeau écrasant pour des gens déjà très occupés, sans compter qu'on leur reproche ce sacrifice comme une ambition, et cette preuve de force comme un aveu d'inquiétude et de faiblesse. Il donnerait plus de chances aux jeunes gens, ou pour mieux dire aux nouveaux ; et il faut, de toute nécessité, à la prochaine assemblée, une infusion de sang jeune. Dans l'état actuel, nous pouvons faire des hommes, mais nous ne pouvons faire des réputations. Tout le monde n'a pas la chance d'un coup de tonnerre comme notre ami Gambetta. Si je parlais, dans la plupart des collèges, de la supériorité d'André Cochut en toutes matières économiques, des ressources infinies de Laurier, de l'éloquence de Durier, de la vôtre, mon cher ami, de celle d'André Rousselle, du talent si éclatant de Ferry, comme orateur et comme publiciste, de la science consommée de Hérold, de son dévouement incomparable, depuis tant d'années, des études de Clamageran, d'Allain-Targé, on me dirait de tous les côtés ce qu'on disait de moi-même il y a cinq ans : il n'est pas connu. Cela n'est pas gai, non pas pour nous, mais pour la situation. Votre projet remédierait à cela ; il créerait des noms, et il rendrait possible. à la rigueur, de s'en passer. Vous ne vous faites pas une idée de la popularité de Floquet dans les campagnes de Béziers ; il la doit à sa candidature, et non pas à l'empereur de Russie. Autre exemple : je suis persuadé que si on n'avait touché ni à Bordeaux ni à Lyon, Lavertujon et Frédéric Morin n'auraient eu qu'à se montrer dans leurs anciennes circonscriptions. Vous avez d'ailleurs l'argument très puissant, très logique au point de vue du droit, de permettre la manifestation, sinon la présentation des nuances. C'est même ce qui me séduit surtout dans votre plan, moi qui adore le droit des minorités.

« Je vous dirai même qu'il y a longtemps que je prêche à tout le monde le principe d'avoir un candidat partout. On me répond qu'il faut du temps et de l'argent à perdre dans certains collèges inabordables. Nous aurions du temps à la rigueur, nous aurions de l'énergie à revendre ; mais nous n'avons pas d'argent. On en a fait un reproche à notre ami Dréo, qui porte si crânement son titre de candidat de la misère. Il n'est pas dans la misère, ni nous non plus ; mais nous n'avons guère que notre travail, et les candidatures, grâce aux financiers et aux chambellans, deviennent ruineuses. Est-ce qu'avec votre système on échappera aux dépenses ? Je ne le vois pas trop ; il faudra toujours des bulletins, des affiches, des porteurs et des salles de réunion. Vous croyez que le candidat s'effaçant, le comité sera bien obligé de paraître et de payer. Je l'espère sans trop y compter. Nous sommes encore un peuple très correct. Même pour nous dévouer à une idée, il faut qu'elle s'incarne.

« Mais je vous quitte, cher ami, et sans me relire, et sans vous parler de Boulogne dont pourtant je veux vous parler. Ne pourriez-vous pas venir dîner avec moi jeudi à sept heures ? Pas de réponse, bonne réponse. A vous de cœur.

« JULES SIMON. »

Si Jules Simon ne put empêcher les candidatures multiples de se produire à Paris et en province, sa double élection à Bordeaux et à Paris (il opta pour Bordeaux) et l'espèce de plébiscite républicain qui se fit dans toute la France sur son nom, lui donnèrent une autorité considérable sur l'opposition. Il en profita pour calmer certaines ardeurs belliqueuses et pour prévenir, quelques mois plus tard, une collision qui certainement aurait été sanglante, entre la force armée et le peuple. On sait que le ministère avait, en violation de la Constitution de 1852, prorogé la

Chambre au 29 novembre. Cette prorogation ma-
ladroite et qui paraissait, non sans raison, comme
un défi porté au suffrage universel, avait soulevé
les protestations indignées de la presse libérale
et la colère des journaux avancés. Le *Réveil* de
Delescluze, entre autres, avait déjà convoqué le
ban et l'arrière-ban du parti radical à une grande
manifestation qui devait avoir lieu devant le
Palais-Bourbon le 26 octobre, date extrême à
laquelle aurait dû se faire l'ouverture des Chambres. Bref, tout était prêt pour un coup de main,
quand on eut le bon esprit de prendre conseil de
Jules Simon. La réponse ne se fit pas attendre, et
voici dans quels termes elle était formulée :

« On nous demande si une manifestation à la
date du 26 octobre peut servir les intérêts de la
démocratie.

« Nous répondrons, après examen approfondi :
Non, elle ne peut les servir ; au contraire, elle
aurait pour résultat une répression impitoyable,
probablement sanglante ; elle fournirait à la réaction des armes : elle retarderait pour longtemps
la victoire à laquelle nous touchons. Nous sommes unanimes pour conseiller à nos amis de ne
descendre dans la rue sous aucun prétexte, de ne
pas céder à de généreuses impatiences, de repousser les agents provocateurs.

« La chambre dédaigneusement prorogée, un
sénatus-consulte délibéré, voté, promulgué pen-

dant le silence forcé des représentants du peuple,
la Constitution de 1852 violée par ceux-là même
qui l'ont faite et qui n'existent que par elle, la
volonté du pays méconnue ou méprisée, expli-
quent l'irritation populaire.

« Mais le 29 novembre n'est pas loin de nous, et
nous saurons ce jour-là protester contre les injustices du passé, et revendiquer les libertés de l'avenir.

« Ne donnons pas de chances au hasard, notre
succès est certain par le calme, l'union et la résolution inflexible de réclamer dans l'avenir la tota-
lité des droits du peuple. »

Cette consultation était trop sage pour n'être
pas écoutée. Gambetta refusa de s'associer à la
manifestation du 26 octobre, qui n'eut pas lieu, et
l'ouverture de la session se fit sans bruit.

C'est dans cette législature, qui devait être si
courte et si terrible, que Jules Simon prononça son
fameux discours contre la peine de mort. Je n'en
dirai qu'un mot. S'il est vrai qu'on est toujours
quelque peu l'homme de ses premières lectures, à
plus forte raison l'est-on de ses premières fréquen-
tations. Jules Simon nous a raconté, dans l'*affaire
Nayl,* qu'au temps de sa jeunesse, il passait une
partie de ses vacances chez un ancien aumônier
de la prison de Vannes, l'abbé Moisan, devenu sur
le tard curé d'Auray. « Tous les condamnés qu'il
avait assistés à la mort, l'abbé Moisan les croyait
innocents, et cela du fond de son âme. Je crois

bien qu'il n'excluait pas de cette absolution universelle ceux qui lui avaient avoué leur crime. Il
trouvait quelque moyen de les transformer en
martyrs; ils étaient tout au moins victimes de
leur éducation ou des circonstances, ou de l'organisation sociale. Quant aux condamnés politiques, il ne les croyait pas seulement innocents, il
les tenait pour des héros... On comprend qu'il
était ennemi déclaré de la guillotine. »

Voilà l'homme dont Jules Simon subit l'influence manifeste en ce qui concerne la peine de
mort. Le discours qu'il prononça sur la matière,
le 21 mars 1870, eut un retentissement considérable, et lui valut les vers suivants de Victor Hugo:

A JULES SIMON.

Cent mille hommes criblés d'obus ou de mitraille,
Cent mille hommes couchés sur le champ de bataille,
Tombés pour leur pays par leur mort agrandi,
Comme on tombe à Fleurus, comme on tombe à Lodi,
Cent mille ardents soldats, héros et non victimes,
Morts dans un tourbillon d'événements sublimes,
D'où prend son vol la fière et sainte Liberté,
Sont un malheur moins grand pour la société,
Sont pour l'humanité, qui sur le vrai se fonde,
Une calamité moins haute et moins profonde,
Un coup moins lamentable et moins infortuné,
Qu'un innocent — un seul innocent — condamné,
Dont le sang, ruisselant sous un infâme glaive,
Fume entre les pavés de la place de Grève,
Qu'un juste assassine dans la forêt des lois
Et dont l'âme a le droit d'aller dire à Dieu: Vois!

Victor Hugo.

Hauteville-House, 24 mars 1870.

Après avoir lu vos belles paroles
du 21 mars contre la peine de mort.

Victor Hugo et Jules Simon étaient de vieux
amis. Leurs relations dataient du temps où l'auteur du *Devoir* était encore à l'École normale. C'est
Jules Simon qui fut le correspondant de Victor
Hugo durant ses dix-huit ans d'exil; c'est lui qui
fit le mariage de Charles Hugo et qui, après sa
mort, devint le tuteur de ses enfants. Eh bien!
croirait-on que lorsqu'il imprima les vers qu'on
vient de lire, le poète des *Châtiments* oublia de
les dédier à celui qui les avait inspirés. C'était
quelque temps après la fameuse campagne de l'article 7. Jules Simon était alors en butte à toutes
sortes de calomnies dans la presse républicaine.
On le traitait de renégat, de parjure, parce que,
dans la circonstance, il demeurait fidèle à la liberté,
et telle est la lâcheté des hommes, que ses plus
anciens amis n'osaient lui tendre la main. Victor
Hugo fit comme le commun des mortels. Pour ne
pas compromettre sa popularité chaque jour gran-
dissante, il effaça le nom de Jules Simon en tête
de sa pièce de vers contre la *Peine de mort*. De la
part d'un homme de cette taille, il faut avouer que
c'était bien petit!...

V

Voici venue l'année terrible. Je passe sur le
ministère Ollivier, sur la déclaration de guerre et
les désastres qui la suivirent, et j'arrive au 4 septembre. J'ai gardé de cette journée un souvenir
inoubliable, et c'est par une anecdote que je com-
mencerai. Quelques jours après la sanglante
bataille de Gravelotte, j'avais reçu chez moi un
vieux soldat de Waterloo qui n'avait jamais vu
Versailles et qui désirait le voir avant de mourir.
La veille du 4, qui était un samedi, je lui proposai
de l'y conduire le lendemain. Il accepta, se cou-
cha de bonne heure pour être levé au petit jour,
et le dimanche matin nous partions joyeux pour
Versailles. Inutile de dire que nous n'avions pas

le moindre pressentiment d'une révolution. Il
faisait ce jour-là un temps superbe. J'aurais pu
remarquer que les visages étaient consternés, je
ne m'en aperçus pas. Seulement, au détour d'une
petite rue qui donne sur le boulevard, je vis une
affiche blanche nouvellement placardée. Je m'approche, mon vieux compagnon aussi : Horreur !
l'empereur avait été fait prisonnier avec quatre-
vingt mille hommes ! Je crus que j'allais tomber
à la renverse, mon sang n'avait fait qu'un tour et
m'avait sauté à la figure. Quant au vétéran de
Waterloo, il ne trouva qu'un juron pour exprimer
sa colère : « Sacré n. de D. de lâche ! » s'écria-t-il.
Et nous nous acheminâmes machinalement vers
la gare Saint-Lazare, lui rongeant ses poings, moi
dévorant mes larmes.

En montant l'escalier de la gare, deux messieurs
portant le brassard des ambulances et ayant une
bourse à la main nous abordent en disant :

— Pour les blessés de l'armée, s'il vous plaît !

Nous leur donnons notre obole, et puis nous
entrons dans la salle d'attente.

Elle était pleine de gens à mine longue qui s'in-
terrogeaient ou lisaient les journaux d'un air
navré. Quelle drôle d'idée d'aller à Versaillles
par un jour semblable ! Mais le bonhomme y
tenait. Nous prenons le train et nous voilà partis.
En arrivant à Versailles, nous crûmes entrer dans
une ville abandonnée. Pas une âme, pas un chien
dans les rues. Ce n'est qu'en entrant dans le parc

que nous rencontrâmes un garde à moustache
grise, décoré de la médaille militaire et de la
Légion d'honneur, qui nous demanda des nouvelles de l'empereur.

— Votre empereur, dit le vieux de la vieille,
est un sacré lâche, et si son oncle vivait il lui
ferait sauter la cervelle.

— Pourquoi cela ?

— Comment ! il s'est rendu à Sedan avec quatre-
vingt mille hommes !... Napoléon Ier n'en avait
pas autant le matin de Waterloo !

Là-dessus nous tirons au garde ahuri notre
révérence, nous visitons en courant une partie
du parc, le palais, le musée, et nous reprenons le
chemin de fer. Il nous tardait de rentrer à Paris.

En descendant l'escalier de la gare, deux quê-
teurs nous tendirent une bourse en disant :

— Pour les blessés de la République, s'il vous
plaît !

— Tiens, s'écria le vieux grognard, est-ce que
la République serait proclamée ?

— Oui, monsieur.

— Eh bien, alors, vive la République !

Effectivement, quand nous arrivâmes à la
hauteur du boulevard, une foule immense y cir-
culait, criant, chantant, gesticulant comme s'il
s'était agi de célébrer une grande victoire. Hélas !
si nous étions débarrassés de l'empire, nous
avions sur les bras l'invasion étrangère, comme
en 1815, et pas l'ombre d'une armée pour l'arrêter.

Encore quelques jours, et les Prussiens seraient aux portes de Paris. Mais, pour le moment, personne n'y songeait. On était bien trop heureux d'avoir renversé un gouvernement qui nous était odieux à si juste titre. Et pour manifester son contentement, la population parisienne arrachait aux boutiques les enseignes aux armes impériales, décapitait les aigles au fronton des édifices, et débaptisait sur le champ la rue du 10 décembre qui devenait la rue du 4 septembre.

Jamais révolution ne fut plus joyeuse et plus pacifique.

« La révolution du 4 septembre, disait M. Saint-Marc Girardin, a cédé plus qu'aucune autre à la force des choses ; elle s'est faite sans bataille et sans résistance. Aucune autre révolution n'a plus épargné, dans un jour de crise, le sang et la volonté humaine. »

Deux jours après, les journaux nous apportaient la composition du gouvernement de la Défense nationale.

— Nous allons les voir à la tâche, ces avocats, ces beaux parleurs, ces ambitieux, dit un sénateur en quittant pour jamais sa chaise curule.

Ambitieux ! le mot fait sourire. Drôle d'ambition, n'est-il pas vrai, que celle qui consistait à prendre le pouvoir dans ces circonstances tragiques ! Peut-on reprocher au général Trochu, à Jules Favre, à Picard, à Jules Simon d'avoir intrigué pour le saisir quand ils le ramassèrent

par terre dans l'effondrement du régime impérial ? Certes ils auraient pu suivre l'exemple de
MM. Thiers et Grévy, qui refusèrent d'entrer
dans le gouvernement de la Défense nationale.
Mais alors que serait-il advenu? Le 31 octobre
est là qui nous répond. Ne valait-il pas mieux
constituer de pièces et de morceaux un gouvernement provisoire, et tâcher d'obtenir ensuite
de M. de Bismarck des conditions acceptables en
vue des élections générales ? Que si ces élections
n'eurent pas lieu dans le mois de septembre, on
ne saurait décemment leur en faire un crime, car
l'entrevue de Ferrières a dégagé de ce chef leur
responsabilité.

Qu'on ne vienne donc pas traiter d'ambitieux
les membres du gouvernement de la Défense,
alors que les plus illustres d'entre eux jouaient
tout simplement leur popularité. Car ils ne se faisaient aucune illusion sur le sort qui les attendait.
Ils savaient que, si Paris subissait un siège, il serait
forcé de capituler un jour ou l'autre, quelles que
fussent la durée et l'énergie de sa résistance.

Le général Trochu leur avait dit que le siège
de Paris était une héroïque folie. Dès lors, que
pouvaient-ils espérer ? Mais la question pour eux
était plus haute.

Peu leur importaient les responsabilités du
pouvoir, il s'agissait avant tout de sauver l'honneur de la patrie, et personne n'oserait dire
aujourd'hui qu'ils ont failli à cette tâche...

Ambitieux ! voulez-vous savoir avec quel empressement ils s'emparèrent des portefeuilles ! Le soir du 4 septembre, Jules Favre, qui s'était installé au quai d'Orsay, demanda à Jules Simon s'il avait pris possession du département de l'instruction publique (1). Et comme celui-ci lui répondait négativement : « Vous avez tort, lui dit Jules Favre, il faudra vous montrer demain ! » Le lendemain donc, après avoir déjeuné en famille, il s'achemina, seul et à pied, vers le ministère de l'instruction publique. En passant sur la place de la Concorde, il rencontra M. Edouard Hervé qui lui demanda où il allait. « Je vais m'emparer du ministère, répondit Jules Simon, si vous voulez être témoin de cet assaut, vous pouvez m'accompagner. » Ils arrivèrent ainsi tous les deux sans être reconnus jusqu'au cabinet du ministre. Là, un huissier dit à Jules Simon :

— Bonjour, monsieur le ministre, on vous attendait ce matin.

— Vous me connaissez donc ?

— Je crois bien, c'est vous qui m'avez nommé !

— Vous m'étonnez, car je n'ai jamais rien demandé sous l'empire.

— Oh ! je parle de 1848 !

— Alors c'est différent.

Et Jules Simon fit appeler les chefs de service,

(1) Jules Simon était sous le coup de la mort de son frère qu'il avait apprise le 3 septembre.

PORTRAIT DU GÉNÉRAL TROCHU

serra la main du secrétaire général, qu'il pria de rester en fonctions, après quoi il se retira.

« Dans la matinée du 5 septembre 1870, écrivait naguère M. Ernest Daudet, M. Jules Favre, délégué du gouvernement de la Défense nationale au ministère des affaires étrangères, se présentait au palais du quai d'Orsay pour y prendre possession de ses fonctions. Le prince de La Tour d'Auvergne en était parti la veille en confiant les services à M. de Chaudordy et en déclarant qu'il se tenait à la disposition de son successeur, pour le cas où ce dernier désirerait conférer avec lui.

« Reçu par M. de Chaudordy dans le salon des ambassadeurs, M. Jules Favre refusa d'entrer dans le cabinet ministériel avant d'avoir vu le prince de La Tour d'Auvergne. Le prince avait son domicile dans le voisinage. Aussitôt averti, il accourut. Après un entretien qui dura presque une heure et où le délégué du nouveau gouvernement se montra déférent et courtois, il l'installa à sa place. M. Jules Favre demanda alors à M. de Chaudordy de conserver auprès de lui l'emploi de confiance qu'il avait rempli auprès du prince de La Tour d'Auvergne. Le directeur du cabinet commença par refuser. Puis, pressé plus vivement :

« — Qu'il en soit comme vous souhaitez, dit-il, mais j'y mets une condition : c'est que le personnel de l'administration centrale sera maintenu.

« — Je n'ai pas l'intention d'y rien changer répondit M. Jules Favre.

« C'est sur cette assurance que M. de Chaudordy resta à son poste. Quelques jours plus tard, M. Jules Favre le désignait pour aller le représenter auprès de la Délégation de Tours (1). »

Et voilà ce que fut, au 4 septembre, la curée des républicains. C'est-à-dire qu'aucun gouvernement n'eut plus de respect pour les situations acquises.

« Il n'y eut pas une seule destitution dans le service de l'instruction publique, ni une seule nomination ayant le caractère d'une faveur. Il en fut de même pour le service des beaux-arts, dans lequel un certain nombre d'emplois inutiles furent supprimés. Jamais le clergé ne trouva dans aucun gouvernement, pour ses droits tels qu'ils sont consacrés par les lois existantes, une protection plus efficace (2). »

Jules Simon avait bien autre chose à faire qu'à s'attaquer aux personnes plus ou moins suspectes d'attachement au régime déchu. Il avait à réaliser, dans la mesure permise par les circonstances, le vaste programme d'enseignement qu'il avait développé dans la *Politique radicale*. Il avait à supprimer quantité d'abus, à réparer les injustices de l'empire à l'égard des fonctionnaires

(1) *Figaro* du 2 février 1887. *Un diplomate.*
(2) *Souvenirs du 4 septembre*, par Jules Simon, p. 387.

frappés par le coup d'État, à préparer son projet
de loi sur l'instruction primaire. N'y avait-il pas
là de quoi suffire à son activité laborieuse?

Un des premiers actes de son ministère fut de
rendre à MM. Edgar Quinet et Ernest Renan
leurs chaires du Collège de France. S'il n'en fit pas
autant pour Michelet, on ne saurait lui en vouloir. Nul plus que lui n'admire le grand talent de
Michelet, il nous en a donné la preuve magnifique dans son éloge du 4 décembre 1886.
Mais l'auteur de la *Femme* et de *l'Amour* avait
eu le tort de ne pas rester à Paris pendant le
siège, et Jules Simon avait fait de ce séjour la
condition *sine quâ non* de la réintégration des
anciens fonctionnaires dans leurs droits. De plus,
la chaire de Michelet était occupée par M. Maury,
qui avait été régulièrement élu par l'Institut et
le Collège de France et à qui on n'avait aucune
raison de l'enlever. Enfin Michelet se trouvait
dans une situation exceptionnelle. S'il avait été
rayé le 12 avril 1852 de la liste des professeurs,
son cours avait été suspendu sous la République
par M. Giraud, à la suite de la réprimande votée
contre lui par l'assemblée des professeurs. Jules
Simon se trouvait donc fort embarrassé pour lui
rendre sa chaire. Lui en créer une autre après le
siège était tout aussi difficile, car le ministère
de l'instruction publique manquait de l'argent
nécessaire, et il est probable que l'Assemblée
nationale aurait refusé de voter un crédit qui

aurait pu avoir pour conséquence de rouvrir le fameux cours de Michelet sur les Jésuites.

Parlerai-je à présent du libéralisme de Jules Simon comme ministre de l'instruction publique pendant le siège ?

Les hommes sont rarement fidèles à leurs principes quand ils passent de l'opposition au pouvoir. Jules Simon ne trahit jamais la cause de la liberté qu'il avait si éloquemment défendue contre l'empire. Nous aurons l'occasion plus loin de nous étendre sur son projet d'organisation de l'instruction primaire ; je me contenterai de signaler au passage sa belle conduite dans l'affaire Mottu.

« M. Mottu était maire du onzième arrondissement et y avait conquis une grande popularité ; il était maître de tout et son attention s'était portée particulièrement sur les écoles. Il avait fait pour son arrondissement toute une législation de l'instruction primaire, dont le premier article portait qu'elle serait laïque ; après quoi, il avait mis les congrégations à la porte, et même à la porte d'un immeuble qui leur appartenait en propre. Dès que le ministre de l'instruction publique fut averti de cette éviction, il appela M. Mottu, lui expliqua la loi, lui donna ordre de renoncer à ses règlements, et de rétablir les congréganistes dans leurs écoles, lui offrant d'ailleurs un subside s'il jugeait nécessaire d'ouvrir de nouvelles écoles laïques. M. Mottu n'ayant

voulu rien entendre, le ministre demanda à
M. Gambetta, ministre de l'intérieur, qui était
encore à Paris, de le destituer, et M. Gambetta,
qui n'a jamais été pour la confusion des pouvoirs, y consentit sur-le-champ.

« Mais avant de destituer M. Mottu, il fallait
être en mesure de le remplacer. On essuya plusieurs refus. Enfin, on trouva M. Arthur de Fonvielle, qui eut le courage d'accepter. Pendant les
jours qu'on avait perdus à cette recherche, on
avait été averti que la destitution de M. Mottu
serait l'occasion d'une prise d'armes. Le conseil
hésita à passer outre. Le ministre fut obligé de
dire : « Je sortirai d'ici ce soir avec la destitution
de M. Mottu ou je n'y reviendrai pas. » La révocation fut prononcée. M. Mottu, destitué, restait
en fonctions. Il fallut qu'un adjoint au maire de
Paris, M. Floquet, installât M. A. de Fonvielle ;
ce ne fut pas sans beaucoup de difficultés. M. Floquet et M. A. de Fonvielle surmontèrent tous les
obstacles, à force de fermeté et de résolution ;
mais, dans les élections municipales qui eurent
lieu peu de temps après, M. Mottu fut élu à une
grande majorité (1). »

Que voilà bien l'esprit frondeur de la population parisienne ! Mais, comme elle aime le courage
et la crânerie chez les hommes d'État, elle ne
garda pas rancune à Jules Simon de la fermeté

-----

(1) *Souvenirs du 4 septembre*, par Jules Simon, p. 122.

qu'il avait montrée dans cette affaire. C'était bien
le ministre de l'instruction publique qu'elle avait
rêvé: réformateur, audacieux, libéral. Il en reçut
la preuve aussi touchante qu'inattendue le soir du
31 octobre. Il était gardé à vue depuis onze heures
du matin avec Jules Favre dans l'embrasure d'une
fenêtre de l'Hôtel de Ville, lorsqu'on donna l'ordre d'apporter des lampes. « La nuit tombait, dit
Jules Simon, les hommes qui s'appuyaient sur ma
chaise et même sur moi étaient au nombre des
plus violents; l'un d'eux surtout, chaque fois qu'il
entendait parler des membres du gouvernement,
criait de toute la force de ses poumons: « Il faut
les fusiller! » Quand on donna l'ordre d'apporter
les lampes et que la salle se trouva momentanément plongée dans une demi-obscurité, je fus fort
étonné de l'entendre me dire à oreille: « Levez-
vous et passez derrière moi ; il y a là deux
citoyens qui vous feront évader. — Oui! oui!
dirent plusieurs voix contenues. — Comment !
vous? lui dis-je. » Il me répondit! « *Vous pouvez
encore rendre de grands services à l'instruction* (1) ».

N'est-ce pas topique ? Mais Jules Simon ne voulait sortir de l'Hôtel de Ville qu'avec ceux de
ses collègues qui y étaient retenus prisonniers. Il
n'était pas de ceux qui devant le danger commen-
cent par mettre leur personne en sécurité. S'il y
eut des défaillances ce jour-là du côté du gouver-

____

(1) *Souvenirs du 4 septembre*, p. 158.

nement, il peut s'en laver les mains, il fit son devoir jusqu'au bout, et ne se départit pas de son sang-froid habituel quand il se vit menacé de mort. C'est même son sang-froid et celui de Jules Favre, tout autant que la présence d'esprit d'Ernest Picard, qui sauva le gouvernement de cette échauffourée sans qu'une goutte de sang ait été répandue (1).

Car l'histoire rendra cette justice aux hommes de la Défense nationale, qu'ils surent maintenir l'ordre à Paris durant les cinq mois du siège sans

(1) Voici à ce sujet une anecdote bien curieuse que Jules Simon racontait un jour au banquet de l'Association bretonne-angevine, dont il était le président :

C'était le soir du 21 octobre. Nous étions, depuis neuf ou dix heures, gardés à vue, Jules Favre et moi, dans une embrasure de fenêtre, par des gardes nationaux qui, de temps en temps, pour s'amuser, nous couchaient en joue, — moi tout particulièrement, car j'avais déjà la chance d'être détesté par les révolutionnaires. L'Hôtel de Ville était rempli de gardes nationaux et de mobiles qui, le fusil chargé, menaçaient à chaque minute d'en venir aux mains. C'est miracle qu'il n'y ait pas eu de massacre. Il eût suffit pour cela d'un coup de feu tiré par un maladroit ou par un fou.

J'avais là, tout près de moi, le général Le Flô, mon ami et compatriote, qui, comme vous le savez, était ministre de la guerre.

Tout à coup, on vient nous dire -- je crois bien que c'était Millière — que les mobiles bretons étaient sur le point de faire feu contre les tirailleurs de Flourens. Le général Le Flô se précipite et arrive, porté sur les bras des gens qui remplissaient la salle et l'escalier, dans une cour dont les deux extrémités étaient gardées, en effet, l'une par les mobiles du Finistère, l'autre par un détachement du bataillon de Flourens. Les deux troupes avaient déjà apprêté leurs

avoir besoin de recourir à la force armée, sans même se servir de la police. Durant cette période de surexcitation et de fièvre patriotique, les tribunaux chômèrent, on ne constata pas un seul délit de droit commun. Si bien que, sans les révolutionnaires qui avaient hâte d'inaugurer le règne de la Commune, on n'aurait pas eu à déplorer les fatales journées du 31 octobre et du 22 janvier. N'est-ce pas faire l'éloge des mandataires du peuple qui exercèrent le pouvoir dans des temps si difficiles ?

Deux ans après le siège de Paris, Jules Simon

armes. Il s'avance du côté des mobiles et leur dit : « Je suis Le Flô, ministre de la guerre ».

Ça ne leur disait rien du tout ; alors il se mit à leur parler bas-breton. Ah ! si vous aviez vu ces figures dès qu'ils entendirent la langue du pays ? Ils l'auraient porté en triomphe. « Je n'entends pas, dit-il aux officiers, que vous donniez l'ordre de tirer à vos hommes. Pas de massacre ! — Ils répondirent : « Mais si l'on tire sur nous ! S'ils tirent sur vous. ripostez... Mais cela ne sera pas, le sang français ne coulera pas à l'Hôtel de Ville ».

Et il leur imposa si bien par son attitude et son langage, que des deux côtés on lui demanda de les passer en revue. C'est lui qui m'a conté cela. Le voilà donc qui passe en revue tirailleurs et mobiles. Il disait aux premiers ; « Je les connais, ce sont des enfants, des amis, des compatriotes ; ils se sont battus comme des lions contre les Prussiens, ils se battront demain encore. — « Vive Le Flô ! » criaient-ils. Puis, s'approchant des mobiles : « Toi, tu es de Morlaix, je connais ta famille ». Ou bien : « Comment va ton père ? » A un autre : « Est-ce que tu n'es pas cousin d'un tel ? » Et ainsi de suite jusqu'au dernier.

Il parvint à les calmer de la sorte. Arrivé au dernier, il se trouve devant la porte, il la prend et s'en va. Il était

écrivait du Mont-Dore à Jules Favre la lettre
suivante :

«... A présent je repars pour Paris, où je ren-
trerai le 4 septembre. Il y aura deux ans ce jour-
là que vous avez commis le crime, avec la
complicité de quelques amis, de sauver votre
pays du désordre et du déshonneur. Je doute
qu'on vous le pardonne jamais. C'est un drôle de
pays que le nôtre, mon cher philosophe. Si nous
étions restés chez nous à faire des vœux pour la
France, ou si nous avions pris un fusil comme
nos enfants, on aurait eu la Commune six mois
plus tôt et une capitulation honteuse. Et à présent
on dirait : Ils n'ont pas même essayé de se servir

libre. Quel plaisir de respirer le grand air et de ne pas être
fusillé ce soir-là !

Cependant, nous étions toujours bloqués, toujours prisonniers dans notre salle. Le Flô n'était pas le seul qui fût sorti.
Mais une fois dehors, il se dit que ses amis qui étaient restés
risquaient leur peau, que j'étais de ceux-là. Si on en tuait
un, il lui serait impossible après de supporter la vie, car
son devoir de Breton et de soldat était de mourir avec eux.
Il revient à l'Hôtel de Ville, rentre dans la salle où nous
étions ; je l'aperçois tout à coup à côté de moi.

— Tiens, lui dis-je, je vous croyais dehors.

— Oui, je suis sorti, mais j'ai pensé que je ne pouvais
vous laisser seuls et que, si vous deviez être tués, votre sort
devait être le mien.

On ne nous a pas tués. Le Flô et moi, nous sommes
sortis les derniers, à cinq heures du matin. Le cher brave
homme, il a été notre consolateur, et notre sauveur aussi,
dans cette terrible journée. Le souvenir de la petite patrie a
contribué à sauver la grande !

de leur popularité ! Ils ont eu peur d'un retour des
Bonaparte, ou d'une émeute dans la rue, ou d'un
emprisonnement en Prusse. Mais comme nous
n'avons eu peur de rien de tout cela et que nous
avons sauvé l'honneur du pays, autant qu'il pouvait l'être au sortir de l'empire, on nous chante
une autre gamme, et on nous reproche d'avoir
siégé six heures par nuit à l'Hôtel de Ville et tra-
vaillé douze heures par jour dans les ministères,
par ambition ; d'avoir gouverné la France, depuis
Saint-Denis jusqu'à la barrière d'Enfer, par
ambition ; d'avoir, vous, affronté seul la vue et
la morgue des Prussiens, par ambition ; d'avoir
tenu tête à l'émeute du 31 octobre, et repris le
lendemain ce pauvre pouvoir et cette redoutable
responsabilité, par ambition. Je ne sais pas s'il
vous est arrivé depuis, comme à moi, d'être
injurié dans la rue, mais pour injurié dans les
journaux, j'espère que vous l'avez été. Il faut
bien vous faire expier les richesses que vous avez
entassées et les plaisirs que vous avez goûtés. Et
malgré tout cela, mon cher ami, nous aimons
ce pays, qui vaut mieux que sa destinée, et nous
sommes fiers, vous, de tout ce que vous avez
fait, moi, du concours assez insignifiant que je
vous ai donné, et nous pensons au fond que *sans
nous la France serait un peu plus profondément
malade* (1). »

(1) Cette lettre est inédite.

L'histoire ratifiera ce jugement. Du reste, à mesure que les événements de 1870 s'éloignent de nous, on devient plus juste envers le gouvernement de la Défense nationale. On reconnaît maintenant qu'il était humainement impossible de faire davantage ; toutes les fautes commises — car quel est le gouvernement qui n'en commet pas — s'effacent dans les glorieux souvenirs du siège et de la lutte en province. Bref, il n'y a déjà plus qu'une voix pour dire que la Défense nationale a sauvé l'honneur de la Patrie.

VI

On n'a pas encore fait le récit complet et fidèle de la lutte tristement célèbre qui eut lieu à Bordeaux, en février 1871, entre Gambetta et Jules Simon. Celui-ci a bien raconté dans le *Gouvernement de M. Thiers* (1) l'histoire de ses négociations avec la Délégation de Bordeaux, mais il

(1) Un volume chez Calman-Lévy.

a négligé à dessein les détails, le côté anecdotique et pittoresque. Il n'a pas voulu nous montrer les coulisses du théâtre où se joua, durant six longs jours, le sort de la France. Et cela pour ne pas élargir par de vaines récriminations le fossé déjà trop large que l'armistice et les élections de 1871 avaient creusé entre la fraction modérée et la fraction avancée du parti républicain.

On ne saurait trop lui savoir gré de sa réserve, car il est incontestable que dans cette affaire dramatique c'est lui qui eut le plus beau rôle.

Cependant, il m'a semblé qu'après dix-sept ans de trêve on pouvait, sans crainte de rallumer de vieilles querelles, raconter tout au long cette page de nos discordes civiles, d'autant que les principaux acteurs sont morts et qu'il ne reste guère que des comparses.

M. Ranc n'a-t-il pas annoncé d'ailleurs, au cours d'une polémique récente, la publication prochaine de ses souvenirs de Bordeaux ?

En attendant qu'il nous donne sa version, voici celle d'un homme qui, étranger aux disputes de la politique, admirateur passionné de Gambetta en tant que patriote, et ami non moins ardent de Jules Simon, n'a eu d'autre but, en reconstituant cette page d'histoire à l'aide de documents puisés à des sources sûres, que d'éclaircir certains points demeurés dans l'ombre et de rendre hommage à la vérité.

Aussitôt que l'armistice eut été conclu entre Paris et Versailles, le gouvernement de la Défense en avisa par dépêche la Délégation de Bordeaux et songea à lui envoyer un de ses membres pour lever toutes les difficultés qui pourraient surgir à l'occasion des élections.

Le choix du conseil tomba sur M. Jules Simon qui, avant le 4 septembre, était député de Bordeaux, conseiller général de la Gironde, et qui, sur la fin de l'empire, jouissait dans ce pays d'une grande popularité.

Mais la popularité est une maîtresse infidèle. Il faut souvent beaucoup pour la conquérir, il faut plus souvent très peu pour la perdre. Depuis que la Délégation de Tours avait transporté son siège à Bordeaux, M. Jules Simon avait perdu les trois quarts de son crédit dans l'esprit de la population républicaine de cette ville. Gambetta et ses amis s'étaient efforcés de le battre en brèche et de lui enlever son influence. Pourquoi ? pour tout et pour rien. Il semblait que Gambetta eût le pressentiment qu'un jour ou l'autre il aurait à soutenir une lutte terrible contre l'homme qu'il appelait « mon cher maître » gros comme le bras, en 1869, et à la table duquel il venait s'asseoir presque chaque jour. Il n'avait pas pardonné à Jules Simon de n'avoir pas soutenu sa candidature contre celle de Carnot, qu'il qualifiait de « f... bête », et depuis la révolution il s'était trouvé plusieurs fois en opposition avec lui dans

les conseils du gouvernement de la Défense,
notamment sur le chapitre des élections.

Dès le premier jour, en effet, Gambetta s'était
prononcé, au cas où l'on aurait convoqué une
assemblée constituante, pour l'exclusion radicale
des anciens candidats et des anciens fonctionnaires du gouvernement impérial. L'empire étant
responsable de nos malheurs, il ne comprenait
pas qu'on ouvrit la porte d'une assemblée nouvelle aux partisans du régime déchu. C'était chez
lui une idée fixe (1). Il y était revenu au mois
d'octobre, lorsque M. Thiers avait été chargé de
négocier un armistice, et un peu plus tard il écrivait à Jules Favre : « Si vous adoptez mon idée,
je ferai les élections ; si vous la repoussez, je ne
les ferai pas ». A la fin, cette idée avait gagné non
seulement les membres de la Délégation, mais
les préfets, les sous-préfets, les maires et généra-
lement tous les fonctionnaires de la République
en province. Le spectre de l'empire hantait Gambetta. Il était persuadé que, si le gouvernement

(1) M. Ernest Daudet racontait dernièrement qu'à son
arrivée à Tours, Gambetta se fit présenter M. de Chaudordy
par Clément Laurier :

— Je vous connais, dit Gambetta ; vous êtes l'auteur des
élections.

— C'est vrai, et je les crois nécessaires.

— Pour l'extérieur peut-être, mais non pour l'intérieur.

— Pour l'intérieur comme pour l'extérieur.

— Il ne saurait en être question maintenant.

Et il n'en fut plus question, en effet.

(*Figaro* du 2 février 1887. — *Un diplomate.*)

de la Défense ne prenait pas soin de frapper d'ostracisme devant le corps électoral les hommes de l'empire, le pays, dans lequel ils avaient jeté des racines profondes, en renverrait un certain nombre à l'Assemblée nationale.

Les élections de 1871 devaient lui montrer son erreur, et que, si le suffrage universel, par esprit de conservation, soutient presque toujours le gouvernement qui existe, il ne relève presque jamais un gouvernement tombé, surtout quand il est tombé dans le sang, comme l'empire.

Quoi qu'il en soit, Jules Simon s'aperçut en arrivant à Bordeaux qu'il avait perdu l'oreille de ses anciens électeurs.

« Qui n'a pas vu la ville de Bordeaux, a-t-il écrit dans son ouvrage sur le *Gouvernement de M. Thiers*, se ferait difficilement une idée de la population bruyante et affairée qui encombrait ses hôtels et ses rues. Cette belle ville calme, polie, aimable, était à la fois une capitale politique, une bourse gigantesque, et le quartier général d'un corps d'armée. La place des Quinconces disparaissait sous de longues files de canons ; la préfecture où M. Gambetta résidait, renfermait à la fois le gouvernement, le ministère de l'intérieur, le ministère de la guerre, la police, l'administration des télégraphes et la préfecture de la Gironde. Dans les grandes salles du conseil général qui longent le théâtre, fonctionnaient les anciens commis du temps de l'empire, rangés

sous les yeux de leurs directeurs, comme des
écoliers sous la férule de leurs maîtres d'étude ;
le cabinet du préfet, les anciens salons de réception et même un peu les antichambres étaient
encombrés par des employés d'une autre espèce,
plus remuants, tout aussi affairés, qu'on avait pu
voir cinq mois auparavant dans les bureaux de
rédaction des journaux démocratiques. C'est à
peine si le tout-puissant ministre s'était réservé
un cabinet pour lui seul. Avait-il besoin d'un
peu de tranquillité pour écrire un arrêté ou une
circulaire, il s'abritait derrière un paravent. Il
donnait ses audiences à la foule sur le balcon,
aux députations du haut de l'escalier, et aux
individus derrière la porte.

« Le grand escalier dans ce va-et-vient général
ressemblait à l'escalier d'un chemin de fer, au
moment où le train va partir. Les ministres, les
généraux se frayaient un passage à coups de
coudes ; on ne se dérangeait que pour le maître
et deux ou trois de ses familiers. Cette foule
grouillante et hurlante était égayée par la quantité
et la variété des uniformes. M. Gambetta avait
créé des armées avec une énergie incomparable,
et toutes les colères, toute la malveillance de ses
ennemis ne lui en raviront jamais l'honneur ; il
avait aussi créé, à profusion, des officiers, et les
officiers avaient aussi créé des uniformes. Les
fonctionnaires civils s'en étaient donnés à cœur-
joie : un directeur du télégraphe portait autant

de plumes à son chapeau et était aussi galonné qu'un général. Les Bordelais, ceux qui étaient restés à leurs affaires, ne se retrouvaient plus dans leur propre ville ; on leur avait pris leurs rues, leurs places, leur préfecture, leurs théâtres, leurs comptoirs et jusqu'à leurs maisons. Bordeaux, dans le cours d'un trimestre, fut pris d'assaut deux ou trois fois par des armées différentes : par des fonctionnaires civils, par les brasseurs d'affaires, par les officiers, et finalement, après la retraite de Gambetta, par les députés. »

Ce tableau tracé de main de maître, ressemble à peu de chose près à celui qu'on pourrait tracer de Paris pendant le siège. Si l'on ne voyait que des militaires dans les rues de Bordeaux, on ne voyait que des soldats dans les rues de Paris. Nous avions tous plus ou moins la manie du panache et du galon. Seulement, le gouvernement de Paris ne comptait pour le protéger que sur la garde nationale — qui le protégeait on sait comme, — tandis que Gambetta, moins confiant depuis qu'il avait failli être enlevé à Tours, s'était constitué une garde prétorienne. Et quelle garde ! Les comités et les clubs de Lyon, Marseille, Limoges, lui avaient envoyé leurs membres les plus avancés et les plus turbulents, et ces aimables citoyens, qui, au dire d'un témoin, faisaient songer aux sans-culottes, criaient, s'agitaient, manifestaient, se réunissaient chaque jour au théâtre Louit, converti par eux en club, pour demander la guerre à outrance, la dictature à Gambetta et la mise en jugement du traître Fourichon.

C'était là leur perpétuelle antienne. Au premier rang de ces singuliers patriotes se faisait remarquer Lullier, dont le costume noir de franctireur tranchait sur les habits bariolés des camarades et dont la voix mordante, l'allure crâne produisaient sur le public des clubs un effet irrésistible.

Je ne sais pas ce que l'amiral Fourichon avait fait à ces énergumènes, mais il était devenu leur bête noire. Ce n'était pourtant pas qu'il contrariât les desseins de Gambetta. Tous les témoignages s'accordent, au contraire, à nous le représenter comme le très dévoué collaborateur de Gambetta, en dépit de ses opinions orléanistes; et quand bien même il lui eût fait de l'opposition sur certains points, Gambetta n'était pas homme à en tenir compte. Dès son arrivée à Tours il s'était posé en dictateur, et les événements, devenant en quelque sorte ses complices, n'avaient fait que donner plus de corps à sa dictature militaire et civile. N'était-ce pas lui, d'ailleurs, qui par son activité prodigieuse, son éloquence enflammée et ses proclamations superbes, avait secoué la nation endormie, réveillé le patriotisme de tous, levé des armées, découvert des généraux, ramené enfin la victoire sous le drapeau de la France ?

Telle était son autorité dans le pays, au moment de l'armistice, que tout le monde lui obéissait, les uns par enthousiasme, les autres par patriotisme, le plus grand nombre par une sorte de terreur.

La nouvelle de la capitulation de Paris arriva à Bordeaux quelques jours après les sanglantes batailles du Mans, de Saint-Quentin et de Héricourt. De toutes parts, les armées de la Défense battaient en retraite. Chanzy s'était retiré sur Laval, Faidherbe sous les places fortes du Nord ; quant à Bourbaki, il avait, dans son désespoir, essayé de se brûler la cervelle, et son armée était acculée à la frontière suisse. Gambetta ne pouvait donc plus se faire d'illusions sur l'issue de la campagne. Battu sur toute la ligne dans la personne de ses généraux, après les prodiges que l'on sait de courage et d'héroïsme, il aurait dû accepter l'armistice comme un soulagement. Il en voulut au gouvernement de Paris de n'avoir pas prolongé plus longtemps sa résistance.

Et pourtant, Paris avait tenu au-delà du possible : il avait supporté durant cinq mois les souffrances les plus dures, il s'était battu vaillamment sans jamais murmurer, espérant toujours, en dépit de toutes les redditions et de toutes les défaites, que la province viendrait à son secours. Et les armées de Gambetta n'avaient pu dépasser Orléans. Etait-ce à lui de reprocher au gouver-

PORTRAIT DE GAMBETTA

nement d'avoir capitulé, lui qui disait à Jules Favre, au moment de partir en ballon : « Je reviendrai avec une armée, et si j'ai la gloire de délivrer Paris, je ne demanderai plus rien à la destinée. »

La capitulation de Paris ne le surprit donc pas : il s'y attendait de jour en jour, seulement elle lui faisait tomber les armes de la main, elle mettait fin à la guerre à outrance à laquelle il avait voué le pays : de là sa grande colère. Il ne comprenait pas que le gouvernement de Paris eût engagé la province dans la conclusion de l'armistice. Il oubliait que le gouvernement de Bordeaux n'était qu'une délégation qui devait en toute circonstance se soumettre aux ordres de l'Hôtel de Ville. C'est sous l'empire de ses sentiments qu'il rédigea la proclamation suivante :

RÉPUBLIQUE FRANÇAISE

LIBERTÉ — ÉGALITÉ — FRATERNITÉ

« Citoyens,

« L'étranger vient d'infliger à la France la plus cruelle injure qu'il lui ait été donné d'essuyer dans cette guerre maudite, châtiment démesuré des erreurs et des faiblesses d'un grand peuple. Paris, inexpugnable à la force, vaincu par la famine, n'a pu tenir en respect plus longtemps les hordes allemandes : le 28 janvier, il a succombé. La cité reste encore intacte, comme un dernier hommage arraché par sa puissance et sa grandeur morale à la barbarie; les forts seuls ont été rendus à l'ennemi.

« Toutefois Paris, en tombant, nous laisse le prix de ses sacrifices héroïques pendant cinq mois de privations et de souffrances. Il a donné à la France le temps de se reconnaître, de faire appel à ses enfants, de trouver des armes et de former des armées jeunes encore, mais vaillantes et résolues, auxquelles il n'a manqué jusqu'à présent que la solidité qu'on n'acquiert qu'à la longue. Grâce à Paris, si nous sommes des patriotes résolus, nous tenons en main tout ce qu'il faut pour le venger et nous affranchir.

« *Mais, comme si la mauvaise fortune tenait à nous accabler, quelque chose de plus sinistre et de plus douloureux que la chute de Paris nous attendait. On a signé à notre insu, sans nous avertir, sans nous consulter, un armistice dont nous n'avons connu que tardivement la coupable légèreté, qui livre aux troupes prussiennes des départements occupés par nos soldats et qui nous impose l'obligation de rester trois semaines au repos, pour réunir, dans les tristes circonstances où se trouve le pays, une Assemblée nationale.* Nous avons demandé des explications à Paris et gardé le silence, attendant, pour vous parler, l'arrivée promise d'un membre du Gouvernement auquel nous étions déterminés à remettre nos pouvoirs.

« Délégation du gouvernement, nous avons voulu obéir pour donner un gage de modération et de bonne foi, pour remplir ce devoir qui commande de ne quitter le poste qu'après en avoir été relevé, enfin, pour prouver à tous, amis et dissidents, par l'exemple, que la démocratie n'est pas seulement le plus grand des partis, mais le plus scrupuleux des gouvernements.

« Cependant, personne ne vient de Paris et il faut agir ; il faut coûte que coûte déjouer les perfides combinaisons des ennemis de la France.

« La Prusse compte sur l'armistice pour amollir, énerver, dissoudre nos forces. La Prusse espère qu'une Assemblée, réunie à la suite de revers successifs et sous l'effroyable chute de Paris, sera nécessairement tremblante et prompte à subir une paix honteuse.

« Il dépend de nous que ces calculs avortent, et que les instruments mêmes qui ont été préparés pour tuer l'esprit de résistance, le raniment et l'exaltent. De l'armistice faisons une école d'instruction pour nos jeunes troupes ; employons ces trois semaines à préparer, à pousser avec plus d'ardeur que jamais l'organisation de la défense et de la guerre. A la place de la Chambre réactionnaire et lâche que rêve l'étranger, installons une Assemblée vraiment nationale, républicaine, voulant la paix, si la paix assure l'honneur, le rang et l'intégrité de notre pays, mais capable de vouloir aussi la guerre et prête à tout plutôt que d'aider à l'assassinat de la France.

« Français,

« Songeons à nos pères qui nous ont légué une France compacte et indivisible ; ne trahissons pas notre histoire ; n'aliénons pas notre domaine traditionnel aux mains des barbares.

« Qui donc signerait?

« Ce n'est pas vous, légitimistes, qui vous battez si vaillamment sous le drapeau de la République pour défendre le sol du vieux royaume de France ; ni vous, fils des bourgeois de 1789, dont l'œuvre maîtresse a été de sceller les vieilles provinces dans un pacte d'indissoluble union.

« Ce n'est pas vous, travailleurs des villes, dont l'intelligent et généreux patriotisme s'est toujours représenté la France dans sa force et dans son unité comme l'initiatrice des peuples aux libertés modernes ; ni vous, enfin, ouvriers, propriétaires des campagnes, qui n'avez jamais marchandé votre sang pour la défense de la révolution à laquelle vous devez la propriété du sol et votre dignité de citoyen.

« Non, il ne se trouvera pas un Français pour signer ce pacte infâme. L'étranger sera déçu. Il faudra qu'il renonce à mutiler la France. Car tous, animés du même amour pour la mère-patrie, impassibles aux revers, nous redeviendrons forts et nous chasserons l'étranger.

« Pour atteindre ce but sacré, il faut y dévouer nos cœurs, nos volontés, notre vie, et, sacrifice plus difficile peut-être, laisser là nos préférences. Il faut nous serrer tous autour de la République, faire preuve surtout de sang-froid et de fermeté d'âme. N'ayons ni passions, ni faiblesses. Jurons simplement, comme des hommes libres, de défendre envers et contre tous la France et la République.

« Aux armes ! aux armes !

« Vive la France ! Vive la République une et indivisible !

« LÉON GAMBETTA. »

« Bordeaux, 31 janvier 1871. »

Cette proclamation était datée, comme on le voit, du 31 janvier. Pour bien comprendre l'accusation de « légèreté » portée par Gambetta contre le gouvernement de Paris, il faut se rappeler que la dépêche adressée le 28 par Jules Favre à la Délégation de Bordeaux ne parvint à Gambetta que le 29 à trois heures du soir ; que la journée du 30 s'écoula à Bordeaux dans l'attente d'autres nouvelles ; que le 30 Gambetta télégraphia à Jules Favre pour se plaindre de son silence et lui demander des explications au sujet de l'exclusion de l'armée de l'Est des conventions de l'armistice, et que ce fut M. de Bismarck qui lui répondit que les hostilités continueraient jusqu'à « entente » devant Belfort, dans le Doubs, le Jura et la Côte-d'Or. Que signifiaient cette réserve et cette exclusion ? Proposée par M. de Bismarck la chose s'expliquait naturellement : l'armée de l'Est étant en retraite à la suite de son échec sous Héricourt, l'état-major allemand avait conçu le projet de la rejeter sur le territoire suisse. Mais consentie par Jules Favre, cette réserve était incompréhensible. Le négociateur français aurait dû y voir un piège et ne pas y donner tête baissée. Mais le pauvre homme avait perdu la tête. On avait hâte d'en finir des deux côtés ; et, d'ailleurs, il faut bien le reconnaître, les Prussiens n'avaient pas attaché l'importance qu'elle avait à cette fatale clause de réserve. Jules Favre signa donc après avoir inutilement demandé à consulter là-dessus le général Bourbaki. On sait quelles conséquences désastreuses eut cet acte de légèreté. C'est en vain qu'on a cherché à excuser Jules Favre de ce chef, en disant que la convention du 28 janvier ne pouvait avoir été funeste à l'armée de Bourbaki, puisque dès le 30 elle s'était jetée en Suisse. La vérité, c'est que les Prussiens, profitant de l'équivoque que les termes même de cette convention avaient fait naître dans l'esprit de nos généraux, continuèrent leur mouvement quand les Français avaient reçu l'ordre de suspendre le leur, et qu'une partie de l'armée de l'Est, qui aurait pu échapper à la poursuite de l'ennemi, dut se réfugier en Suisse.

Tout cela, comme on le pense, avait profondément irrité Gambetta. Cette irritation avait gagné le conseil municipal de Bordeaux qui, dans sa séance du 3o janvier, avait adopté à l'unanimité la délibération suivante:

« En présence des événements qui se produisent, le conseil municipal de Bordeaux proteste contre toutes les conditions de paix qui ne sauvegarderaient pas complètement l'honneur national.

« Il adjure la Délégation de Bordeaux de rester à son poste et de continuer à préparer avec la plus grande énergie la guerre à outrance.

« Vive la République! »

—

Telle était la situation et tel aussi l'état des esprits quand Jules Simon arriva à Bordeaux le 1er février à une heure de l'après-midi.

Il était accompagné de son fils, M. Gustave Simon, et de M. André Lavertujon, son ami et collègue au conseil général de la Gironde.

Parti la veille à 5 heures du matin, le train avait mis trente-deux heures à effectuer le trajet de Paris à Bordeaux; c'est assez dire dans quel état déplorable se trouvait le chemin de fer.

En passant devant Orléans, Vierzon, Limoges, Jules Simon profita des arrêts forcés du train pour remettre au maire ou au secrétaire général de la préfecture le décret du gouvernement relatif aux élections.

Ce décret, qui remettait en vigueur, avec quelques modifications indispensables, la loi du 15 mars 1849, convoquait les électeurs pour le

8 février. La réunion de l'Assemblée devait avoir lieu à Bordeaux quatre jours après. Jamais période électorale ne fut si courte. Les élections se firent cependant, contre l'espérance de M. de Bismarck, qui déclarait la chose impossible. C'est que, suivant l'expression de M. Thiers, jamais un pays n'avait été interrogé plus sincèrement, et que jamais il n'avait répondu plus sincèrement que dans cette dernière occasion.

En arrivant à Bordeaux, Jules Simon se fit conduire à la Préfecture et chez M. Crémieux, où il ne trouva personne. Chemin faisant, ayant aperçu une affiche qui paraissait fraîchement posée, il descendit de voiture pour la lire, et voici ce qu'elle contenait :

« Les membres du Gouvernement de la Défense nationale siégeant à Bordeaux

« Décrètent :

« Art. 1ᵉʳ. — Les assemblées électorales sont convoquées pour nommer les représentants du peuple à l'Assemblée nationale.

« Art. 2. — Elles se réuniront le mercredi 8 février prochain pour procéder aux élections dans les formes de la loi.

« Art. 3. — Un décret rendu aujourd'hui règle les dispositions légales ; il va être immédiatement publié.

« Art. 4. — Les préfets, sous-préfets et maires

sont chargés de l'exécution du présent décret, qui sera publié, affiché et exécuté, aux termes de l'article 4 de l'ordonnance du 27 novembre 1816 et de l'ordonnance du 18 janvier 1818.

« Fait à Bordeaux, le 31 janvier 1871.

« A. CRÉMIEUX, L. GAMBETTA,
« L. FOURICHON, GLAIS-BIZOIN.

« Les membres du gouvernement de la Défense nationale délégués pour représenter le Gouvernement et en exercer les pouvoirs ;

« Considérant qu'il est juste que tous les complices du régime qui a commencé par l'attentat du 2 décembre pour finir par la capitulation de Sedan, en léguant à la France la ruine et l'invasion. soient frappés momentanément de la même déchéance politique que la dynastie à jamais maudite dont ils ont été les coupables instruments ;

« Considérant que c'est là une sanction nécessaire de la responsabilité qu'ils ont encourue en aidant et assistant avec connaissance de cause l'ex-empereur dans l'accomplissement des divers actes de son gouvernement qui ont mis la patrie en danger :

« Décrètent :

« Art. 1er. — Ne pourront être élus représentants du peuple à l'Assemblée nationale les individus qui, depuis le 2 décembre 1851 jusqu'au

4 septembre 1870, ont accepté les fonctions de ministre, sénateur, conseiller d'État et préfet.

« Art. 2. — Sont également exclus de l'éligibilité à l'Assemblée nationale, les individus qui, aux élections législatives qui ont eu lieu depuis le 2 décembre 1851 jusqu'au 4 septembre 1870, ont accepté la candidature officielle, et dont les noms figurent dans la liste des candidatures recommandées par les préfets aux suffrages des électeurs, et ont été publiés au *Moniteur officiel* avec les mentions : candidat du gouvernement, candidat de l'administration ou candidat officiel.

« Art. 3. — Sont nuls de nullité absolue, les bulletins de vote portant les noms des individus compris dans les catégories ci-dessus désignées. Ces bulletins ne seront pas comptés dans la supputation des voix.

« Art. 4. — Le ministre de l'intérieur est chargé de l'exécution du présent décret.

« Fait à Bordeaux, le 31 janvier 1871.

« AD. CRÉMIEUX, LÉON GAMBETTA,
« GLAIS-BIZOIN, L. FOURICHON. »

Cette affiche ne le surprit qu'à moitié, mais elle acheva de l'édifier sur les sentiments de Gambetta. Evidemment, en faisant afficher ce décret, il n'avait eu d'autre but que d'enlever à ses collègues de la Délégation la possibilité de le rapporter. La guerre était donc ouverte entre Paris et

Bordeaux. Restait à savoir à qui demeurerait la victoire. Jules Simon était bien armé de toutes les pièces nécessaires pour forcer Gambetta à capituler, mais quel malheur s'il était obligé de recourir à la force ! On a dit que dans les temps de crise il était plus facile de discerner son devoir que de le faire. Le devoir de Jules Simon était tout tracé. Il emportait avec lui deux décrets signés de tous les membres du gouvernement de Paris. Le premier était ainsi conçu : « Le gouvernement de la Défense nationale donne à M. Jules Simon mission de se rendre à Bordeaux, de s'y joindre à la Délégation pour y exercer l'autorité, de concert avec ses collègues, et faire exécuter les décrets du gouvernement de la Défense nationale. Les délibérations de la Délégation seront prises à la majorité des voix, sans qu'un des membres ait voix prépondérante. Paris, le 3o janvier 1871 ».

Le second décret reproduisait les termes du premier et contenait en outre cette clause : « Dans le cas imprévu où la Délégation résisterait aux décrets et aux ordres du gouvernement de la Défense nationale, M. Jules Simon est investi par ces présentes des pleins pouvoirs les plus absolus pour les faire exécuter ». Ce second décret ne devait être communiqué aux membres de la Délégation que quand tout espoir de conciliation serait perdu.

Un autre, plus pressé et moins sage, eût préci-

pité les choses aussitôt après sa première entrevue avec la Délégation. Jules Simon voulut
épuiser tous les moyens pacifiques avant de recourir à la force, et vous allez voir avec quel
courage, quel tact et quelle souplesse il s'acquitta
de sa mission difficile.

—

Cependant, à la nouvelle de son arrivée, les
membres de la Délégation s'étaient réunis à la
Préfecture dans le cabinet de M. Crémieux.

Quand Jules Simon entra, Gambetta lui dit
d'un ton bref :

— Je vous attendais...

— Je devrais être ici depuis deux heures,
risposta Jules Simon.

— Que voulez-vous dire ?

— Que le train a eu deux heures de retard et
que vous n'y êtes peut-être pas étranger. Vous
vouliez sans doute donner le temps à vos agents
d'afficher votre décret.

— Et quand cela serait, ce serait de bonne
guerre !...

Là-dessus la discussion s'engagea avec une
violence extraordinaire. Gambetta qui, depuis
quelques jours, était dans un tel état de surexcitation, qu'il faisait peur à ses amis et qu'il se
présentait au conseil dans la tenue débraillée que
voici : gilet déboutonné et braguette ouverte,
Gambetta commença par faire les procès du

PORTRAIT DE JULES SIMON

(vers 1870)

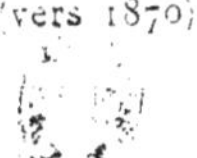

gouvernement de Paris. De quel droit s'était-il
immiscé, après la capitulation, dans les affaires
de la province? Quelle autorité pouvait-il avoir
désormais sur la France quand il était prisonnier de guerre, après avoir exclu de l'armistice
la malheureuse armée de l'Est? Vraiment les pré-
tentions de ce gouvernement étaient inquali-
fiables. Aussi était-il résolu, non seulement à
maintenir son décret dans toutes ses clauses, mais
encore à continuer envers et contre tous la guerre
à outrance.

Je passe naturellement sur les gros mots qui
émaillaient son langage. Glais-Bizoin, qui, durant
les négociations de Jules Simon, ne cessa de
prendre parti pour Gambetta, dit quelque part que
le délégué de Paris se laissa injurier. Et Jules
Simon ajoute que, loin d'en rougir, il s'en est
vanté depuis à la tribune. Que pouvait-il répondre d'ailleurs? Les insultes n'étant point des
raisons et les coups encore moins, c'était perdre
son temps et compliquer une situation déjà trop
tendue que de suivre Gambetta sur le terrain des
personnalités outrageantes. Jules Simon ne se
départit donc point de son sang-froid. Il se borna
à dire à Glais-Bizoin « qu'il lui pardonnait parce
qu'il ne savait pas ce qu'il faisait », — à Fourichon
« que son attitude était d'autant plus étrange
qu'au fond il pensait comme lui », — et se tour-
nant vers Gambetta : « Quant à vous, ne jouez
pas plus longtemps la comédie. Je vois dans votre

jeu comme si je tenais vos cartes dans ma main.
Vous céderez, c'est moi qui vous le dis, mais vous
avez intérêt à vous poser devant le pays en champion de la guerre à outrance ; vous voulez pouvoir
dire un jour : « Moi, je n'ai jamais désespéré de la
patrie ! » Ne croyez pas me tromper, et cessez, je
vous en prie, de jouer un rôle, qui n'est digne ni
de vous ni de vos collègues. »

Le calme avec lequel tout cela était dit ne fit
qu'exaspérer davantage Gambetta, qui, par une
brusque diversion, retomba à coups de poing
sur le dos du gouvernement de Paris, qu'il accusa d'inertie et d'incapacité. Mais, cette fois,
Jules Simon refusa obstinément de répondre
jusqu'à ce que la question électorale fût résolue.

« Il n'eut pas de peine à en démontrer l'urgence, puisque deux décrets contradictoires
étaient déjà promulgués. Il avertit ses collègues de
Bordeaux que le gouvernement de Paris ne voulait pas et ne pouvait pas céder sur la question
des incompatibilités. Au nom de quels principes,
au nom de quels intérêts la Délégation oserait-
elle prescrire des lois, tracer des limites au suffrage universel ? que serait l'assemblée produite
par le décret de Bordeaux ? Une assemblée nationale ? Non, une assemblée de parti. Son autorité,
dans ces conditions, serait-elle subie en France ?
Serait-elle connue au dehors ? Après avoir si souvent reproché à l'empire les candidatures officielles, allions-nous les appliquer avec plus d'au-

dace sur une échelle plus vaste? Quand nous pouvions donner pour assises à la République le vœu du pays, allions-nous la fonder sur un décret de MM. Gambetta, Crémieux, Glais-Bizoin et Fourichon?... »

Bref, Jules Simon ne demandait pas à ses collègues d'abroger leur décret. Il leur concédait tout, excepté cette clause impossible des incompatibilités, de la mutilation du suffrage universel. Mais il eut beau raisonner, supplier, commander, tout fut inutile : la Délégation entière persista à maintenir le décret de Bordeaux tel qu'il avait été rendu.

Jules Simon allait donc se retirer, se promettant de voir séparément les trois collègues de Gambetta, lorsqu'on annonça la visite du Conseil municipal de Bordeaux. Ces messieurs avaient appris l'arrivée du délégué de Paris et s'étaient rendus immédiatement chez M. Crémieux. Leur présence donna d'abord quelque espérance à Jules Simon. C'étaient, en effet, « ses amis personnels, ses électeurs, les promoteurs de son élection, les membres de son comité ». Il lui sembla que, n'ayant rien fait pour perdre leur confiance, ils se rangeraient, après explication, à son avis. Son illusion fut de courte durée. A peine avait-il fini de leur exposer la situation et les dangers qui résulteraient pour le pays de la résistance au décret dont il était porteur, que le maire, qui n'était autre que M. Fourcaud, et les conseillers municipaux, entraînés par l'éloquence de Gambetta, déclarèrent qu'ils ne se sépareraient pas de la Délégation et que les élections seraient faites, à Bordeaux, conformément au décret affiché le matin sur les murs. « Vous entrez en lutte contre le Gouvernement, leur dit Jules Simon. — Nous ne connaissons d'autre Gouvernement que celui qui est ici, lui répondirent-ils. Nous vous voyons y entrer avec plaisir. Mais nous lui obéissons depuis quatre mois et nous continuerons à obéir aux résolutions qu'il adoptera à la majorité des membres présents. »

Il ne restait plus à Jules Simon qu'à lever le siège. C'est ce qu'il fit. A l'issue du conseil, qui dura jusqu'à cinq heures, il vit séparément, comme il se l'était promis, MM. Glais-Bizoin et Fourichon.

Glais-Bizoin était son compatriote et son ami. Ils se tutoyaient. Mais l'importance qu'il se donnait dans les conseils de la Délégation, les flagorneries des uns et les adulations des autres lui avaient complètement tourné la tête. Il était devenu intraitable. Cet homme qui sous l'empire n'avait su que faire rire le Corps législatif de ses saillies plus ou moins spirituelles, et qui par la tournure de son esprit, la légèreté de son caractère devait être, au dire de Laurier lui-même, le bouffon de la Délégation de Tours, avait fini par prendre son personnage tout à fait au sérieux.

Le pauvre homme! Jules Simon l'avait bien jugé quand il lui disait à Bordeaux qu'il ne savait pas ce qu'il faisait. Mais quelle idée aussi de l'avoir mis du trumvirat chargé de représenter le Gouvernement de la défense avant l'arrivée de Gambetta!

Glais-Bizoin avait été d'abord, en fidèle Achate de Crémieux, l'adversaire de toutes les mesures révolutionnaires.

— Que me parlez-vous de la vieillesse! disait-il un jour avec sa voix de fausset à un capitaine qui soutenait devant lui la nécessité de rajeunir l'armée. La vieillesse! la vieillesse! voilà comme vous êtes, vous autres jeunes! A vous entendre, il faudrait fendre l'oreille à tous les vieux. Il y a vieux et vieux d'ailleurs. Tenez, moi, s'il le fallait, je courrais à la frontière, la baïonnette en avant!

Et, pour mieux prouver son dire, le voilà qui se lève, prend une canne, se met en marche, enjambe la chambre, la baïonnette croisée courant sur l'ennemi absent. « Il fallait le voir, disait le capitaine. Il était d'une grandeur épique, et son compatriote La Tour d'Auvergne, premier grenadier de France, ne devait pas être autre quand, à la tête de sa *colonne infernale*, il marchait contre les ennemis de la République! (1) »

Quel pantin! quel polichinelle! Pour être irres-

(1) *Histoire du Gouvernement de la défense nationale en province*, tome Ier, p. 145.

pectueux, le mot n'est que juste, car à la fin il ne
voyait que par les yeux de Gambetta, il n'agissait
qu'à son commandement, tout en se défendant, à
l'occasion, de partager ses vues.

A Bordeaux, il déjeunait quelquefois, en
cachette du dictateur, au restaurant Lanta que
fréquentaient surtout « les affamés de la paix ».
C'est là, disait-il, qu'il allait tâter le pouls de l'opinion. Quelquefois aussi il se faufilait, le soir, dans
les groupes qui se formaient en plein vent sur la
place des Quinconces ou dans les allées de Tourny.
Un journaliste de la *France* ou de l'*Union* l'abor-
dait-il dans la rue, il déplorait avec lui le malheur des temps ; mais quand il avait affaire à un
délégué du Midi, il était plus outrancier que personne. Au demeurant le plus inoffensif et le plus
dangereux des hommes !

Quand Jules Simon l'eut pris à part, il commença par reconnaître les efforts du gouvernement de Paris. Seulement, sur le chapitre de la
capitulation il ne voulut rien entendre : « Il fallait
sortir, lui disait-il, il fallait lancer sur l'ennemi
les trois cent mille hommes de la garde nationale
et de l'armée! » Toujours la sortie torrentielle.
Il déclarait bien qu'il se soumettrait à la majorité,
mais il se hâtait d'ajouter qu'il voterait avec
MM. Crémieux et Gambetta.

Rendons-lui justice : il se sépara du dictateur le
jour où celui-ci voulut faire arrêter Jules Simon.

L'amiral Fourichon était un autre homme que

Glais-Bizoin. Froid, correct, sévère comme la plupart des officiers de marine, il n'avait pas caché, dès le début, son peu de confiance dans le succès de la Défense nationale, mais ayant accepté le périlleux honneur de faire partie de la Délégation, il se montra en toute circonstance plein de courage et d'énergie. Laurier disait de lui qu'il n'avait jamais vu plus galant homme, homme plus ferme, plus déterminé dans toutes les questions d'honneur et de devoir. Comment l'amiral, qui passait pour un orléaniste et qui certainement était un modéré, avait-il consenti à mettre son nom au bas du décret radical qui contenait la clause d'inéligibilité des candidats bonapartistes? Evidemment il avait cédé au courant d'opinion qui existait alors à Bordeaux, et aussi pour ne pas fausser compagnie à ses collègues, car il ne put taire ses scrupules à Jules Simon, dès qu'ils furent seuls; il lui déclara même qu'il était de son avis, mais il avait engagé sa parole et ne voyait pas le moyen de la dégager. « A quoi bon, d'ailleurs, voterai-je avec vous, lui disait-il, du moment que Glais-Bizoin continuera de voter avec Crémieux et Gambetta? Nous ne serions jamais que deux contre trois. »

Ainsi se terminèrent les négociations de la première journée.

En quittant l'amiral Fourichon, Jules Simon se rendit à l'hôtel de la Paix, qui est situé en face

de la Préfecture et où il avait coutume de descendre quand il venait à Bordeaux. L'hôtelier n'avait
qu'une chambre de domestique à lui offrir et
voulut lui céder la sienne ; Jules Simon se contenta d'une mansarde pour la première nuit. Le
lendemain matin, comme il était en train de se
faire la barbe, M. Zevort, recteur de l'Académie
de Bordeaux, frappa à sa porte. Il venait l'infor-
mer que le Gouvernement mettait l'hôtel de l'Académie à sa disposition. Après s'être fait tirer un
peu l'oreille, Jules Simon finit par accepter et se
transporta dans la matinée rue de la Trésorerie. Il
trouva au seuil de son appartement deux garçons
de bureau qui l'attendaient. Ces deux hommes
lui parurent suspects. Il demanda alors à M. de
Nervo s'il les connaissait. « Je crois bien, lui ré-
pondit-il, ce sont deux agents de police. » Ainsi
l'hôtel de l'Académie était une souricière. Il en
eut la preuve quelques jours plus tard, voici dans
quelles circonstances.

M. Thiers, qu'il était allé voir le lendemain
de son arrivée à Bordeaux, lui avait demandé à
quelle heure il pouvait lui rendre sa visite.
Jules Simon lui avait donné l'heure de midi parce
que c'était l'heure du déjeuner de ses garçons de
bureau. M. Thiers vient à l'heure dite à l'hôtel de
l'Académie ; or, quand Jules Simon prit possession de la préfecture, il trouva sur le bureau
de Gambetta, parmi d'autres papiers, un rapport
de police dans lequel ces deux agents racon-

taient que M. Crémieux était venu le visiter. Ils avaient pris M. Thiers pour M. Crémieux. Si M. Thiers l'avait su! comme il en eût été mortifié!

Et puisque nous voilà sur le chapitre de M. Thiers, restons-y quelques instants.

A son retour de Paris, peu de jours après la fatale journée du 31 octobre, M. Thiers était venu s'établir à Bordeaux pour s'y reposer, loin du théâtre de la guerre, des fatigues de son voyage diplomatique à travers l'Europe. Il avait loué à l'hôtel de France un appartement à l'entresol qui, du jour où la Délégation transporta son siège au chef-lieu de la Gironde, devint le centre de l'opposition monarchique et le rendez-vous de tous les partisans de la paix à outrance. On sait d'ailleurs qu'il avait tout fait pour que les élections eussent lieu au mois de novembre et qu'il n'échoua dans sa mission à Versailles que par la faute des révolutionnaires de Paris.

Très courtisé, très visité, il ne cachait pas son sentiment sur la politique de Gambetta, qu'il avait déjà traité de « fou furieux ». Il avait hâte de voir se dénouer les événements, sachant bien qu'il serait appelé par le pays à jouer le principal rôle dans la conclusion de la paix.

Aussi, dès qu'il fut en présence de Jules Simon, son premier mot fut-il de le pousser à la résistance. « Publiez votre décret, lui disait-il, vous n'avez pas de temps à perdre. Vous aurez

au moins pour vous une légion de la garde nationale. Il faut tâter l'armée du général Billot. Dis-
posez de moi, si mon nom peut vous servir, je
vous le donne. »

Il en parlait à son aise. Si Jules Simon l'avait
écouté, nous aurions eu la guerre civile ; mais
M. Thiers a toujours été pour les grands moyens.
En poussant Jules Simon à la résistance, il se
faisait le porte-voix de MM. Decazes et Johnston,
qui ne quittaient l'hôtel de France que pour aller
à l'Académie supplier le délégué de Paris d'employer la force contre Gambetta. « N'hésitez pas
à vous appuyer sur la garde nationale, lui disait
M. Johnston. Je la connais, mon frère commande
un bataillon. Avez-vous besoin de lui ? il est en
bas dans une voiture. Dites un mot, il est à vos
ordres. »

Mais Jules Simon n'est pas de ceux qui se
laissent monter la tête. Son plan était arrêté d'a-
vance. Il avait la conviction qu'à la dernière
minute Gambetta céderait, et s'il ne cédait pas au
jour et à l'heure qu'il avait fixés, il aurait alors
recours aux fusils. Toutes ses dispositions étaient
prises en vue de la lutte. Mais il ne comptait pas
sur la garde nationale qui, comme toujours, était
partagée en deux : la mauvaise et la bonne, celle
de l'ordre et du désordre, et qui, si on l'avait
mise en mouvement se serait certainement prononcée en majorité pour Gambetta.

Les choses en étaient là, quand une dépêche de

M. de Bismarck vint aggraver la situation. Cette dépêche était ainsi conçue :

« Versailles, 6 h. 40 du soir.

« *A M. Léon Gambetta, Bordeaux.*

« Au nom de la liberté des élections stipulée par la convention d'armistice, je proteste contre les dispositions émanées en votre nom *(sic)* pour priver du droit d'être élu à l'assemblée des catégories nombreuses de citoyens français.

« Des élections faites sous un régime d'oppression arbitraire ne pourront pas conférer les droits que la convention d'armistice reconnaît aux députés librement élus.

« BISMARCK. »

Le 3 février au matin cette dépêche était affichée sur tous les murs de Bordeaux avec la proclamation suivante :

« Citoyens,

« Nous disions, il y a quelques jours que la Prusse comptait, pour satisfaire son ambition, sur une assemblée où, grâce à la brièveté des délais et aux difficultés matérielles de toutes sortes, auraient pu entrer les complices et les complaisants de la dynastie déchue, les alliés de M. de Bismarck.

« Le décret d'exclusion rendu le 31 janvier déjoue ces espérances.

« L'insolente prétention qu'affiche le ministre prussien d'intervenir dans la constitution d'une assemblée française est la justification la plus éclatante des mesures prises par le gouvernement de la République.

« L'enseignement ne sera pas perdu pour ceux qui ont le sentiment de l'honneur national.

« *Le ministre de l'intérieur et de la guerre*,

« Léon Gambetta. »

Evidemment, comme le dit Jules Simon, rien n'était plus maladroit ni plus contraire au droit des gens, que cette ingérence de M. de Bismarck dans les affaires intérieures du pays, mais, en portant cette dépêche à la connaissance du public par voie d'affiches et de circulaires, il était facile de voir le but que poursuivait Gambetta. Il voulait tout simplement rendre odieux le Gouvernement de Paris, en laissant croire aux populations qu'il n'était plus que le très humble serviteur de M. de Bismarck.

Jules Simon essaya de déjouer cette manœuvre. Il se rendit à la préfecture, où ses collègues tenaient conseil, leur donna lecture du décret qui lui conférait la plénitude du pouvoir, leur annonça qu'il allait annuler officiellement l'article de leur décret du 31 janvier qui rendait inéligibles les anciens fonctionnaires de l'empire, et sortit immédiatement du conseil avec M. Lavertujon, sans

répondre aux interpellations violentes dont il
était l'objet. Il se rendit de là dans les bureaux
du journal *la Gironde*, et rédigea, de concert avec
M. Lavertujon, secrétaire du Gouvernement, la
proclamation suivante :

« Citoyens,

« On m'a remis ce matin à 8 h. 45 minutes la
dépêche de M. de Bismarck.

« Je comprends l'irritation causée par cette
dépêche et je la partage.

« Mais le décret du gouvernement séant à Paris
est du 28 janvier; il a été inséré le 29 au *Journal
officiel* et au *Bulletin des lois ;* je suis ici pour le
faire appliquer. Je n'ai jamais hésité à en exiger
l'exécution, et je l'exige aujourd'hui comme hier
parce que je la crois indispensable au salut de
mon pays.

« Peu m'importe que des adversaires politiques
se trouvent, sur ce point, d'accord avec le parti
républicain, auquel j'appartiens. Tout doit céder
en ce moment devant le plus indispensable des
devoirs civiques.

« Le décret de Bordeaux étant seul connu des
préfets et en cours d'exécution dans les départements,

« Vu l'urgence,

« En vertu des pouvoirs qui me sont conférés

par le Gouvernement de la défense nationale, et qui sont ainsi conçus :

« Dans le cas imprévu où la Délégation résisterait aux décrets et aux ordres du Gouvernement de la défense nationale, M. Jules Simon est investi par ces présentes des pleins pouvoirs les plus absolus pour les faire exécuter.

« Fait à Paris, le 30 janvier 1871.

« *Signé :* Jules Favre , Ernest Picard , Général Trochu , Emmanuel Arago, Garnier-Pagès, Eugène Pelletan. »

« Je porte à la connaissance du public le décret suivant :

« Article 1ᵉʳ. — Les élections auront lieu dans tous les départements le 8 février, conformément au décret publié à Bordeaux par les délégués du gouvernement, sauf la modification suivante : le choix des électeurs pourra se porter sur tout citoyen français non frappé d'incapacité légale et ayant l'âge requis pour l'éligibilité. Toutes les incapacités édictées par les lois et décrets, et notamment par le décret publié à Bordeaux le 31 janvier, sont abolies.

« Article 2. — L'Assemblée se réunira à Bordeaux le dimanche 12 février. Le Gouvernement de la défense nationale remettra aussitôt ses pouvoirs entre ses mains.

« Fait à Bordeaux, le 3 février 1871.

> « *Le membre du gouvernement délégué*,
> « JULES SIMON. »

> « *Le secrétaire du gouvernement délégué*,
> « ANDRÉ LAVERTUJON. »

Mais Gambetta veillait. Pendant que *la Gironde* imprimait ce document et que les journaux conservateurs le reproduisaient en tête de leurs colonnes, le préfet de Bordeaux, M. Allain-Targé, donnait l'ordre au commissaire de police de saisir toutes les feuilles qui publieraient cette proclamation, de s'opposer à l'affichage de tous placards portant la signature de Jules Simon, — ce qui fut fait le soir même, en dépit des protestations indignées de toute la presse conservatrice, — et la poste et le télégraphe avaient défense de transmettre le décret aux préfets. Défense bien inutile, car alors même que ce décret leur serait parvenu, aucun préfet n'aurait voulu prendre sur lui de l'afficher à côté de celui de Bordeaux. Quand je dis aucun, je me trompe. Il y eut quatre préfets qui refusèrent d'appliquer la clause des incompatibilités contenue dans le décret de Gambetta; ce furent MM. Mestreau, préfet du Calvados, Emile Lenoël, préfet de la Manche, et Ricard, commissaire général pour les Deux-Sèvres et la Vienne.

M. Ricard avait même fait parvenir à Jules Simon le billet suivant : « On dit que vous êtes porteur d'un décret qui consacre l'éligibilité de tous les citoyens; faites-m'en connaître le texte, et je vous réponds qu'il sera obéi partout où j'ai de l'autorité. »

Mais ce n'était là qu'une exception. Aussi Jules Simon avait-il pris le parti, — en attendant la fin de la lutte, — d'envoyer son décret sous pli cacheté à tous les particuliers, négociants ou autres, qu'il connaissait en province. Et encore se servait-il d'enveloppes avec en-têtes de commerce et les faisait-il écrire, pour plus de précautions, par des personnes de confiance, car si on avait reconnu son écriture à la poste, on aurait jeté toutes ses lettres au panier.

C'est dans la chambre de Mme Gounouilhou, la femme du directeur de *la Gironde*, que se faisait toute cette correspondance à la fois publique et secrète; de même que c'est dans le salon de Mme Fourichon que fut définitivement arrêté le plan qui devait faire tomber la préfecture de Bordeaux aux mains de Jules Simon.

L'histoire est curieuse à plus d'un titre et vaut la peine d'être racontée. On dit souvent qu'on ne réussit dans le monde que par les femmes. Jules Simon avait eu la chance de gagner dès le premier jour à sa cause la femme de l'amiral Fourichon, et c'est elle qui noua, — à l'insu de son mari, — les fils de cette conspiration.

Le coup de main sur la préfecture devait être
tenté dans la matinée du 6 février. La veille au
soir, Jules Simon s'était fait inviter à dîner chez
l'amiral, en compagnie de quelques personnes
qu'il avait désignées lui-même à la maîtresse de
la maison. Personne n'était dans le secret, sauf
Mme Fourichon et le général Foltz, qui figurait
parmi les convives. Il avait été convenu qu'après
le dîner l'amiral passerait dans son cabinet avec
ses invités pour fumer des cigares, et que, pendant
ce temps-là, Mme Fourichon ménagerait à Jules
Simon un entretien avec le général Foltz dans une
autre pièce de l'appartement.

— Mais l'amiral ne fume pas! avait-elle objecté
tout d'abord.

— Il fumera demain, lui avait répondu Jules
Simon.

Effectivement, après le dîner, l'amiral exécuta
fidèlement la consigne de sa femme. Pendant que
les autres convives passaient au fumoir, Mme Fourichon entraînait dans le salon Jules Simon et le
général Foltz sans que personne s'en aperçût.

Le général Foltz commandait à cette époque la
division de Bordeaux. C'était un homme de
haute taille, à la figure énergique, et qui avait de
très beaux états de services. Né à Toulouse le
11 novembre 1802, il était sorti de Saint-Cyr le
1er octobre 1822 et avait été nommé colonel d'état-
major le 10 juillet 1848. Chef d'état-major des
gardes nationales de la Seine du 16 juin 1851 au

29 novembre de la même année, il avait été promu
général de brigade le 10 mai 1852 et général de
division le 26 mai 1859. Il était inspecteur général de la gendarmerie depuis 1860, quand il fut
placé dans la réserve, le 12 novembre 1867.

Il en sortit le 21 août 1870, pour prendre le commandement de la 21e division militaire à Limoges,
et, quelques mois après, de la 14e à Bordeaux.

Il avait fait les campagnes d'Afrique (1837-1842,
1843) et d'Italie, et était grand officier de la
Légion d'honneur depuis le 21 décembre 1864.

Il est mort à Paris le 4 juillet 1877.

Dès les premières ouvertures qui lui avaient
été faites, le général Foltz s'était mis aux ordres
du gouvernement de Paris.

— C'est pour demain, lui dit Jules Simon.

— Bien, je serai prêt, mais je vous préviens
que nous serons écrasés.

— Comment cela ? vous n'êtes donc pas sûr de
votre armée ?

— Je réponds de mes troupes, mais je dispose
d'un trop petit nombre d'hommes pour tenir tête
avec chance de succès aux bataillons qui sont
dévoués à Gambetta. N'oubliez pas que je ne
commande qu'à la garnison de Bordeaux et que
toutes les troupes qui sont autour de la ville
relèvent du général Billot, qui commande le corps
d'armée. Il n'y a que le ministère de la guerre
qui puisse les mettre en mouvement, en passant
par-dessus la tête de ce général.

— Mais, dit Jules Simon, je puis être ce ministre ; j'ai tous pouvoirs du gouvernement de Paris, voici ma nomination signée en blanc, je n'ai qu'à remplir ce décret en y mettant mon nom.

— Oui, réplique le général Foltz, mais comme ministre de la guerre vous n'auriez pas l'autorité nécessaire. L'armée, qui n'aime pas être à commandée par un civil, ne comprendrait pas qu'après avoir marché sous les ordres de Gambetta, elle fût appelée à marcher sous les vôtres. Gambetta est obéi aujourd'hui, croyez-vous que vous le seriez demain ? J'en doute...

— Alors accepteriez-vous les fonctions de ministre de la guerre ?

— Volontiers.

— Eh bien, soit. Je vais remplir ce décret avec votre nom. Mais il est bien entendu que votre mandat expirera après la bataille, ou avant, si Gambetta cède avant que nous en venions aux mains.

— C'est bien ainsi que je l'entends, dit le général Foltz, et je vous remercie de l'honneur que vous me faites en m'imposant un tel sacrifice.

Et séance tenante, sans perdre une minute, en sa qualité de ministre de la guerre, il donna l'ordre aux troupes qui étaient autour de Bordeaux de s'approcher de la ville. Voici quel était son plan : A onze heures du matin, il devait cerner la Préfecture et échelonner un cordon de troupes, appuyées de pièces d'artillerie, jusqu'à la poste

dont il importait de s'emparer immédiatement,
— car le train de Paris partait à 2 heures et demie
et c'était celui-là qui devait emporter les dépêches
du mandataire du gouvernement de Paris.

Tout était donc prévu, arrêté, en vue d'un
coup de main, lorsque le général demanda à
Jules Simon où il se tiendrait pendant les opérations.

— Moi, dit Jules Simon, je serai à mon poste
de combat, je me tiendrai à côté de vous.

— Et si vous êtes tué ?

— Si je suis tué, mes dispositions sont prises.
Le président Cellerier est chargé d'avance de l'in-
térim du pouvoir et doit faire afficher le décret
de Paris qui convoque les électeurs.

M. Cellerier, m'écrit un magistrat qui a été
sous ses ordres, était un homme d'une grande
droiture, de mœurs douces et d'un caractère
conciliant, qui professait des opinions républicaines modérées.

Né à Bordeaux le 29 juillet 1808, il était juge
d'instruction au tribunal de Lesparre quand il fut
exilé en Belgique pour avoir protesté publiquement contre l'attentat du 2 décembre. Dix-
huit mois plus tard, il fut autorisé à rentrer en
France à la condition qu'il se démettrait de ses
fonctions inamovibles.

Revenu à Lesparre, il se fit inscrire au barreau,
et exerça la profession d'avocat jusqu'en 1870.
Nommé procureur général à Bordeaux, après le

4 septembre, il fut appelé au poste de premier
président de la Cour d'appel de cette ville,
lorsqu'un décret du Gouvernement de la défense
nationale eut enlevé de son siège M. Raoul Duval,
qui avait fait partie des commissions mixtes.

Mais bientôt M. Raoul Duval fut réintégré en
vertu de la loi votée par l'Assemblée nationale,
et M. Cellerier, sur la prière de M. Dufaure,
reprit les fonctions de procureur général qu'il
exerça jusqu'à la chute de M. Thiers, époque à
laquelle il donna sa démission.

Depuis lors, il vécut dans la retraite, partageant
sa vie entre Bordeaux et la petite station de
Soulac-les-Bains dont il était maire. Il est mort
en 1882.

Comme on le voit, Jules Simon avait pensé
à tout, et c'est en vain que Gambetta l'aurait fait
arrêter. L'ordre de son arrestation avait été cependant donné ; Jules Simon le savait, et s'il n'a pas
été exécuté, ce n'est pas la faute du tout-puissant
ministre.

Ici se place un incident des plus dramatiques
que je ne puis passer sous silence. Le lendemain
de son arrivée à Bordeaux, M. Gustave Simon,
qui, comme je l'ai dit plus haut, accompagnait
son père, rencontra dans le rue M. Paul Dhormoys, ancien secrétaire-rédacteur au Corps législatif. M. Dhormoys était venu à Bordeaux pour
reprendre son poste à l'Assemblée nationale. Il
avait, depuis les bancs du collège, conservé un

grand faible pour Jules Simon, qui avait été son professeur de philosophie et son examinateur au baccalauréat et à l'École d'administration. Il avait, je me sers de ses propres expressions, bu le miel qui coulait de ses lèvres, comme suppléant de Cousin d'abord, comme député ensuite, et il aurait été très heureux de lui rendre service dans la situation difficile où il se trouvait.

— Ecoutez, dit-il à M. Gustave Simon, on ne sait ce qui va se passer ; votre père peut avoir besoin, à un moment donné, d'un asile et de quelques personnes déterminées. J'ai à Bordeaux quelques parents qui ont une certaine influence dans le commerce et dans la garde nationale. Comme tous les hommes d'ordre, ils ne demandent qu'une direction pour former un noyau de résistance légale. Mon beau-frère, ancien élève de l'École polytechnique, a repris du service pour la durée de la guerre. Il est chargé ici du service topographique. Une douzaine de jeunes mobiles travaillent sous ses ordres. Ce sont des jeunes gens sensés dont on utilise les connaissances et l'instruction, des hommes d'ordre enfin sur lesquels on peut compter. J'ai une petite maison où l'on peut se réfugier. Vous n'avez qu'à frapper à ma porte à n'importe quelle heure.

M. Gustave Simon le remercia et ils se séparèrent. Or, le soir du jour où fut affichée la dépêche de M. de Bismarck et où furent saisies toutes les proclamations du délégué de Paris, M. Paul

Dhormoys recevait une lettre de M. Gustave
Simon qui le mandait d'urgence.

C'était le jour même où les délégués du Midi
avaient convoqué Gambetta au théâtre Louit pour
lui offrir la dictature. L'émotion était à son comble
dans la ville. On avait affiché à la tombée de la
nuit la proclamation suivante :

« M. Jules Simon, membre du Gouvernement
de Paris, a apporté à Bordeaux l'annonce d'un
décret électoral qui serait en désaccord sur un
point avec le décret rendu par le Gouvernement
siégeant à Bordeaux.

« Le gouvernement de Paris est investi depuis
quatre mois, coupé de toutes communications
avec l'esprit public ; de plus, il est à l'état de prisonnier de guerre. Rien ne dit que, mieux informé,
il ne fût pas tombé d'accord avec le gouvernement de Bordeaux, rien ne dit non plus qu'en
dehors de la mission de faire procéder aux élections, donnée en termes généraux à M. Jules
Simon, il eût entendu régler d'une façon absolue
et définitive le cas particulier des incompatibilités.

« Dans ces circonstances, le gouvernement de
Bordeaux croit devoir maintenir son décret ; il le
maintient malgré les remontrances et l'ingérence
de M. de Bismarck dans les affaires intérieures du
pays ; il le maintient au nom de l'honneur et des
intérêts de la France.

« Un membre du gouvernement de Bordeaux part aujourd'hui même pour porter à la connaissance du gouvernement de Paris le véritable état des choses.

« Fait à Bordeaux, le 4 février 1871.

« AD. CRÉMIEUX, LÉON GAMBETTA,
GLAIS-BIZOIN, L. FOURICHON. »

Le *Siècle*, qui était tout dévoué à Gambetta et qu'on n'appelait à Bordeaux que le journal aux *cent mille francs*, publiait de son côté une déclaration des plus violentes. Les journaux conservateurs protestaient dans une réunion contre la saisie dont ils avaient été l'objet ; bref, il y avait de la poudre dans l'air, et si Gambetta s'était rendu ce soir-là au théâtre Louit, tout le monde sentait qu'on aurait le lendemain la dictature et la guerre civile. Il eut le bon esprit de ne pas s'y rendre.

Cependant M. Paul Dhormoys était accouru en toute hâte chez Jules Simon.

« En arrivant près de la maison, rue de la Trésorerie, 67, je m'aperçus, écrivait-il naguère (1), qu'elle était gardée ou du moins très surveillée. Des groupes assez nombreux se tenaient dans la rue et, lorsque je sonnai à la porte, deux individus vinrent me regarder de si près, que je leur demandai ce qu'ils me voulaient, et au nom de quelle police ils étaient là.

(1) Le *Pays*, n° du 10 octobre 1886.

« On ouvrit avec précaution, je me nommai et
la porte se referma sur moi. Je fus introduit dans
un grand salon, au rez-de-chaussée, où se trouvaient M. Zévort le recteur de l'Académie,
Jules Simon et son fils, M. Silvy, délégué du
ministère de l'instruction publique à Bordeaux,
et M. Dollfus. Ces trois personnes étaient les seules
qui, en ce moment critique, se trouvassent auprès
de l'homme qui représentait tout ce qui restait
de légalité dans notre malheureux pays.

« Les habiles étaient chez M. Thiers, se consti-
tuant en gardes du corps dans une pièce du rez-
de-chaussée et faisaient assaut de zèle et de dévouement. Si dans la crise qui allait éclater,
M. Jules Simon l'emportait, il était bien évident
que ce serait M. Thiers qui serait l'homme de la
situation et qui récompenserait le zèle et le dévouement qu'on aurait montré pour sa personne.
Si M. Jules Simon succombait, on ne se compro-
mettait pas avec lui, le fait d'avoir été chez
M. Thiers n'étant ni plus ni moins compromettant
ce soir-là que les jours précédents, et ne pouvant
être considéré comme un délit. Ces personnages
avaient en tous cas réussi à inspirer une véritable
frayeur à Mme Thiers, et M. Dollfus me montra ce
soir-là une lettre qu'on venait de lui apporter et
dans laquelle on le priait de venir, avec le plus de
monde possible, passer la nuit à l'hôtel de France.

« M. Dollfus avait quitté sa charge d'agent de
change à Paris dès le début de la guerre et bra-

vement gagné, en Alsace, l'épaulette de chef d'escadron d'état-major dans l'armée auxiliaire.

« Aucune des personnes présentes ne doutait, du reste, de la probabilité, sinon de la certitude d'une arrestation.

« M. Jules Simon y était d'ailleurs résigné et préparé. Il était alors onze heures du soir : on entendit une voiture qui roulait dans la rue et qui s'arrêta devant la porte. Une seule lampe éclairait la vaste pièce à tentures sombres. Nous nous regardâmes sans mot dire, attendant le coup du marteau et croyant le moment venu. On ne frappa pas. C'était seulement quelque voisin qui rentrait.

— Mais enfin, dis-je à M. Jules Simon, vous ne pouvez pas vous laisser arrêter ainsi, sans tenter quelque résistance.

— Quelle résistance voulez-vous que je fasse ? Vous voyez que je suis seul ; j'ai fait ce que j'ai pu, j'ai envoyé aux journaux un décret annulant celui de M. Gambetta. Il y en aura bien un certain nombre qui le publieront ; maintenant qu'il m'arrête s'il le veut, je suis prêt.

— Mais tous les journaux qui ont osé l'imprimer ont été saisis ce soir ; on veut empêcher que la province sache qu'il n'y a d'autre décret valable pour les élections que celui de Paris. La Prusse, qui ne demande qu'un prétexte, refusera de reconnaître l'Assemblée nommée sous l'empire du décret de Gambetta, M. de Bismarck l'a très nettement déclaré dans sa lettre. Il faut donc, par tous les moyens possibles, faire connaître votre décret en province ; il faut qu'on sache partout que M. Gambetta n'est qu'un factieux. Il faut rédiger une circulaire dans ce sens ; nous la copierons au plus grand nombre d'exemplaires possible, vous la signerez et nous l'expédierons. Je connais ici un certain nombre de négociants qui écriront sur l'enveloppe le nom de quelques-uns de leurs correspondants de province, et la timbreront de leur marque sociale, ce qui dépistera les limiers de la poste. Comme je l'ai dit à votre fils, mon beau-frère a sous ses ordres une douzaine de jeunes hommes sur lesquels on peut compter. Il n'y a qu'à en expédier un certain nombre dans diverses directions en les chargeant de porter aux journaux, aux personnes notables dans chaque ville, la circulaire signée de vous et de lui faire donner la plus grande publicité possible... Pour le moment, l'important est de ne pas rester ici, où vous êtes dans une véritable souricière et à la merci d'un coup de main.

— Mais où aller à pareille heure ? demanda Jules Simon.

« M. Zevort demeurait à l'Académie. Ce n'était donc pas lui qui pouvait offrir un asile. MM. Silvy et Dollfus, comme presque toute le monde alors, n'avaient qu'une chambre dans un hôtel. J'avais ma petite maison : comme on le pense, je m'empressai de l'offrir.

« Le jardin de l'hôtel de l'Académie communiquait par une porte avec celui d'une maison voisine, qui avait elle-même une sortie sur une petite rue transversale. C'est par là que nous nous dirigeâmes, et nous gagnâmes à travers des rues détournées la rue Pondensac où se trouvait mon logement, sans être, du reste, suivis ni rencontrés par personne, ce qui était probable à cette heure et dans ce quartier éloigné.

« Je réveillai ma femme, un peu surprise de l'hôte qui nous arrivait. A une heure, nous étions tous profondément endormis. »

Jules Simon avait accepté la généreuse hospitalité que lui offrait M. Paul Dhormoys à la condition qu'il paierait ses repas. Il demeura chez lui deux ou trois jours, sans être inquiété le moins du monde. Il a su depuis que s'il n'avait pas été arrêté c'était grâce à l'intervention de l'amiral Fourichon. L'amiral avait forcé un matin la porte de Gambetta, qu'il avait trouvé au lit, et lui avait dit en lui mettant le poing sous la gorge :

— Vous êtes un misérable !

— Pourquoi ? Que vous ai-je fait ?

— Vous nous aviez promis au Conseil de laisser Jules Simon en liberté, et j'apprends que vous avez signé hier soir l'ordre de son arrestation.

— Ce n'est pas vrai, balbutia Gambetta.

— J'en ai la preuve, et si vous ne déchirez pas immédiatement cet ordre, dont je rougis pour

vous, aussi vrai que je m'appelle Fourichon, je
· vous soufflette.

Et Gambetta avait cédé à cette menace comme
il devait céder deux jours plus tard quand il vit
arriver à Bordeaux les trois membres du gouvernement de Paris que Jules Simon avait mandés
en toute hâte.

Car le dictateur, acculé dans ses derniers retran-
chements, avait imaginé, pour gagner du temps,
de mettre en doute l'authenticité des décrets dont
Jules Simon était porteur. Il en demandait la
minute originale avec la signature du gouvernement. « On avait d'autant moins pensé à la
remettre à Jules Simon, qu'une contestation
de cette nature ne pouvait être prévue, et que le
décret était imprimé à l'*Officiel* et au *Bulletin des
lois*, expédié de tous côtés depuis le 29 janvier.
Au premier mot de cette étrange et injurieuse
hypothèse, Jules Simon, qui à cette date assis-
tait encore au conseil de la Délégation, au lieu de
s'indigner, comme il en avait le droit, proposa
d'envoyer un télégramme à Paris, la réponse de
Jules Favre devant trancher la question. On y
consentit d'abord, ou du moins on parut y consentir ; mais il apprit le lendemain qu'on avait
renoncé au télégramme « parce que les dépêches
passaient forcément par les mains de M. de Bismarck », et qu'on avait envoyé la demande par
pigeon. Ce pigeon n'arriva jamais à Paris. Enfin,
quand la rumeur publique devint menaçante,

après la saisie des journaux, on se décida, malgré l'envoi du pigeon, à faire partir pour Paris M. Crémieux, chargé de vérifier si le « prétendu décret » était, oui ou non, une réalité. »

Mais M. Cochery, qui était à Bordeaux le factotum de M. Thiers et qui s'était mis à la disposition de M. Jules Simon, était déjà rendu à Orléans, d'où il prévenait par dépêche le gouvernement de Paris des difficultés soulevées par la Délégation, et quand M. Crémieux arriva à Vierzon, M. Albert Liouville ramenait de Paris les trois membres que M. Jules Simon l'avait chargé d'aller chercher à l'Hôtel de Ville, à savoir : MM. Pelletan, Emmanuel Arago et Garnier-Pagès. En sorte que M. Crémieux revint avec eux à Bordeaux, où ils arrivèrent tous ensemble le 6 février à neuf heures du matin.

C'était à onze heures que le général Foltz devait commencer son mouvement. Grâce à Dieu, il devenait inutile. Lorsque Gambetta apprit l'arrivée de ses collègues, il envoya sa démission à Jules Simon, qui en donna lecture au Conseil et proposa de nommer, séance tenante, un ministre de l'intérieur.

Le successeur de Gambetta était désigné d'avance, puisque Jules Simon avait emporté de Paris le décret qui l'investissait lui-même de ces fonctions. Mais Glais-Bizoin fit observer que la nomination de Jules Simon en remplace-

ment de Gambetta aurait l'air d'une revanche ;
il valait mieux, disait-il, nommer à sa place un
autre membre du gouvernement qui n'eût point
pris part à la lutte des derniers jours, et dont les
idées fussent assez près de celles de Gambetta.
Ce fut l'avis de tous, et le choix du conseil tomba
sur M. Emmanuel Arago. Celui-ci déclina d'abord
l'honneur qu'on lui faisait, disant qu'il revenait
de droit à Jules Simon, mais il finit par accepter à la condition qu'il n'aurait que le titre et que
Jules Simon exercerait les fonctions.

— C'est bien ainsi que je l'entends, dit Jules
Simon.

Et séance tenante, celui-ci rédigea une proclamation que M. Emmanuel Arago signa comme
ministre de l'intérieur.

Ainsi se termina cette crise terrible.

Pendant quelques jours on n'entendit pas plus
parler de Gambetta que s'il n'avait jamais vécu.
M. Ranc disait naguère que le jour même de sa
démission il alla s'installer, au vu et au su de tous,
dans une petite maison, Cours du 30 Juillet ; que
Spuller et lui, Ranc, y demeuraient avec lui ; que
tous ses amis de Bordeaux, de Paris et d'ailleurs,
vinrent l'y voir, et que, si Jules Simon n'avait
pas su cela, c'est que sa police s'était fortement
moquée de lui.

C'est bien possible ; ce qu'il y a de sûr, et
M. Paul Dhormoys confirme les dires de Jules
Simon, c'est que Gambetta fut invisible pendant

quelques jours et que ses collègues ne le retrou-
vèrent qu'à l'Assemblée nationale.

Deux jours après, les élections se faisaient dans
toute la France, et Jules Simon pouvait dire,
comme les vieux Romains, qu'il avait sauvé la
Patrie. Mais la France ne parut pas s'en douter,
car un peu plus il n'était pas élu. Ses anciens
électeurs de Paris, Bordeaux, Limoges, Montpellier, etc., qui l'avaient acclamé un an auparavant le renièrent; — au grand scandale de
M. Thiers, qui, l'ayant vu à l'œuvre dans toute
cette crise, s'empressa de lui offrir un des 28 collèges qui l'avaient nommé.

Mais Jules Simon n'accepta pas : il était
trop écœuré de l'ingratitude du suffrage universel. La lettre suivante (inédite), qu'il écrivait à
Jules Favre, prouve qu'il avait déjà fait son deuil
du pouvoir :

« Bordeaux, le 10 février 1871.

« Mon cher ami,

« J'ai reçu votre dépêche d'aujourd'hui, 10 février. Je vous écris à la hâte que les élections se
passent presque partout paisiblement, mais que
la majorité réactionnaire est écrasante. Tous nos
collègues sont élus, excepté Glais-Bizoin, Crémieux, Pagès et moi. J'attends avec impatience
votre arrivée ici ; j'ai hâte de déposer mes pouvoirs et de m'en aller, place de la Madeleine, où

je donnerai des leçons de latin, comme en 1852. Vous serez tout à fait nécessaire ici le 12 pour recevoir les députés et remettre nos pouvoirs entre leurs mains. Nous serons fort houspillés et, n'étant pas député, je ne pourrais pas répondre.

« Avez-vous vu M. de Bismarck pour une prorogation de l'armistice ? Cela me paraît urgent.

« On me remet à l'instant votre dépêche seconde. Elle est écrite en clair et a suscité une grande rumeur dans le service télégraphique qui menace de donner sa démission en bloc. Je crois que nos dépêches sont expédiées fidèlement depuis la démission de Gambetta. Je ne quitte guère le bureau.

« Donnez de grâce de mes nouvelles à ma femme. Le temps me manque pour lui écrire ; j'espère être de retour à Paris mardi ou mercredi.

« M. Lelibon est directeur des postes.

« A vous de cœur,

« JULES SIMON. »

Cependant tous ses anciens électeurs ne l'avaient pas oublié. Ceux de la Marne se souvinrent de lui. Au moment où il s'apprêtait à rentrer à Paris dans sa famille, on lui apporta une dépêche qui lui apprenait son élection dans la Marne.

M. Thiers en fut dans le ravissement et lui offrit de reprendre le portefeuille de l'instruction publique, qu'il avait tenu pendant le siège. Mais il

fallut lui faire violence, et il n'accepta ce portefeuille que lorsqu'il sut que son ami Jules Favre
faisait de cette acceptation la condition *sine quâ
non* de son entrée dans le ministère.

Voilà l'histoire vraie de la lutte que Jules Simon eut à soutenir à Bordeaux contre Gambetta.
Je m'étais promis de l'écrire sans passion, je crois
avoir tenu ma promesse.

Jules Simon a toujours aimé les situations
nettes. J'ai dit qu'il n'avait accepté de faire partie
du cabinet du 19 février 1871 que sur les instances
de M. Thiers et pour ne pas en éloigner Jules
Favre dont le concours était nécessaire à la conclusion de la paix. Il y mit encore cette condition
qu'il serait le maître absolu dans son département
et que le chef du pouvoir exécutif n'entrerait dans
aucuns détails du ministère de l'instruction publique et des cultes. Il avait ses raisons pour
agir de la sorte. Outre que toutes ses idées en

matière d'enseignement n'étaient pas admises par
M. Thiers, dont la montre retardait sur beaucoup
de choses, Jules Simon se doutait que l'illustre
homme d'État, comme presque tous les autori-
taires de son espèce, aurait la prétention de tout
voir par lui-même, et il ne voulait pas en être
réduit au rôle de commis ou de contre-maître. Il
y a plus, dès qu'il sut que les Finances étaient
destinées à M. Pouyer-Quertier, il s'empressa de
faire ses réserves en faveur du libre-échange (1).

(1) Voici en quels termes Jules Simon s'exprimait plus
tard sur le compte de M. Pouyer-Quertier. C'est un portrait tracé de main de maître :

« L'empereur Napoléon III n'aimait pas l'éloquence
parlementaire. Avant de faire entrer les députés dans la salle
des séances du Corps législatif, il eut soin de faire enlever
la tribune. On parlerait de sa place, si l'on parlait. Il eut
des ministres pour gouverner et un orateur pour parler. Il
dit très haut, il écrivit même dans sa constitution, que les
députés auraient le droit de répondre; mais comme il se
réservait de choisir lui-même ses députés et, par conséquent, de les gouverner, il entendait bien qu'ils ne parle-
raient ni souvent, ni longuement, et qu'ils se borneraient à
approuver ce que le ministre d'État venait de dire.

« *Hoc erat in votis*. Telle était son espérance. Mais il
avait compté sans les cinq et sans M. Pouyer-Quertier.

« Les cinq pénétrèrent dans la Chambre bien malgré
lui. Pouyer-Quertier fut élu comme candidat de l'empereur.
Député officiel jusqu'au bout des ongles. Il était pour
l'ordre avant tout. Il n'attendait l'ordre que de la force. Plus
un gouvernement était fort, plus il lui était dévoué. Il aimait
d'autant plus l'empereur qu'il ne lui voyait aucun scrupule
de libéralisme.

« Avec lui, nous pourrons travailler. » Travailler,
gagner de l'argent. Il était manufacturier, fils de manufacturier. Son âme était dans sa manufacture. Il voulait que

Après quoi il devint le collaborateur dévoué de M. Thiers, je pourrais même dire son conseil. Car si M. Thiers, qui croyait encore à la monarchie, en février 1871, se décida deux ans plus tard à vanter les avantages du régime républicain, c'est en grande partie à Jules Simon que nous en

l'industrie française fût la première en Europe, que l'industrie normande fût la première en France et que la maison Pouyer-Quertier fût la première en Normandie. Il ne fallait pas autre chose pour que la France fût parfaitement heureuse. Il était d'ailleurs disposé à répandre le bonheur autour de lui : bon compagnon avec ses égaux, bon prince avec ses intérieurs. Il était aimé dans sa fabrique parce qu'il avait la main ouverte, et à la Chambre, parce qu'il était toujours de belle humeur. La discussion avait beau être sérieuse, on ne tardait pas à entendre des rires bruyants dans le coin de la salle où il était : il riait, et il faisait rire. Il avait beaucoup d'esprit ; c'était de l'esprit assez vulgaire, mais sans prétention et assaisonné de tant de gaieté qu'on ne cherchait pas à le chicaner sur ses éternels calembours. L'œil fin, la face épanouie, l'embonpoint d'un homme heureux, Normand depuis la tête jusqu'aux pieds, grand parleur, grand mangeur, grand buveur et grand parieur, il passait à juste titre pour un sceptique en politique et pour un très habile homme en affaires.

« Les traités de 1860 furent le coup de baguette qui le transforma. Il les regarda comme un attentat à sa propriété. C'était bien la peine d'avoir un empereur, si les filés et les tissus de l'Angleterre nous envahissaient ! Qu'est-ce qu'un empereur ? C'est un homme chargé de faire appliquer les tarifs, et, au besoin, de les grossir. Quelque chose comme un douanier investi du pouvoir absolu. Avec l'apparition du libre-échange, dont les traités de 1860 étaient les avant-coureurs, Pouyer-Quertier commença une campagne protectionniste, dans laquelle il déploya une connaissance des détails de l'industrie, une science économique, une absence de scrupules dans le cours de ses discussions, une fécondité

sommes redevables. Personne ne me contredira sur ce point : ni M. Léon Say, ni M. Barthélemy Saint-Hilaire. Je crois même savoir que le fameux message du 13 novembre 1871, qui entraîna la chute de M. Thiers, mais qui devait rallier définitivement le pàys à la République, était tout entier de la main de Jules Simon. Cette influence de l'auteur du *Devoir* sur l'historien du *Consulat et*

de ressources et une éloquence qui lui firent sur-le-champ une place à part dans le Parlement et dans le monde économique. Il nous révoltait, mais il nous amusait. Je l'ai entendu faire des discours de quatre heures pendant lesquels on ne sentait pas un moment d'ennui. On lui pardonnait jusqu'à ses lazzi, qui n'étaient pas toujours de bon goût, et à ses étourderies, quoiqu'elles fussent parfois un peu risquées. On connaît son dialogue avec Forcade La Roquette. Il attaquait le chemin de fer d'Elbeuf, mal construit, disait-il, et mal dirigé. « Mal construit, c'est ce que nous verrons, disait le ministre ; mais mal dirigé, qu'en savez-vous ? — Je le sais par mes propres yeux. J'ai fait le trajet pas plus tard qu'hier. — C'est impossible. Il ne marche pas encore. — Il marche ! — Il ne peut pas marcher sans un arrêté signé de moi, et je n'ai pas signé d'arrêté. — Il marche sans arrêté. » Et de rire. Que pouvait faire la Chambre, sinon de rire aussi ? Je lui fis reproche de ce cynisme une heure après. « Bast ! me dit-il, toujours riant et gouaillant. Ne faites pas le renchéri. Qui dit orateur dit menteur. »

« A ce moment de sa vie, il ne connaissait pas d'obstacle. J'en veux citer pour preuve une anecdote bien connue. Il partait pour Rouen ; il arrive au chemin de fer comme l'heure sonnait. Il court aux wagons, qui déjà s'ébranlaient, et met le pied sur la marche. Le contrôleur court après lui : « Arrêtez ! C'est défendu ! » et le saisit par sa redingote pour le rejeter en arrière. Pouyer, qui est un colosse, se retourne, enlève l'employé comme un enfant, le jette dans la voiture et referme la portière, tout cela en un clin d'œil, pendant que le train glissait déjà sur les rails

de l'Empire était si manifeste, que M. Thiers ne se résigna à se séparer de lui qu'à la dernière heure, huit jours avant d'être renversé lui-même.par la coalition des droites et du groupe Target. Cela n'empêchait pas Jules Simon d'avoir parfois maille à partir avec lui sur le terrain de l'enseignement et de la politique intérieure, et de lui dire en riant : « Ce qui m'étonne le plus dans votre cabinet

sans avoir acquis sa vitesse. Il aurait pu se tuer ou le tuer. Il le conduisit ainsi jusqu'à Mantes, moitié furieux, moitié radieux, parce que Pouyer lui frappait sur le ventre en lui promettant de lui faire obtenir de l'avancement.

« En février 1871, M. Thiers était venu à Bordeaux pour former son cabinet. L'opération fut difficile, surtout à cause de moi. Je consentis après deux jours de lutte à entrer dans la combinaison, en stipulant que je conserverais mes opinions relatives au libre-échange et la liberté de mon vote en cette matière. Enfin, M. Thiers put partir avec un cabinet auquel il ne manquait plus qu'un ministre des finances. Il m'écrivit de Paris le lendemain qu'il s'était adressé à Pouyer-Quertier : « Il a accepté, me disait-il ; mais je l'ai averti que vous feriez peut-être des objections à cause de ses opinions protectionnistes et que, dans ce cas, il n'y aurait rien de fait. » Je me hâtai d'envoyer mon consentement par le télégraphe, et je rappelai dans ma réponse que, sur la question commerciale, nous restions chacun dans nos cantonnements.

« Thiers fut enchanté de son nouveau collègue, et nous n'eûmes tous qu'à nous louer de nos relations avec Pouyer. Il se renferma uniquement dans son administration et dans la mission délicate qu'il eut à remplir à Francfort et à Berlin. C'est moi qui proposai, en conseil, de lui donner la croix de grand-officier, et je me souviens en souriant, mais non sans quelque émotion, qu'il en versa des larmes de joie. Il était universellement aimé. Il avait le sentiment d'avoir rendu de grands services. Les protectionnistes le portaient aux nues. Ses affaires personnelles prospéraient. Il

c'est de m'y voir ! » On sait que Jules Favre et
Ernest Picard n'y restèrent que très peu de
temps.

Jules Simon avait pris son poste au sérieux, et
n'avait pas attendu la prise de Paris par l'armée
de Versailles pour mettre de l'ordre dans les
affaires de l'Université (1). Elles en avaient si
grand besoin ! Non seulement les bâtiments des
lycées et collègues étaient tombés dans un état de

avait même de grandes joies dans sa famille. Il maria sa fille
à un grand seigneur qu'il aimait beaucoup. Thiers, qui ne
se dérangeait jamais, se rendit à Rouen pour assister au
mariage. Les fêtes furent triomphales.

« Un incident fort inattendu le perdit. Cité comme témoin
dans un procès, il exprima devant le jury des opinions
assez étranges en fait de comptabilité des deniers publics.
L'émotion fut vive à la Chambre, plus vive encore dans le
cabinet. Il donna sa démission et alla siéger à droite, où
était sa véritable place. Tout, à partir de ce moment, tourna
contre lui. Ses entreprises périclitèrent, ses électeurs lui
tournèrent le dos, la Chambre ne l'écouta plus ; le Sénat,
où il parvint à entrer, pas davantage. Il perdit sa fille, ce
qui fut le coup mortel. Il ne fut pas réélu au dernier renou-
vellement sénatorial, et il vient de mourir presque oublié,
à l'âge de soixante et onze ans. »

(Mon Petit Journal.)

(1) Pendant la Commune, son appartement de la place de
la Madeleine fut mis au pillage par les mêmes hommes qui
démolirent la maison de M. Thiers. On lui prit quelques
objets précieux, le manuscrit d'un ouvrage de philosophie
et une correspondance assez compromettante pour un des
membres de la Commune ; sa bibliothèque fut épargnée,
mais pendant la « semaine sanglante » quelques-uns de ses
livres, qu'il garde comme curiosité, furent transpercés par
les balles.

délabrement complet, pendant la guerre, par suite de leur affection au service des ambulances, mais la campagne avait fait des vides énormes dans le personnel enseignant, et la discipline était si relâchée, qu'il avait toutes les peines du monde à se faire obéir.

Quelques traits suffiront à vous édifier sur l'esprit d'indiscipline qui régnait alors.

Un jour, un professeur de la Faculté des lettres de Lyon s'étant oublié jusqu'à souffleter le doyen, Jules Simon le manda d'urgence au ministère. Il lui répondit qu'il ne le connaissait pas. Sa révocation lui apprit à le connaître.

Un autre, qui depuis est devenu un des écrivains les plus distingués de la presse parisienne, écrivait, pendant la Commune, dans un grand journal du Midi, « qu'entre Paris et Versailles les honnêtes gens avaient bien le droit d'hésiter ». Jules Simon n'hésita pas à le destituer.

Les hauts emplois étaient occupés par des réactionnaires qui se faisaient un devoir de les garder pour combattre avec plus d'autorité le gouvernement. Quelques-uns cependant eurent le bon goût de donner leur démission. De ce nombre fut M. Francisque Bouiller, qui dirigeait l'École normale. Jules Simon le remplaça par M. Bersot, mais il se souvint que M. Bouillier avait été son camarade d'école, et, sur la promesse qu'il lui fit de se renfermer scrupuleusement dans ses attributions nouvelles, il le nomma inspecteur général (1).

Quand il eut fait sentir sa main dans le monde universitaire, il s'occupa de la réorganisation de l'enseignement à tous les degrés. C'était l'enseignement primaire qui lui tenait le plus à cœur. Il était encore à l'École normale quand fut promulguée la loi du 28 juin 1833. Cette loi, très supérieure à tout ce qui avait été fait avant elle, ne fit pas cependant tout ce qu'il y avait à faire.

Elle consacrait la liberté de l'enseignement primaire ; elle établissait la gratuité restreinte aux enfants pauvres, mais étendue à tous ceux qui en avaient besoin ; elle distinguait l'enseignement primaire élémentaire de l'enseignement primaire supérieur ; elle assurait le recrutement par la fondation des écoles normales ; elle donnait aux instituteurs communaux des garanties sérieuses de stabilité... Mais le traitement qu'elle leur affectait était d'une insuffisance dérisoire (2), et elle ne fai-

(1) M. Octave Feuillet lui envoya un jour dans une lettre très digne sa démission de bibliothécaire du palais de Fontainebleau. Mais il fut obligé de destituer M. de Bonnechose, qui était bibliothécaire d'une bibliothèque qui n'existait pas, et n'en touchait pas moins un traitement respectable.

(2) Le minimum fixé par la loi était de 400 francs pour les écoles supérieures et de 200 francs pour les écoles élémentaires. C'était la misère. Dans son projet de loi relatif au traitement des instituteurs communaux, M. de Salvandy disait à la Chambre des députés, le 5 mai 1846, que 18,155 instituteurs n'arrivaient pas à 500 francs de traitement, 11,155 à 400 francs et 3,654 à 300 francs.

sait rien pour les filles. Lacune déplorable qu'essaya de combler le projet Carnot, en 1848, et que laissa subsister la loi Falloux.

La loi de 1833 n'avait donc qu'à moitié satisfait Jules Simon, dont le rêve était l'instruction obligatoire et gratuite. On se souvient des termes magnifiques dans lesquels il en parlait, en 1848, aux électeurs de l'arrondissement de Lannion. « Être homme ! leur disait-il, je ne puis prononcer ce mot sans être effrayé de ce qui reste encore à faire pour l'éducation du peuple...

« Quoi ! nous donnons du pain à ceux qui en manquent, et l'éducation, ce bienfait de Dieu, nous ne la répandons pas autour de nous de toute l'énergie du devoir et de la charité ! Nous voilà libres ; soyons au moins dignes de l'être ! L'ignorant n'est-il pas un déshérité, un esclave ? Et pouvons-nous croire que Dieu nous pardonnera, parce que nous aurons fait part de nos richesses à nos frères, si nous gardons pour nous le trésor de l'intelligence ? »

C'était se prononcer publiquement en faveur du principe de l'enseignement obligatoire. Envoyé à l'Assemblée constituante, il contribua pour une bonne part à le faire adopter par la commission (1) chargée, en 1848, de préparer une loi organique

(1) Cette commission était composée de MM Vaulabelle, *président*, Barthélemy Saint-Hilaire, Bourbeau, Carnot, Dufour, Germain, Sarrut, Guichard, Lagarde, Lasteyrie (Jules), Liouville, Payer, le général Poncelet, Quinet, Salmon et Jules Simon, *rapporteur*.

sur l'enseignement, et dans le rapport qu'il lut à la tribune de cette assemblée, le 5 février 1849, voici comment il s'exprimait : « La dernière disposition que nous vous proposons, Messieurs, consiste à écrire dans la loi le principe de l'obligation. Nous avouons sincèrement qu'il est difficile à réaliser. Nous n'avons pas cru qu'il nous fût possible, au moment où l'assemblée va se séparer, de faire autre chose que de poser le principe. Cette proclamation d'un principe jusqu'ici nouveau dans nos mœurs ne sera pas sans influence sur l'avenir de l'éducation nationale.

« Ce principe a des adversaires. On le défigure pour le mieux combattre. On suppose qu'en rendant l'éducation primaire obligatoire, nous voulons forcer tous les enfants à fréquenter l'école communale. Il n'en est rien. La famille, l'école privée peuvent évidemment, comme par le passé, donner l'instruction primaire. Tout se résout par un examen, qui se fera, si l'on veut, par l'autorité communale, ou pour avoir un juge moins partial et plus compétent, par un délégué du comité supérieur, en tout cas par un pouvoir électif et local. Il n'y a là, à coup sûr, rien d'oppressif, rien que n'explique et ne justifie au besoin l'établissement du suffrage universel. A qui donc se fera sentir cette loi de l'obligation ? Qu'on y songe, à ceux-là seuls qui pouvant faire inscrire leurs enfants et les arracher à l'ignorance, les condamneront à dépendre de tout le monde pour la défense de leurs intérêts et l'exercice de leurs droits. Est-ce de cette liberté qu'on se montre si jaloux ? Et depuis quand ôte-t-on quelque chose à la puissance paternelle en protégeant le fils contre l'incurie ou l'ignorance ou l'incapacité du père ? La loi est faite précisément pour contraindre tout le monde à remplir son devoir. On a bien écrit dans le code civil (art. 203) l'obligation pour le père de nourrir son fils, et pour le fils de nourrir son père. On a bien donné au fils mineur (art. 2121) hypothèque légale sur tous les immeubles du tuteur, même lorsque le tuteur est son père. Y a-t-il donc moins de nécessité de protéger les intérêts moraux et intellectuels ? Vous intervenez dans la famille pour empêcher le père de compromettre la fortune de son fils, et vous n'interviendriez pas pour l'empêcher de condamner son fils à une éternelle et invincible ignorance ? Vous n'interviendriez pas pour protéger la société elle-même, blessée dans ses intérêts, menacée dans sa sécurité par cette coupable indifférence du père de famille ? La moitié des États et de l'Europe a consacré ce principe de l'enseignement obligatoire qui nous semble si nouveau. L'obligation de l'enseignement primaire remonte, en Prusse, à 1769. Ou plutôt c'est la réglementation de l'obligation qui remonte à 1769, car l'obligation existait déjà avant cette époque. On ne comprendrait pas que, dans le seul pays du monde où tous les citoyens jouissent de leurs droits politiques, il fût permis d'être igno-

rant. L'éducation primaire obligatoire est la
conséquence du suffrage universel. Que dans un
avenir prochain il n'y ait plus en France une commune qui n'ait sa maison d'école! Qu'il n'y ait
plus un citoyen qui ne puisse écrire lui-même son
bulletin avant de le jeter dans l'urne! Il n'y a
de révolution sainte que celle qui se justifie en
répandant la lumière en même temps que la
liberté. »

J'ai cité tout ce passage parce qu'il est presque
inconnu et qu'il contient en substance tout ce
qu'on peut dire, et tout ce qu'on a dit par la suite,
en faveur de l'enseignement primaire obligatoire.

Malheureusement, l'Assemblée constituante ne
vécut pas assez longtemps pour voter le projet de
sa commission, et l'Assemblée législative, par la
loi de 1850, sous couleur d'assurer le principe de
la liberté de l'enseignement, sacrifia tout bonne-
ment l'intérêt scolaire à l'intérêt politique. L'empire ne fit rien ou presque rien pour l'enseignement primaire : il se contenta d'améliorer la
situation des instituteurs (1). Il n'avait pas d'argent pour les écoles, il n'en avait que pour la
guerre.

(1) Un premier décret, rendu en 1853, avait permis au
ministre d'élever le traitement des instituteurs les plus méri-
tants à 700 francs après cinq ans de service, et à 800 francs
après dix ans. En 1862, le minimum de 700 francs fut
assuré à tous les instituteurs ayant cinq ans de service ; le
traitement put s'élever jusqu'à 900 francs pour ceux qui
servaient depuis quinze ans. En 1870, nouveau décret, nou-

Vainement Jules Simon lui criait-il, en 1864 :
« Il faut donner à l'instruction tout l'argent dont
elle a besoin, et ne pas le regretter.

« Le peuple qui a les meilleures écoles est le
premier peuple. S'il ne l'est pas aujourd'hui, il le
sera demain » (1).

Le Corps législatif restait sourd à cet avertissement et n'avait d'oreille que pour le ministre qui
lui parlait de « la plus belle pensée du règne ».

Deux ans plus tard, Jules Simon ne fut pas
plus heureux dans sa demande d'emprunt de
140 millions pour l'enseignement primaire (2)
qu'il ne l'avait été au mois d'avril 1865 en soute-
nant, dans un remarquable discours, la nécessité
de rendre l'instruction obligatoire (3). N'est-ce
pas l'intérêt des gouvernements despotiques d'entretenir l'ignorance dans les masses ? Lors du
plébiscite de 1870, il y eut des bourgs entiers
qui votèrent pour Napoléon, croyant bien que le
plébiscite était un révolutionnaire de la pire
espèce. S'il n'y avait pas eu tant d'illettrés en
France, le plébiscite, comme autrefois le Pirée,

velle amélioration : le minimum fut réglé à 700 francs
immédiatement, et 800 francs après cinq ans d'exercice ;
des fonds mis à la disposition du ministre lui permirent
d'élever le revenu scolaire du vingtième des instituteurs à
900 francs après dix ans de service, et à 1,000 francs après
quinze ans (*L'École*, par Jules Simon, page 102).

(1) *L'École*.

(2) Séance du 8 avril 1866.

(3) On trouvera ce discours dans la *Politique radicale*.

n'eût pas été pris pour un homme par un aussi grand nombre d'imbéciles (1).

C'est pour achever l'éducation du suffrage universel et le mettre à la hauteur de ses devoirs envers la patrie, que Jules Simon, devenu ministre, présenta, au mois de janvier 1872, son projet de loi sur l'enseignement primaire obligatoire. Mais il se heurta cette fois encore à la mauvaise volonté de l'Assemblée nationale qui s'imaginait, non sans raison d'ailleurs, que l'obligation et la gratuité feraient perdre aux idées monarchiques le terrain qu'elles avaient conquis par la loi de 1850.

D'un autre côté, les difficultés budgétaires étaient grandes. Le territoire n'était pas encore libéré, et tout l'effort du gouvernement de M. Thiers se portait sur ce point. « Débarrassons-nous des Prussiens d'abord, nous songerons aux écoles ensuite », disait-il à Jules Simon chaque fois que celui-ci lui demandait de l'argent. Un jour même, fatigué de ne pouvoir obtenir la modique somme de 200,000 francs qui lui était absolument nécessaire, Jules Simon dit à M. Thiers qu'il aimait mieux s'en aller, et il sortit de la salle

(1) En 1869, sur 100 conscrits, 27,49 pour cent ne savaient ni lire ni écrire. La même année, sur 100 mariages, 28.54 hommes et 43,26 femmes n'avaient pu écrire leur nom.

du conseil. En traversant la cour de la Préfecture de Versailles, il rencontra M. Léon Say, qui essaya de le retenir en lui montrant les embarras de nos finances et fit appel à son patriotisme.

Et comme M. Jules Simon ne voulait rien entendre :

— Combien vous faut-il au juste, lui dit M. Léon Say?

— Je vous l'ai dit : deux cent mille francs !

— Ecoutez, en me gênant beaucoup, je puis, si M. Thiers y consent, vous en donner la moitié ; attendez-moi une minute, je vais en causer avec lui.

Quelques instants après M. Léon Say lui criait par la fenêtre de la Préfecture :

— C'est entendu, je vous donnerai cent mille francs, revenez.

Et Jules Simon reprit son portefeuille.

Ah ! s'il avait eu à sa disposition les sommes énormes qu'on a dépensées depuis, et si mal à propos, que de choses il eût faites ! Il n'aurait pas construit des palais comme ses successeurs. « On n'avait besoin que de classes bien aérées, bien exposées et bien éclairées sans aucun luxe. Cela même était préférable. La simplicité sied aux écoles ; il aurait mieux valu faire des maisons plus modestes et payer les maîtres d'une façon plus convenable (1). » On n'eut pas cette sagesse. Mais

____

(1) L'*Ecole*, avertissement de la onzième édition.

14

à qui s'en prendre des fautes commises en ces
dernières années? Que les partis fassent leur examen de conscience : ils ont tous quelque chose à
se reprocher. Les premiers coupables furent les
fauteurs du 24 Mai et du 16 Mai, car une révolution en entraîne toujours une autre en sens inverse,
et la plus détestable de toutes les politiques est
celle des représailles. Si la commission de l'enseignement, présidée par Mgr Dupanloup, n'avait
pas repoussé en 1872 le projet de loi de M. Jules
Simon, nous n'aurions point eu la loi « scélérate »
de 1880. L'instruction obligatoire et gratuite, telle
que l'entendait son promoteur, n'allait pas jusqu'à
cette neutralité aussi fausse qu'impie, qui, sous
prétexte d'assurer la liberté de conscience d'une
poignée d'athées ou de libres-penseurs, a chassé
le crucifix des écoles et le curé de tous les conseils.
Les catholiques ont récolté ce que Mgr Dupanloup
et ses complices avaient semé.

L'évêque d'Orléans s'était constitué, je ne sais
trop pourquoi, l'adversaire déclaré de Jules
Simon. Quoi que fît le ministre de l'instruction
publique, il était sûr de le trouver devant lui
avec son humeur batailleuse et ses provocations
irritantes. M. Ernest Renan, qui fut son élève à
Saint-Nicolas du Chardonnet, a dit dans ses *Souvenirs d'enfance et de jeunesse* que l'éducateur,
chez Mgr Dupanloup, était tout à fait sans égal.
Ce n'est point moi qui y contredirai.

J'apprécie beaucoup ses livres d'éducation.

J'ai fait mes études dans un collège qui suivait sa méthode. Je puis donc en parler en connaissance de cause. Eh bien, la méthode de Mgr Dupanloup était pleine de trous. Il vaut mieux, disait Montaigne, avoir la tête bien faite que bien pleine. Dans le système d'éducation de l'évêque d'Orléans, c'était tout le contraire. On sacrifiait tout à la mémoire, on avait la tête farcie de vers latins. Je me rappelle avoir traduit à coups de *Gradus*, entre ma troisième et ma seconde, deux ou trois chants du Télémaque. Il est vrai que je le faisais librement et en dehors des classes. Je prenais à cet exercice un plaisir infini et j'aurais pu dire, avec Ovide, à la fin de ma seconde :

Quidquid tentabam dicere versus erat.

Mais à quoi cela m'a-t-il servi ? Que de choses négligées que j'aurais pu apprendre, au lieu de rimer du matin au soir. Nos professeurs nous disaient que rien ne vaut le vers latin pour former un écrivain. C'est bien possible. Mais tout le monde n'a pas le don. Pour un qui réussit à traduire sa pensée dans la langue harmonieuse de Virgile, combien y échouent et perdent à cet exercice un temps précieux ! Je crois aujourd'hui, avec tous les hommes sensés, qu'on aurait pu se borner à nous apprendre les règles de la métrique. L'abbé Fleury disait dans son *Traité du choix et de la méthode des études* : « Si l'on en fait (des vers latins), ce sera comme un exercice de grammaire, pour avoir la quantité et pour avoir plus de mots à choisir en composant ; et je ne sais si ce profit vaut la peine que donnent les vers latins ». C'était déjà l'avis de Port-Royal, à qui il faut toujours revenir en matière d'éducation ; et le grand Arnauld conseillait de suivre en cela « le génie des écoliers. C'est ordinairement un temps perdu que de leur donner des vers à composer au logis. Sur soixante-dix à quatre-vingts écoliers, il peut y en avoir deux ou trois de qui on arrachera quelque chose ; le reste se morfond, se tourmente pour ne rien faire qui vaille ».

Il semble après cela que Mgr Dupanloup aurait pu se résigner à voir disparaître les vers latins du programme de l'enseignement secondaire. Mais non. Cette suppression le mit hors de lui. Il monta à la tribune, et, pendant une heure, défendit le vers latin sur le dos de Jules Simon, qui lui répondit par un des plus beaux discours qu'il ait prononcés (1).

(1) Si M. Jules Simon n'avait écouté que ses goûts, il n'eût certainement pas supprimé le vers latin du programme des études, car il adore le vers latin et il lui arrive encore d'en faire, quand, par exemple, il correspond avec le chevalier Nigra.

A la suite de cette discussion, M. Em. Burnouf, directeur de l'Ecole française d'Athènes, écrivit à M. Jules Simon la lettre suivante. Nous la publions ici pour la première fois avec l'autorisation de son destinataire.

« Athènes, 5 février 1873.

« Mon cher maître, je vous félicite, pour vous et pour nous, du succès que vous avez justement remporté dans la

Le vers latin n'était d'ailleurs qu'un prétexte dans la grande colère de Mgr Dupanloup, comme le remarquait M. Em. Burnouf dans la lettre qu'on vient de lire.

Ce qu'il voulait c'était, d'abord et avant tout, empêcher Jules Simon de réformer l'enseignement secondaire, dût-il pour cela précipiter sa chute. Car il le redoutait plus qu'aucun autre à cause de son talent, de sa souplesse, du crédit qu'il avait dans l'Université, et il le tenait pour le seul

discussion relative à vos réformes. Ce succès est double : car vous avez mis pour vous la légalité, et la question de fond n'est pas loin d'être résolue. Il est évident que le parti violent de la droite vous aurait attaqué sur tout autre sujet, si celui des vers latins lui avait manqué, et que si vous aviez trouvé le moyen de supprimer les cors aux pieds par une circulaire, on aurait défendu contre vous les cors aux pieds. Pour le fond même on aurait laissé entrevoir que cette excroissance est plus importante qu'on ne se le figure, puisque, forçant les gens à ne pas marcher, elle leur donne plus de temps pour cultiver leur esprit et leur cœur.

« Quant aux vers latins, pendant les douze ou treize ans que j'ai fait des licenciés, j'en ai chaque année dans mon rapport demandé la suppression. Ce n'était point par haine révolutionnaire contre cet exercice, car j'étais jadis dans ma classe un des plus forts en vers ; je n'étais vaincu que par Try, aujourd'hui l'un des magistrats les plus recommandables de Paris ; je prenais plaisir à faire spontanément des vers latins.

« Mais j'ai fait, pendant ces douze ou treize ans, une statistique dont je dois vous faire part, car elle pourra vous servir quand la question des vers se présentera devant le conseil qu'on vous a donné. J'ai tenu note chaque année du nombre de vers latins présenté pour chaque candidat à la licence et du temps qu'il avait mis à les faire : la moyenne

homme capable de mener à bien le travail énorme qu'il avait entrepris. La loi de 1850 à laquelle il avait collaboré suffisait à Mgr Dupanloup. Elle avait réalisé ses plus chers désirs : elle avait livré l'enseignement supérieur aux jésuites et congrégations religieuses, ouvert les conseils de l'instruction publique aux évêques, affranchi les petits séminaires, changé en un mot, dans l'espace de vingt ans, la face de la France. Il n'entendait pas qu'un ministre de la République, même athé-

obtenue (moyenne incontestable) a été de *un vers par 16 minutes*, soit quatre vers à l'heure ou 20 vers en cinq heures. Pour atteindre ce résultat, les candidats avaient dû s'exercer à la fabrication du vers pendant plusieurs années, d'abord au collège, puis pendant la durée de leur candidature. -- Si maintenant l'on regarde à la qualité du produit, on peut constater que ces vers, si laborieusement fabriqués, sont composés presque toujours de formules ou de fragments empruntés aux poètes et découverts dans le *Gradus* ; ce que les candidats y ajoutent de leur cru est ordinairement la partie faible ou mauvaise de leur composition.

« Vous pouvez, mon cher maître, faire l'usage que vous voudrez du renseignement précis que je vous donne et dire que c'est moi qui vous l'ai fourni ; j'en prends toute la responsabilité ; car ce n'est pas ici une affaire de sentiment, c'est un fait de *statistique*.

« Quant aux conséquences à en tirer, elles ne me paraissent pas douteuses : le vers latin est un obstacle au travail utile de l'esprit ; il a pu être un exercice tolérable au temps où les jeunes garçons avaient peu à apprendre, au temps du *Prædium rusticum*. Mais les temps sont changés, et nous avons vraiment autre chose à faire. On apprend beaucoup de choses en cinq heures de temps ; et si l'on songe que ces cinq heures perdues reviennent au moins une fois par semaine pendant plus de quarante semaines chaque année,

nienne et conservatrice, y touchât sous couleur
d'alléger le programme du baccalauréat, de faire
la part plus grande aux langues vivantes, à l'histoire et à la géographie, et de mener de front les
exercices du corps et de l'esprit, suivant le précepte de Platon (1).

C'était déjà trop que ce ministre eût converti

je dis que ces deux cents heures suffisent amplement à
apprendre le gros d'une langue quelconque, d'une science
ou d'un art, choses qui accroissent la civilisation au lieu de
la restreindre.

« Enfin les jeunes gens auxquels le vers latin est imposé
comme une condition *sine quá non* de leur carrière sont
précisément ceux qui se destinent à l'enseignement; or,
c'est à ceux-là qu'on fait non seulement perdre, mais mal
employer deux cents heures chaque année.

« En supprimant ce ridicule et malfaisant exercice, vous
avez accompli un de mes vœux et celui de beaucoup de nos
universitaires. Si Mgr Dupanloup y tient si fort, qu'il le
maintienne dans son diocèse modèle, et qu'il laisse du moins
aux écoles de la République la faculté d'y renoncer et de
marcher dans des voies nouvelles. Que ses élèves *libres*
s'engourdissent devant leur *Gradus* si bon lui semble;
mais que les nôtres sachent une langue étrangère, qu'ils
connaissent la géographie, qu'ils sachent aussi distinguer le
soleil et la lune, les mois et les saisons, choses que presque
tous ignorent. Tout cela viendra, quand vous aurez pu alléger d'autres broussailles dont notre enseignement est encore
encombré.

« Allez de l'avant et soyez sûr que nous vous soutien-
drons.

« A vous bien sincèrement.

« EM. BURNOUF. »

(1) Consulter la circulaire de M. Jules Simon, en date
du 27 septembre 1872.

M. Thiers à la République, lui qui, par tempérament et par éducation, était monarchiste.

Et Mgr Dupanloup manœuvra si bien, que
Jules Simon fut obligé de donner sa démission
pour avoir dit à la Sorbonne, à l'Assemblée
générale des délégués des Sociétés savantes, que
la libération du territoire était l'œuvre exclusive
de M. Thiers.

On a peine à comprendre aujourd'hui que cette
parole ait pu soulever en son temps tant de colères.
C'est pourtant vrai. L'Assemblée nationale n'entendait pas que l'honneur lui fût ravi au profit
du président de la République. D'après elle,
M. Thiers n'avait agi que par ses ordres, comme
un bon contremaître. Et c'est en voulant rendre à
César ce qui appartenait à son lieutenant, que
M. de Fourtou s'attira quelques jours après la
fameuse apostrophe de Gambetta : « Le libérateur
du territoire, le voilà ! »

Ce fut le 18 mai 1873 que M. Jules Simon quitta
le ministère de l'instruction publique. Le soir
même, M. Thiers lui écrivait la lettre suivante :

« Mon cher collègue et ami,

« C'est avec un véritable serrement de cœur que
je me sépare de vous… Je me souviendrai toujours
de ces trois années où vous avez été pour moi un
ami, un collègue sûr, et un collaborateur de la
capacité la plus rare. A mes yeux vous êtes
l'homme capable par excellence, et il faut les

tristes passions du temps pour qu'on puisse songer à se priver de vous. Mais vous restez et vous resterez toujours dans le sein de la représentation nationale, et vous y aurez une des meilleures places! Vous serez un jour la ressource de ce pays dans la série des aventures qui peuvent l'attendre encore. Dieu veuille qu'elles se terminent bien! Pour moi, je fais un dernier effort sans savoir quel en sera le résultat. Mais ce sera le dernier, et j'irai ensuite chercher le repos au sein de quelques amis parmi lesquels vous occuperez, je l'espère, le premier rang.

« A vous de cœur.

« A. THIERS. »

Le *dernier effort* ne fut pas long ! six jours après la retraite de Jules Simon, M. Thiers était renversé. C'était le cas de répéter à l'Assemblée nationale ce qu'il avait dit à M. Rouher : Vous n'avez plus une faute à commettre.

Elle essaya pourtant d'en commettre une autre plus grave encore en voulant rétablir la monarchie. Mais l'honnêteté du comte de Chambord la lui épargna. C'est alors qu'en désespoir de cause elle fit une constitution d'où sortit la République. Jules Simon fut, à cette occasion, le promoteur de la coalition des gauches avec quelques députés légitimistes, qui eut pour résultat d'éloigner du Sénat les principaux fauteurs du 24 mai et de l'y envoyer lui-même comme sénateur inamovible le 16 décembre 1875. Le même jour il était élu membre de l'Académie française en remplacement de M. de Rémusat (1), ce qui inspira à je ne sais qui ce quatrain spirituel :

> Simon, le moins adroit des hommes,
> A dépassé Guillaume Tell ;
> En un jour il abat deux pommes,
> Il devient deux fois immortel.

Parmi les nombreux témoignages de sympathie qui lui furent envoyés à propos de sa double élection, je relève ce petit billet charmant d'Ernest Picard.

« Jeudi soir, 16 décembre 1875.

« Mon cher collègue et ami,

« La fortune vous a fait attendre pour mieux vous combler. Deux fois immortel en un jour, ce serait beaucoup pour la plupart des hommes ; pour vous, personne n'est surpris, tout le monde applaudit.

« Combien je voudrais que nous puissions aujourd'hui couronner la liste en portant et en nommant Jules Favre !

« A vous.

« ERNEST PICARD. »

(1) S'il fut élu, ce ne fut pas la faute de l'impératrice Eugénie. Elle s'était donné la peine d'écrire à M. Nisard

Jules Favre ne fut point porté sur la liste des sénateurs inamovibles, mais, à quelques jours de là les électeurs de Lyon, sa ville natale, s'empressèrent de réparer cette injustice.

une lettre où elle lui disait . « Voter pour M. Jules Simon c'est voter contre moi. » Pauvre femme !... Mais M. Nisard eut le bon esprit de passer outre.

VIII

Le cabinet Simon-Martel. — La question des honneurs
funèbres. — « Profondément conservateur et profondément républicain ». — Gambetta, président de la commission du budget. — Les droits du Sénat en matière de
budget. — Jules Simon et Mgr Dupanloup. — « Cet
homme sera cardinal avant moi ». — Anecdotes à ce
sujet. — Le *Devoir* et l'évêque d'Orléans. — La campagne
cléricale. — Attitude du journal *La Défense*. — La loi
italienne sur les abus du clergé. — Son contre-coup en
France. — Une adresse de l'évêque de Nevers au maréchal Mac-Mahon. — Mesures prises par le ministère contre
l'agitation cléricale. — L'interpellation des 3 et 4 mai. —
Le cléricalisme, voilà l'ennemi ! — Un article du journal
La Défense. — Lettre du Maréchal à Jules Simon. —
Histoire du 16 Mai. — Les funérailles d'Ernest Picard.
— M. Henry Fouquier et les « Forces perdues ». — Le
rôle de Jules Simon depuis le 16 mai.

M. Thiers avait dit vrai. Il vint un jour où Jules
Simon apparut à tous comme « la ressource du
pays ». A la suite des élections législatives du
30 janvier 1876, la majorité de la Chambre était
passée de droite à gauche, et le maréchal de Mac-
Mahon, fidèle en cela au pacte constitutionnel,
s'était séparé du cabinet Buffet-Dufaure pour en
former un autre, tout à fait centre-gauche, avec

MM. Dufaure et de Marcère (1). Mais la Chambre, qui subisssait visiblement l'influence de Gambetta, fut vite fatiguée de la politique de M. Dufaure. Elle lui signifia à plusieurs reprises sa résolution d'en finir avec les ménagements de la chèvre et du chou ; et au mois de novembre 1876, après différents échecs essuyés par le cabinet sur la question des honneurs funèbres et de la cessation des poursuites relatives à l'insurrection de 1871, M. Dufaure donna sa démission.

Ceci se passait le 10 décembre. Le maréchal de Mac-Mahon, qui tenait beaucoup à M. Dufaure, hésitait à se séparer de lui, d'autant plus que les présidents des deux Chambres, qu'il avait fait appeler à l'Elysée, lui donnaient à entendre que les dissentiments survenus entre M. Dufaure et la majorité ne dénotaient pas une compatibilité d'humeur absolue entre le Parlement et le ministère. Il essaya donc de le garder à la tête du cabinet en lui adjoignant Jules Simon comme ministre de l'intérieur en remplacement de M. de Marcère. L'entrée de Jules Simon aux affaires était évidemment une concession du maréchal à la majorité républicaine. Mais cette concession fut jugée insuffisante par Gambetta, qui dit tout haut dans les couloirs : « Il faut suivre la Chambre ou la dissoudre ». De son côté, Jules Simon refusa d'en-

(1) On se rappelle que M. Buffet fut battu dans les quatre collèges où il s'était présenté.

trer dans un cabinet dont M. Dufaure garderait la présidence. Non certes qu'il eût le moindre grief contre lui ; nul plus que lui n'admirait son talent et ne respectait son caractère, mais il était persuadé que le ministère ainsi remanié n'avait aucune chance de vivre, et trouvait inutile d'aller de gaieté de cœur au-devant d'un échec.

En sorte qu'un beau matin Jules Simon, que tous désignaient comme le seul homme capable de succéder à M. Dufaure, fut mandé à l'Élysée.

Il s'y rendit dans la journée et accepta la mission de former un cabinet, sous la condition expresse qu'il aurait carte blanche.

Le Maréchal y consentit de très bonne grâce. Tout ce qu'il lui demanda ce fut de conserver le général Berthault à la guerre et l'amiral Fourichon à la marine. Jules Simon déféra d'autant plus volontiers à ce désir que l'amiral Fourichon était un de ses amis et que le général Berthault, qu'il avait vu à l'œuvre pendant le siège, passait pour être républicain et jouissait de l'estime de tous. D'ailleurs, l'intention de Jules Simon était de garder à la tête de leurs départements tous les collaborateurs de M. Dufaure, à l'exception de M. de Marcère dont il se proposait de prendre le portefeuille. Il eut donc bientôt dressé sa liste. Mais quand il la porta au Maréchal, celui-ci déclara qu'avant de la ratifier, il désirait savoir s'il s'était entendu avec le général Berthault sur la question des honneurs funèbres.

— Ma foi, non, répondit Jules Simon, mais je suppose que l'entente entre nous sera facile.

— Eh bien, voyez-le et tâchez de trouver ensemble une solution convenable.

Cette question des honneurs funèbres était, en effet, tout particulièrement délicate. Le cabinet précédent avait proposé à la Chambre, pour couper court aux scandales des enterrements civils, de ne les rendre qu'aux militaires de tous grades en activité de service. Mais la commission de la Chambre, chargée d'examiner cette proposition, s'était prononcée en faveur de l'application pure et simple du décret de Messidor. Restait donc à trouver le joint, comme on dit. Après avoir échangé leurs impressions, Jules Simon et le général Berthault furent d'avis de ne rendre désormais les honneurs funèbres qu'à la maison mortuaire. Cette solution plut au maréchal, et, le 13 décembre, le *Journal officiel* annonçait la formation du nouveau ministère. Il était ainsi composé :

M. JULES SIMON, président du Conseil, ministre de l'Intérieur ;

M. MARTEL, garde des sceaux, ministre de la Justice et des Cultes ;

M. LÉON SAY, ministre des Finances ;

M. CHRISTOPHLE, ministre des Travaux publics ;

M. TEISSERENC DE BORT, ministre de l'Agriculture et du Commerce ;

M. Waddington, ministre de l'Instruction publique et des Beaux-Arts;

M. le duc Decazes, ministre des Affaires étrangères;

M. l'amiral Fourichon, ministre de la Marine;

M. le général Berthault, ministre de la Guerre;

M. Méline, député de la gauche, fut nommé sous-secrétaire d'État à la Justice; le sous-secrétariat de l'Intérieur fut supprimé.

Le lendemain, Jules Simon lut à la Chambre et au Sénat la déclaration ministérielle. Elle était simple, ferme et catégorique. Une phrase en est demeurée célèbre, et ceux qui l'ont entendue n'oublieront jamais l'accent de conviction avec lequel elle fut prononcée. C'est celle-ci : « Je suis, vous le savez, profondément républicain (en disant cela, Jules Simon regardait la gauche), et profondément conservateur (ajoutait-il en se retournant vers la droite); dévoué par toutes mes convictions, par toutes les études de ma vie au principe de la liberté de conscience; animé pour la religion d'un respect sincère (1). »

Cette déclaration eut la bonne fortune de ne pas déplaire à la droite et d'être bien accueillie

(1) Sa politique pratique, a dit judicieusement M. Liard, qui lui succéda à l'Académie des Sciences morales et politiques, peut se résumer d'un mot qui est de lui : « Politique est la même chose que mesure exacte ». (*Notice sur la vie et les œuvres de Jules Simon,* lue dans la séance de l'Académie des Sciences morales et politiques du 5 février 1898.)

par la gauche. La droite se disait que sur la question religieuse elle était en paix avec Jules Simon. La gauche lui savait gré de l'engagement qu'il avait pris de se faire obéir par tous les fonctionnaires, grands et petits.

Mais les événements sont souvent plus forts que les hommes. Le chef du cabinet ne devait pas tarder à entrer en lutte avec la droite et le parti avancé de la gauche que dirigeait Gambetta. L'ancien dictateur avait gardé une dent à Jules Simon depuis leurs démêlés de Bordeaux, et, tout en ayant l'air de le soutenir, il ne cherchait au fond qu'à l'ébranler. Aussi saisit-il la première occasion qui se présenta pour rompre avec lui. Le Sénat ayant modifié le budget des dépenses et rétabli certains crédits, la Chambre, à laquelle il avait été renvoyé suivant l'avis de la commission dont Gambetta était le président, paraissait résolue à voter sur les crédits proposés et à les rejeter. L'extrême gauche parlait même d'opposer la question préalable à l'examen des augmentations votées par le Sénat. Un conflit était à craindre entre les deux Chambres, conflit d'autant plus dangereux dans les circonstances présentes que le Sénat était monarchiste et la Chambre républicaine, qu'on était à la veille du jour de l'an, et que, si le gouvernement ne réussissait pas à l'éviter, il serait obligé de recourir à l'expédient des douzièmes provisoires.

Jules Simon prit le taureau par les cornes et

accepta la bataille que lui offrait Gambetta. La lutte fut extrêmement vive. On sentait que sous la question de principe il y avait une question de personnes. Gambetta, s'appuyant sur la tradition et les textes, soutint l'incompétence absolue du Sénat en matière de création de crédits, et, pour entraîner derrière lui toute la Chambre, il termina son discours par ces paroles : « J'ai établi le droit de la Chambre. Je serais royaliste ou bonapartiste, comme je suis républicain, que je défendrais avec la même énergie, le même sentiment du péril, ce droit que vous pouvez bien étrangler, mais qui reviendra contre vous quand peut-être il ne sera plus temps. »

Jules Simon défendit au contraire les droits du Sénat avec une logique irrésistible. Il démontra que l'article 8 de la Constitution, tel qu'il était rédigé, ne donnait prise à aucune controverse ; que le Sénat et la Chambre avaient la même compétence en matière budgétaire, et que c'était courir au-devant de la dissolution que de porter un pareil conflit sur le terrain constitutionnel.

« Il y a deux alternatives, s'écria-t-il en terminant. L'une c'est la crise, c'est le conflit, c'est la constitution portée devant le pays, c'est l'œuvre de l'année dernière détruite, c'est la paix intérieure compromise ; et dans quel moment, mon Dieu ! Je ne veux pas dire qu'il y ait à l'heure qu'il est des motifs d'alarme ; mais enfin si jamais il a fallu que notre pays fût calme, qu'il eût des ins-

titutions solides et un pouvoir respecté, c'est à
cette heure. Tout le monde me comprend sans
que j'ajoute un mot.

« Il faut donc laisser les grandes discussions
théoriques, il faut faire de la pratique, il faut faire
de la paix, il faut faire de la sécurité. Messieurs,
vous avez tout cela dans la main ; et je vous
conjure, ayant ce pouvoir, d'avoir le cœur assez
français pour vous en servir ! »

Ce langage sensé fut entendu. Deux cents républicains de toutes nuances se joignirent à la droite
pour décider que la Chambre passerait à la discussion des articles, puis pour adopter le rétablis-
sement des crédits votés par le Sénat.

Jules Simon avait donc remporté une belle victoire sur son adversaire. Il n'en fut pas plus solide
pour cela. La réélection de Gambetta à la présidence de la commission du budget était présentée
par la droite comme une épine dans le pied du
chef de cabinet. Il est certain qu'avec son tempérament autoritaire Gambetta avait à cœur de
prendre sa revanche. Seulement il ne voulait pas
se donner l'odieux de créer des difficultés au gouvernement. Les poursuites exercées contre les
Droits de l'homme (1) avaient déjà brouillé Jules
Simon avec l'extrême gauche. Les bonapartistes,
lui en voulaient d'avoir révoqué ou mis en dispo-

(1) Ces poursuites avaient été motivées par un article de
Rochefort, qui signait X... Y, sur la large clémence du
maréchal de Mac-Mahon envers les déportés de 1871.

nibilité tous les fonctionnaires de leurs amis, et d'avoir déféré M. Paul de Casssagnac à la cour d'assises pour un article du *Pays* d'une violence extraordinaire. Il suffisait d'un mot de Mgr Dupanloup pour le brouiller avec la droite.

Nous avons vu, dans le chapitre précédent, que l'évêque d'Orléans avait été l'antagoniste le plus déterminé de M. Jules Simon sur le terrain de l'instruction publique. Il lui fit la même guerre, sourde d'abord, déclarée ensuite, quand il le vit à la tête du cabinet. Et cependant Jules Simon était plein de déférence pour les évêques et plein de respect pour la religion. D'aucuns trouvaient même qu'il donnait trop de gages aux catholiques et lui reprochaient par exemple d'avoir manqué, pour leur plaire, aux principes de toute sa vie, en refusant au P. Hyacinthe l'autorisation de faire des conférences à Paris, au mois de février 1877, sur divers points de religion et de morale (1). Quel grief avait donc contre lui Mgr Dupanloup? Aucun, si ce n'est de vouloir rendre la République aimable. Il disait un jour, en manière de plaisanterie: « M. Jules Simon sera cardinal avant moi! » Cela laissait supposer que le chef de cabinet entretenait d'excellentes relations avec la cour de

(1) Pour refuser cette autorisation au P. Hyacinthe, Jules Simon s'était appuyé sur le décret du 17 mars 1808, qui confère à l'administration supérieure le droit d'autoriser des conférences portant sur des matières scientifiques ou littéraires et non des conférences religieuses.

Rome. Cardinal! l'évêque d'Orléans faillit l'être un jour, et qui plus est, sur la proposition de Jules Simon lui-même. Je crois savoir aussi qu'en 1871, après la mort tragique de Mgr Darboy, si M. Thiers avait écouté son ministre des cultes, il aurait appelé Mgr Dupanloup au siège archiépiscopal de Paris. Mais M. Thiers, qui le connaissait depuis longtemps, ne tenait pas du tout à l'avoir continuellement sur le dos. C'était bien assez de l'avoir comme collègue à l'Assemblée nationale. Aussi, quand Jules Simon lui proposa de le nommer archevêque en remplacement de Mgr Darboy :

— Vous voulez donc me quitter, lui demanda M. Thiers ?

— Comment cela ?

— Parce que vous ne pourrez jamais vous entendre avec Mgr Dupanloup.

C'était vrai. Cependant, l'évêque d'Orléans s'était très bien conduit sous l'empire. Et c'est un peu par reconnaissance que Jules Simon avait songé d'abord à le nommer archevêque et puis à demander pour lui la pourpre cardinalice. On raconte, en effet, qu'un jour Mgr Dupanloup étant allé aux Tuileries pour présenter, selon l'usage, un nouvel académicien à l'empereur, celui-ci s'emporta assez vivement contre l'Académie française qui s'était permise de couronner un des plus ardents ennemis de l'empire (1).

(1) On sait que le *Devoir* fut couronné par l'Académie française.

— De qui voulez-vous parler, Sire, demanda l'évêque d'Orléans?

-- De M. Jules Simon.

Sur quoi, Mgr Dupanloup, avec autant de courage que de franchise, dit à l'empereur qu'il était de ceux qui avaient voté pour lui.

Mais ce temps-là était bien loin. L'évêque d'Orléans ne voyait plus dans Jules Simon que le républicain sincère et modéré qui pouvait acclimater en France la République conservatrice de M. Thiers. Et c'est pour démolir celle-ci qu'il ne cessait de harceler celui-là.

La campagne commença comme sur un mot d'ordre. Tous les ans, à l'approche du carême, les évêques ont l'habitude de publier des mandements. Leurs mandements, cette année-là, se signalèrent par de violentes attaques contre les institutions et la loi civile. L'évêque de Rodez écrivait, par exemple, que l'Eglise avait le droit absolu de domination. La thèse n'était pas nouvelle, mais elle n'en était pas moins curieuse: « Il a été dit à l'Eglise: *Dominare*, domine sur tous les peuples et sur toutes les nations; étends tes horizons et élargis tes frontières, tout t'a été donné en naturel héritage ». L'évêque d'Angers, dont on connaît la fougue, s'en prenait à l'égalité de partage, et au mariage civil. D'après lui, la France ne tiendrait un rang honorable dans le monde que « lorsque la stabilité du patrimoine ouvrirait à la famille un avenir plus rassurant, et lorsque la

sainteté du mariage chrétien serait mieux appréciée. » L'évêque de Versailles critiquait surtout
la « loi du nombre ». Il acceptait bien le principe
du suffrage universel, mais c'était à la condition
que la démocratie ferait sa part, et une très grande
part, à l'action religieuse, à l'influence religieuse.
Quant à l'évêque de Montpellier, il engageait les fidèles à prier Dieu, pour que de « notre chaos
actuel » sortît un jour un « état supérieur ».
Voilà quel était le ton des mandements de carême
pour l'an de grâce 1877. Presque en même temps,
la presse de droite annonça « le réveil monarchique ». Et comme pour indiquer que le maréchal de Mac-Mahon était de connivence avec les
conservateurs, le journal de Mgr Dupanloup, la
Défense sociale et religieuse, s'exprimait ainsi :
« Nous ne mettons pas en doute la clairvoyance
du Maréchal-Président. Nous savons qu'il attend
le jour et l'heure convenables pour déclarer l'*expérience* terminée ». On n'osait plus dire : l'essai
loyal.

Ce n'est pas tout. La loi sur les *abus du clergé*
présentée à la Chambre des députés italiens par
le ministre Mancini, acheva de mettre les catholiques hors d'eux-mêmes. Pie IX avait protesté le
12 mars, avec sa vivacité habituelle, contre cette
loi qui, d'ailleurs, manquait de mesure. Il avait
engagé les évêques à agir auprès de leurs gouvernements respectifs, pour les décider à intervenir
en faveur du Saint-Siège. Les évêques de France

ne se le firent pas dire deux fois. Celui de Nevers adressa même directement au maréchal de Mac-Mahon une lettre que publia *l'Univers*, et dont voici les principaux passages:

« Vous me demanderez, monsieur le Maréchal, comment il est possible d'arrêter les écarts de jour en jour plus prononcés de cette puissance toujours envahissante. La meilleure mesure à prendre est de déclarer nettement, dès ce moment, que vous n'accepterez aucune solidarité avec la révolution italienne et que vous dégagez, autant qu'il dépend de vous, la France de Charlemagne et de saint Louis de toute connivence avec cette révolution qu'ils ne reconnaissent pas pour fille. Cette parole, nettement formulée et fermement soutenue, aura, dans les conseils de l'Italie, une puissance bien plus efficace que tous les *jamais* prononcés par l'un des plus hauts représentants du régime impérial. Vous aurez, du moins, ainsi dégagé votre responsabilité et procuré, autant qu'il dépendra de vous, la liberté de vos concitoyens catholiques, qui vous en seront profondément reconnaissants.

« Indépendamment de ce devoir accompli, vous aurez rallié autour de vous tout ce que le monde catholique compte encore de fidèles dispersés; vous aurez renoué la chaîne des anciennes traditions de notre France, et repris votre place de fils aîné de l'Eglise. »

L'évêque de Nevers ne se contenta pas de faire

parvenir cette singulière adresse au chef de l'État, il se permit de l'envoyer en franchise postale à tous les maires de son diocèse, en leur qualité de « dépositaires d'une part de la puissance exécutive ». C'était vraiment trop d'audace. Aussi le gouvernement, en présence de ces excitations dangereuses, se décida-t-il à sévir énergiquement. Le 23 avril, une circulaire de Jules Simon aux préfets interdit le colportage de la pétition réclamant une intervention de la France en faveur du Saint-Siège. « La circulation de ces écrits dont les termes sont offensants pour les pouvoirs publics d'un pays voisin et ami, ne saurait, écrivait le ministre, bénéficier des immunités qui couvrent l'exercice légitime du droit de pétition, et le gouvernement ne peut tolérer que les citoyens soient ainsi publiquement provoqués à s'immiscer dans les affaires intérieures d'une nation étrangère. Je vous prie, en conséquence, Monsieur le Préfet, de prendre sans retard les mesures que vous jugerez les plus propres à empêcher le colportage des écrits dont il s'agit. »

M. Waddington, ayant appris que la pétition de l'évêque de Nevers avait été introduite dans les écoles et qu'on la faisait signer par des écoliers, rappela aux préfets « que l'école devait soigneusement être tenue en dehors des discussions politiques et religieuses ».

En outre, appliquant au congrès catholique les dispositions légales concernant les associations

de plus de vingt personnes, fussent-elles parta-
gées en sections de moins de vingt affiliés, le gouvernement rapporta l'arrêté du 4 avril 1874 par
lequel l'association organisée à Paris, sous la
dénomination de « comité catholique » avait été
autorisée à se constituer et à fonctionner régulièrement. Enfin, dans une circulaire adressée aux
évêques, le ministre de la justice et des cultes
appela l'attention des prélats sur la permission
qui avait été accordée par l'autorité épiscopale
à des orateurs laïques de donner des conférences
dans les églises.

Il semble que l'énergie dont le cabinet venait
de faire preuve aurait dû satisfaire la Chambre.
Il n'en fut rien. La gauche, sous prétexte de lui
fournir une occasion d'exposer publiquement ses
intentions, interpella le ministère « sur les mesures
qu'il avait prises et se proposait de prendre pour
réprimer les menées ultramontaines dont la recru-
descence inquiétait le pays ». L'interpellation
était signée des présidents des trois gauches et
la discussion en fut fixée au 3 mai. Ce fut
M. Leblond qui ouvrit le feu. Jules Simon lui
répondit dans un discours très ferme et très catégorique. En voici la péroraison : « On nous dit :
faites respecter les lois contre tous ceux qui com-
promettent les intérêts de la France au dehors.
N'en doutez pas ! Quelque drapeau que l'on porte,
la loi s'impose à tous, nous sommes là pour la
faire respecter.

« Qui que ce soit qui oublie que toutes les têtes doivent se courber devant la souveraineté de la loi nous trouvera devant lui, armés, impassibles, parfaitement disposés à faire respecter les lois dans toutes leurs dispositions. »

Cet engagement solennel ne suffit pas aux gauches. On trouva que M. Jules Simon avait fait la part trop belle à la liberté religieuse, et le lendemain Gambetta revint à la charge. C'est dans cette séance orageuse qu'il jeta son fameux cri de guerre (1) qui, pendant des années, servit à rallier toutes les forces républicaines contre les entreprises cléricales.

Lorsque Gambetta fut descendu de la tribune, on y vit monter M. Bernard-Lavergne grave, ému, solennel. Il avait à la main un numéro du journal *la Défense* et tenait à donner lecture à la Chambre d'un article paru deux jours auparavant dans les colonnes de ce journal.

Cet article disait que « M. Jules Simon avait été mis en demeure par le gouvernement du Maréchal, de donner publiquement au clergé et aux catholiques toutes les garanties désirables de protection et de sécurité, de proclamer hautement sa détermination de mettre fin aux violences radicales et de réprimer énergiquement cette guerre de presse qui demain se transformerait en guerre civile ». Le journal ajoutait : « Si au der-

____

(1) Le cléricalisme, voilà l'ennemi !

nier moment M. Jules Simon recule, s'il altère
en quoi que ce soit la pensée du gouvernement
qu'il représente, nous savons bien les moyens de
l'obliger à venir enfin à la politique de protection
religieuse et sociale à laquelle il a fait défaut
jusqu'ici. Le gouvernement y viendra, malgré
M. Jules Simon peut-être, mais il y viendra. »

Qui n'a pas entendu Jules Simon dans cette
mémorable journée ne peut se faire une idée de
son éloquence et de son action à la tribune. On
raconte que Coquelin aîné ne manquait jamais
d'assister aux séances quand il savait que Jules
Simon devait y parler. Ce jour-là, s'il se trouvait
à Versailles, il dut prendre une magnifique leçon
de débit, car de mémoire d'homme on n'avait
vu Jules Simon plus fier, plus indigné, plus véhément. D'ordinaire il commence ses discours d'une
voix faible et comme expirante, la tête penchée
en avant et les deux mains posées à plat sur le
marbre de la tribune. Ce jour-là, ce fut d'une voix
forte et la tête rejetée en arrière qu'il répondit à
M. Bernard-Lavergne. Et je n'oublierai jamais
avec quel geste de souverain mépris il chiffonna
le journal et le jeta sous ses pieds :

« L'auteur de cet article, s'écria-t-il, suppose
que quand je viens parler à cette tribune, je n'y
viens pas exprimer mes opinions, mais obéir à
à un ordre donné à ma parole, à ma conscience.

« Il ne faut pas savoir ce que c'est qu'un honnête homme pour venir de sang-froid contester

l'honneur, la véracité, le courage d'un homme qui, depuis quarante ans, a exprimé franchement, hautement, son opinion sur tous les sujets et proclamé la vérité telle qu'il la voit, quelles qu'en puissent être pour lui les conséquences. J'ai donné assez de preuves de ma sincérité et de mon indépendance pour avoir le droit de flétrir et de braver de telles calomnies.

« J'ajoute un seul mot sur ce point : je ne crois pas que l'on doive introduire le nom et la personne du Président de la République dans nos débats. Je crois que c'est une faute politique ajoutée à la faute morale que le journal a commise. Mais, comme j'ai l'honneur de siéger dans les conseils du gouvernement depuis cinq mois, je ne puis m'empêcher de dire à la Chambre que le respect profond que, malgré des dissentiments politiques, j'ai de tout temps professé pour le caractère de M. le Maréchal Président de la République, n'a cessé de s'accroître, depuis que j'ai l'honneur de le voir de plus près, et je suis heureux de cette occasion qui m'est offerte de dire quelle respectueuse admiration m'inspire de jour en jour davantage sa conduite politique... »

Hélas ! ses illusions devaient être de courte durée, si tant est qu'il se soit abusé jamais sur les sentiments intimes du Maréchal. Il savait qu'il était mal entouré, mal conseillé, que les hommes qui avaient renversé M. Thiers étaient toujours dans la coulisse, tout prêts à recommencer la comédie de l'ordre moral. Plusieurs fois aussi, en plein conseil, lorsqu'une question délicate ou difficile était mise sur le tapis, il avait vu le Maréchal sortir de sa poche des bouts de papier comme pour y chercher sa règle de conduite. Tout cela ne laissait pas que de l'inquiéter pour l'avenir. Mais il tenait le Maréchal pour un honnête homme, et quand il s'exprimait ainsi sur son compte, il était à cent lieues de penser qu'il réfléchissait peut-être aux moyens de se séparer du ministère. D'autant que quelques jours auparavant il lui avait dit, sur un ton qui ne permettait pas de douter de sa sincérité : « Je suis avec vous. Vous pouvez aller aussi loin que possible contre la Chambre, je vous soutiendrai. »

Il paraissait ignorer qu'il était le Président d'une République parlementaire et qu'un ministre digne de ce nom n'avait rien à entreprendre contre la représentation nationale.

Que s'était-il donc passé du 4 au 16 mai pour que le Maréchal ait écrit à Jules Simon la lettre étrange que l'on sait ? Absolument rien

---

(1) Voici, à titre de document, la lettre du maréchal Mac-Mahon :

« Monsieur le président du Conseil,

« Je viens de lire dans le *Journal Officiel* le compte rendu de la séance d'hier.

« J'ai vu avec surprise que ni vous ni M. le garde des sceaux n'avez fait valoir à la tribune toutes les graves raisons qui auraient pu prévenir l'abrogation d'une loi sur la

d'anormal. A la vérité les radicaux, pour répondre aux provocations du parti clérical, avaient eu l'imprudence de fraterniser avec les proscrits de la Commune et de célébrer, soit à Paris soit

presse votée, il y a moins de deux ans, sur la proposition de M. Dufaure, et dont, tout récemment, vous demandiez vous-même l'application aux tribunaux ; et cependant, dans plusieurs délibérations du conseil et dans celle d'hier matin, il avait été décidé que le président du conseil ainsi que le garde des sceaux se chargeraient de la combattre.

« Déjà on avait pu s'étonner que la Chambre des députés, dans ses dernières séances, eût discuté toute une loi municipale, adopté même quelques dispositions dont, au conseil des ministres, vous avez vous-même reconnu tout le danger, comme la publicité des conseils municipaux, sans que le ministre de l'intérieur eût pris part à la discussion.

« Cette attitude du chef du cabinet fait demander s'il a conservé sur la Chambre l'influence nécessaire pour faire prévaloir ses vues.

« Une explication à cet égard est indispensable ; car si je ne suis pas responsable, comme vous, envers le parlement, j'ai une responsabilité envers la France dont, aujourd'hui plus que jamais, je dois me préoccuper.

« Agréez, Monsieur le président du conseil, l'assurance de ma haute considération.

« *Le Président de la République,*

« MARÉCHAL DE MAC-MAHON. »

Voici maintenant la réponse de M. Jules Simon :

« Paris, le 16 mai 1887.

« Monsieur le président de la République,

« La lettre que vous voulez bien m'écrire m'impose le devoir de vous donner ma démission des fonctions que vous avez bien voulu me confier.

« Mais je suis obligé, en même temps, d'y ajouter des explications sur deux points.

« Vous regrettez, Monsieur le Maréchal, que je n'aie pas

à Londres, l'anniversaire de l'insurrection de 1871. De son côté la Chambre, après avoir voté à la légère certaines dispositions de la loi d'orga-

été présent samedi à la Chambre, quand on a discuté en première lecture la loi sur les conseils municipaux ; je l'ai regretté également. J'ai été retenu ici par une indisposition ; mais la question de la publicité des séances ne devait être discutée qu'à la seconde délibération. Je m'étais entendu à cet égard avec M. Bardoux. L'amendement de M. Perras, qui a passé, a pris l'assemblée à l'improviste, et j'avais rendez-vous avec la commission vendredi matin, pour essayer de la faire revenir sur son vote avant d'engager le débat devant la Chambre. Tout cela est connu de tout le monde.

« Quant à la loi sur la presse, Monsieur le Maréchal, vous voudrez vous souvenir que mes objections portaient uniquement sur les souverains étrangers. Je m'étais toujours expliqué dans ce sens comme vous vous en êtes souvenu vous-même au conseil d'hier matin. J'ai renouvelé mes réserves devant la Chambre. Je me suis abstenu de les développer pour des raisons que tout le monde connaissait et approuvait. Pour le reste de la loi j'étais d'accord avec la commission.

« Vous voudrez bien comprendre, Monsieur le Président, le motif qui me porte à entrer dans ces détails. Je devais établir ma position d'une façon très nette au moment où je quitte le conseil.

« J'ose à peine ajouter, mais comme citoyen, non plus comme ministre, que je désire vivement être remplacé par des hommes appartenant comme moi au parti républicain conservateur.

« J'ai eu, pendant cinq mois, le devoir de vous donner mon avis, et pour la dernière fois que j'ai l'honneur de vous écrire, je me permets d'exprimer un souhait qui m'est uniquement inspiré par mon patriotisme.

« Veuillez agréer, Monsieur le Maréchal, l'hommage de mon respect.

« JULES SIMON. »

PORTRAIT D'ERNEST RENAN

nisation municipale, telles que la publicité des séances des conseils municipaux, avait abrogé, malgré les observations de Jules Simon, le titre II de la loi du 29 décembre 1875 sur la presse.

Mais quelque fâcheux que fussent ces votes, il n'y avait pas lieu de s'en émouvoir outre mesure puisqu'ils n'étaient pas définitifs.

Ce fut pourtant le prétexte dont se servit le Maréchal pour rompre avec le ministère.

Cette rupture violente causa une stupéfaction d'autant plus vive que personne ne s'y attendait.

Jules Simon était à dîner chez Victor Hugo, si je ne me trompe, quand le Président de la République lui fit porter sa lettre. En son absence, un huissier du ministère la mit sur son bureau, et ce n'est qu'en rentrant assez tard dans la nuit que le ministre en prit connaissance.

Il a su depuis que, deux heures environ après l'avoir expédiée, le Maréchal avait fait demander si on l'avait remise à M. Jules Simon. Dans la négative, l'envoyé de l'Élysée avait l'ordre de la reprendre. Qui sait ? Peut-être le Maréchal regrettait-il déjà de l'avoir écrite ou voulait-il seulement en adoucir les termes. Ce qui laisserait supposer qu'il en conçut quelque regret, c'est que le surlendemain, aussitôt que le ministère de Broglie-Fourtou fut constitué, il écrivit à Jules Simon pour lui dire qu'il voulait être le premier à lui apprendre la formation du nouveau cabinet.

Quoi qu'il en soit, la nouvelle du coup d'État,

ou plutôt du coup de tête du Maréchal, se répandit dans Paris pendant qu'on faisait à Saint-Germain-l'Auxerrois les funérailles d'Ernest Picard. Cet enterrement emprunta immédiatement aux circonstances je ne sais quoi de tragique, sans compter que la foule était énorme. On se rappelait malgré soi les grandes luttes des Cinq et la part glorieuse que Picard y avait prise. Et je vois toujours ce pauvre Jules Favre, en robe d'avocat, conduire le deuil de son ami, la tête basse et comme foudroyé par les événements. Chacun se demandait où était Jules Simon.

Il arriva au milieu de la cérémonie, et rien qu'à le regarder on devina que tout était perdu. Ainsi la France devait être encore une fois livrée aux aventures dont parlait M. Thiers. Pauvre pays ! le dernier mot devait lui rester pourtant, mais après quels combats et quelle crise épouvantable !

Dans un remarquable article publié l'année dernière (1) sous le titre : *Les forces perdues*, M. Henry Fouquier disait à propos du 16 mai : « M. Jules Simon écrivait au Maréchal une lettre qu'il trouvait cruelle, que le pays trouva insignifiante. Ah ! s'il n'avait pas répondu ! s'il était venu à la Chambre, jetant de la tribune au pied de l'Assemblée le portefeuille qu'on lui arrachait ! C'était peut-être une révolution, mais c'était la direction du parti républicain assurée en ses

(1) *Figaro* du 11 juin 1886.

mains et, peut être aussi, l'histoire de notre pays changeant de face ! »

Je crois que M. Henry Fouquier s'abuse. Il est facile de dire que Jules Simon manqua d'énergie dans la circonstance. Ce qui l'est moins c'est de prouver qu'en résistant au Maréchal il eût mieux servi les intérêts de la France républicaine. Certes, il pouvait prendre le parti que vient d'indiquer M. Henry Fouquier. Un autre que lui, Gambetta par exemple, s'y serait probablement arrêté.

Jules Simon vit les choses autrement, et l'histoire dira qu'il agit en sage. Il lui parut que, s'il prenait la tête d'un mouvement révolutionnaire, et c'était faire acte d'insurgé que de répondre par un défi à la lettre du Maréchal, il lui parut, dis-je, qu'il allait déchaîner la guerre civile sur la France. C'était l'avis de M. Thiers, qu'il avait consulté sur-le-champ. Il ne se sentit pas le courage d'assumer une pareille responsabilité. Nous devrions tous lui en savoir un gré infini, puisque la crise, au lieu de se dénouer dans le sang, se termina heureusement par la soumission du Maréchal et par sa démission ensuite.

Mais nous sommes ainsi faits en France, que nous pardonnons tout à l'audace. La résignation patriotique de Jules Simon fut taxée par les trois quarts des gens de faiblesse et même de lâcheté. Et comme, après la chute du Maréchal, il continua à défendre la liberté contre les républicains qui la traitaient de « guitare », on le couvrit d'injures, on poussa l'ignominie jusqu'à l'accuser d'avoir été le complice des fauteurs du 16 mai.

On est revenu depuis sur son compte, mais pendant quatre ou cinq ans il fut le bouc émissaire chargé de tous les péchés d'Israël, il vit ses plus chers amis lui tourner le dos comme à un renégat.

Cela ne l'empêcha jamais de faire ce qu'il considérait comme son devoir.

Il a écrit quelque part (1), et c'est par ces considérations que je veux finir : « Quand on n'est pas trahi, on est méconnu. On voit ses bonnes intentions transformées en crimes. On est blessé à chaque instant dans ses goûts, dans ses délicatesses, dans ses scrupules. On se dévoue pour son pays, et on ne rencontre que le cachot et l'exil. On n'y porte pas même la réputation de bon citoyen ; les calomnies du vainqueur vous poursuivent sans vergogne jusque dans les misères qu'il vous a faites. Vous n'êtes plus pour votre parti qu'un maladroit, un ambitieux déçu. Ou bien on s'est sacrifié pour une croyance ; et un jour on rencontre comme par hasard une objection jusque-là inaperçue. Aussitôt l'édifice s'écroule, emportant tout le fruit de vos sueurs, tant de dévouements, tant de sacrifices, et votre cœur ni votre vie ne savent plus où se prendre... Quelle

____

(1) *La Religion naturelle*, Le culte, p. 329.

ressource à tant de maux ? La gloire ? Il ne faut pas s'en flatter. Elle suit le succès. La gloire n'est qu'une courtisane... Il n'y a qu'une force vraie, c'est le sentiment de la vertu ; mais où est l'âme à qui elle suffit ? »

Cette âme, nous l'avons devant nous, avec sa simplicité et sa droiture, sa sagesse et sa vaillance. Elle s'est peinte elle-même dans cette page mélancolique ; mais Jules Simon la tient moins de son éducation que de la nature.

Il était né philosophe. La culture philosophique trouva chez lui un fond merveilleusement préparé. Comme son grand ami, M. Ernest Renan, « il était fait en arrivant à Paris ; avant de quitter la Bretagne, sa vie était écrite d'avance... La vraie marque d'une vocation, c'est l'impossibilité d'y forfaire, c'est-à-dire de réussir à autre chose que ce pour quoi l'on a été créé (1). » M. Jules Simon ne devait réussir qu'à être philosophe.

Il était né juste. C'est pour cela que, parvenu à l'âge d'homme, il voulut que l'instruction, qui lui avait ouvert des horizons si larges, fût distribuée gratuitement à tous.

______

(1) *Souvenirs d'enfance et de jeunesse*, p. 75. — Les relations d'Ernest Renan avec Jules Simon dataient de sa sortie de Saint-Sulpice, je veux dire du jour où le futur auteur de la *Vie de Jésus*, ayant perdu la foi, vint exposer à l'auteur du *Devoir* ses scrupules de conscience. Jules Simon lui donna le conseil de quitter l'habit ecclésiastique et lui ouvrit peu de temps après les colonnes de la *Liberté de penser*, ce dont Renan lui fut toute sa vie reconnaissant.

Il était né bon. C'est pour cela qu'il a fait le bien comme d'autres font le mal, tout naturellement, sans presque y songer.

Il était né pauvre. C'est pour cela qu'il s'est dévoué aux classes laborieuses et qu'il a célébré le travail.

Il était né simple. Et c'est pourquoi sa vie est un modèle d'honnêteté et de désintéressement.

Il était né religieux. Et c'est pourquoi il a toujours défendu la cause de la religion, même lorsqu'il paraissait s'en éloigner le plus.

C'était trop de vertus pour notre époque. Aussi ne l'a-t-on point compris. Et cependant, quand on embrasse par la pensée les cinquante ans de sa vie publique, on ne peut s'empêcher d'être ravi par l'esprit d'unité et l'harmonie qui s'en dégage. C'est un beau temple grec au seuil duquel on est tenté de réciter la « prière à l'Acropole ». Lui aussi, il était fait pour s'enfermer dans son rêve idéal, pour vivre uniquement pour le beau et par le beau. Car il est Breton jusqu'aux moelles, et, comme l'a dit M. Ernest Renan (1), « le trait caractéristique de la race bretonne est l'idéalisme, la poursuite d'une fin morale ou intellectuelle, souvent erronnée, toujours désintéressée ». Mais Jules Simon préféra jouer le rôle ingrat d'évangéliste ; il sortit de son rêve pour faire de la pédagogie, appliquer la morale à la politique, instruire

(1) *Souvenirs d'enfance et de jeunesse*, p. 75.

le peuple, catéchiser les esprits et gouverner les
âmes.

Remercions-le de s'être occupé des affaires du
pays. Si pour toute récompense il n'a recueilli
que de l'ingratitude, il nous appris du moins, —
et c'est bien quelque chose, — à aimer la liberté
non seulement pour nous-mêmes, mais pour nos
adversaires. Ce sera son plus beau titre de gloire
devant la postérité.

Maintenant que j'ai raconté la vie publique de
Jules Simon, il me reste à parler de l'homme
privé. C'est la partie de ma tâche la plus facile,
et j'ajouterai la plus agréable.

La plupart des hommes ont semé leur vie aux
quatre coins de l'horizon. Aussi, pour en renouer
le fil interrompu, — car la maison qu'on a habitée
garde toujours une parcelle de nous-mêmes, — le
biographe curieux est-il obligé d'en chercher les
deux bouts à travers toutes leurs résidences.

Jules Simon n'a guère fait qu'un appartement
dans le cours de sa longue carrière. Voilà plus
de cinquante ans qu'il habite place de la Madeleine. C'est là qu'il s'est marié, qu'il a eu ses deux
fils, qu'il a vu la révolution de février, le deux dé-

JULES SIMON DANS SON CABINET DE TRAVAIL

cembre et l'invasion. C'est là qu'il a écrit presque
toute son œuvre. Il a rempli les postes les plus éle-
vés et les plus divers, il n'a jamais voulu quitter
son cinquième étage (1). Quand il fut nommé secrétaire perpétuel de l'Académie des sciences
morales et politiques, il avait le droit d'habiter à
l'Institut ; il céda gracieusement son appartement
de secrétaire à M. Berthelot qui l'occupe encore. Il
a gardé trente-six ans les mêmes domestiques. En
vérité, il n'y a que les Bretons pour avoir cette
fidélité aux hommes et aux choses !

Que de gens illustres ont fait depuis cinquante
ans l'ascension de son « grenier ! » On peut dire que
tout ce qui a joué un rôle dans la politique libérale des quarante dernières années, a passé par son
cabinet de travail et s'est assis dans le fauteuil rem-
bourré de cuir qui est placé à gauche de son grand
bureau d'acajou. Aujourd'hui encore, en dépit
de son impopularité, ses jeudis de février sont très
suivis ; on y coudoie les opinions les plus diverses.
Il a beau avoir perdu son ancienne influence,
on sonne à sa porte à toute heure du jour, et c'est
bien rare qu'il ne reçoive pas, même quand la carte
de son visiteur lui annonce un fâcheux. Sa vie est

(1) Aussi le Comité formé sous la présidence de M. Lou-
bet, président du Sénat, pour lui ériger un monument à
Paris, négocie-t-il en ce moment auprès du Conseil municipal, pour que ce monument soit élevé place de la Madeleine, en face du numéro 10, où il a vécu presque toute sa
vie et ou il est mort.

réglée comme la petite pendule de voyage qui lui donne l'heure tout près de son pupitre. Il se couche très tard et se lève de très bon matin. Car il ne dort pas ; depuis longtemps il est brouillé avec le sommeil, et c'est plutôt par habitude que pour se reposer qu'il se couche. Il passe sa vie dans son cabinet, au milieu de ses 18,000 volumes, et l'on n'a qu'à faire le tour des étagères juxtaposées qui les supportent pour voir quel soin il en a. Ses livres sont ses plus chers amis. Il ne se lasse jamais de les regarder, il en parle avec délices. Ces amis-là ne l'ont jamais trahi, comme il se plaît à le répéter avec son sourire « d'honnête homme » revenu de tant de choses ! Il a sous les yeux toute l'antiquité rangée en bataille : la Grèce avec ses poètes et ses philosophes, Rome avec ses historiens, l'Église avec ses théologiens. Il a mis tout ce qui touche à l'histoire de l'Église au-dessus de sa chaise longue. Il n'a qu'à allonger la main pour le prendre. Cela doit faire plaisir aux évêques qui viennent le visiter.

Tous les ans, à l'automne, il nettoie sa bibliothèque de fond en comble. Il envoie ses livres à la reliure au fur et à mesure qu'ils lui arrivent, et chaque jour lui en apporte un ou deux. C'est au point qu'il ne sait plus où les mettre. Après avoir envahi son salon et la chambre de sa femme, les voilà qui font l'assaut de sa garde-robe et qui prennent la place de ses habits. Si cela continue, ils l'enverront bientôt coucher dehors.

C'est dans son cabinet de travail que sont rassemblés tous ses souvenirs. Et il en a de très curieux et de tout à fait charmants. Vous voyez sur la cheminée ce magnifique bronze de la Vénus de Milo : il lui a été offert par les dames de la Réunion. Cette grande clef en fer forgé qui pend à un clou le long de la glace est une des nombreuses clefs de la Bastille. N'est-ce pas qu'elle est bien à sa place chez l'homme politique de notre temps qui a le mieux défendu la cause de la liberté ?

Voici une jolie miniature de sa mère, des photographies de ses fils, de Mme Gustave Simon, de la petite Marguerite, si futée avec son nez retroussé, si gentille avec ses cheveux sur le front, et dont la spirituelle frimousse et les réparties ingénues font la joie du grand-père.

A côté de ces portraits de famille, parmi les vases et les statuettes de bronze ou de cire, voici une tabatière qui n'a pas sa pareille au monde. Non qu'elle soit de matière précieuse ; elle a été taillée au contraire dans du bois très commun, du mérisier, si je ne me trompe, mais elle a appartenu à tant de personnages célèbres que c'est une véritable curiosité. On y voit gravées en lettres d'or les inscriptions suivantes :

Sur le couvercle : *Lamoignon de Malesherbes à Pierre Lacretelle.*

Sur la boîte : *Pierre Lacretelle mourant à son ami Jouy.*

Sur un côté : *Jouy à son ami É. Dupaty.*

Sur l'autre : *Dupaty à son ami Mignet.*

Et enfin sur le verso du couvercle : *A M. Jules Simon, en souvenir de M. Mignet.*

Cette tabatière ne doit être léguée qu'à un académicien (1).

Maintenant, si vous faites le tour du cabinet de Jules Simon, vous apercevrez çà et là, sur un coin de muraille ou sur un meuble, de très belles estampes avant la lettre, deux ou trois gravures de Charles Blanc, les seules qu'il ait faites, une splendide coupe de Sèvres, un biscuit du grand Frédéric à cheval ; sur les portes : un médaillon en bronze du maître, un très beau lion de Barye, un portrait de Manuel ; et dans leur étui, posées à plat, à côté d'un encrier, don de l'empereur du Japon, et de la sonnette dont se servait Lanfrey à son lit de mort, des douzaines de médailles d'or de tous les modules offertes pour la plupart à l'ancien ministre de l'instruction publique.

C'est au milieu de tous ces souvenirs, dans cette grande pièce carrée un peu basse de plafond, mais qu'éclairent largement deux fenêtres ouvertes sur la place de la Madeleine, que Jules Simon passe les trois quarts de sa journée. Quelle que soit l'heure à laquelle vous vous présentiez chez lui, vous pouvez être sûr de le trouver assis à son bureau

(1) J'ai oublié de dire que Jules Simon porte en breloque, à la chaîne de sa montre, la bague de Lamartine. Cette bague qui lui fut donnée par le grand poète, est ornée d'un camée représentant la figure de Socrate.

et la plume à la main. Cependant, ne vous pré-
sentez pas avant midi, vous le dérangeriez, il n'y
est que pour ses intimes. Songez qu'il a reçu à
huit heures un courrier volumineux, qu'il n'a
personne pour le dépouiller, et qu'il répond à
toutes les lettres. Quand il a fini sa correspondance, il a à s'occuper de son article pour le
Matin, d'une variété pour les *Débats*, d'une chro-
nique pour une revue anglaise, d'une autre pour
un journal du Chili. Et tous les jours ce sont de
nouvelles demandes de copie, et il a promis ses
Mémoires (1) à une grande revue française!...

N'allez donc pas le voir le matin, il est trop
affairé et son poêle n'est pas encore allumé, malgré tout le charbon qu'il a mis dedans. Quand je
dis son poêle, j'entends sa bonne humeur com-
municative, son entrain, sa gaieté. Il ne s'anime
guère qu'à table, vers la fin du déjeûner. Il
déjeûne tous les jours à dix heures et demie, en
famille, le bras gauche appuyé sur le dossier d'une
chaise que son valet de chambre a soin de tourner dans le sens voulu. A onze heures et demie,
il se lève de table et revient dans son cabinet pour
y fumer une cigarette. C'est le bon moment pour
causer avec lui. Il ne demande qu'à s'ouvrir, qu'à
se répandre en conversation.

Voyez : il a tourné son fauteuil de travail du

(1) Promesse faite à la légère et qu'il n'a tenue qu'à
moitié en publiant ses admirables « *Mémoires des autres* »,
qui n'ont pas leurs pareils dans la littérature française.

côté de la fenêtre, comme pour vous permettre de l'observer en pleine lumière. S'il vous connaît, il garde sa calotte de velours posée de travers sur sa tête, il s'accoude sur le bras gauche de son siège, il vous regarde, il vous sourit, il est à vous. N'est-ce pas que c'est bien là la figure d'un sage ? La bouche petite n'a pris, malgré l'âge et les déceptions de toutes sortes, aucun pli d'amertume ; le front est poli comme un miroir ; l'œil est plein d'une ironie douce. Il n'y a pas à dire, c'est le dernier des Athéniens, c'est le masque vivant de Platon.

Vous pouvez lui demander tout ce que vous voudrez : un renseignement, un conseil, un service. Il vous le donnera, il vous le rendra, enveloppé dans un mot gracieux, dans son ineffable sourire. Si vous faites appel à ses souvenirs, il vous enchantera par ses traits d'esprit, ses bons mots et ses anecdotes. C'est le causeur le plus étincelant qu'il soit possible d'entendre. Il parle comme un ange, me disait un jour M. Ludovic Halévy. On pourrait ajouter qu'il écrit comme il parle. C'est là tout le secret de sa dernière manière. Quand on l'a quelque peu pratiqué, on le retrouve tout entier dans son style fait de grâce et de simplicité, de bonhomie et de malice. Et comme tout ce qui tombe de sa plume est sain, alerte, et vigoureux ! Jamais le vieil adage *Mens sana in corpore sano* ne s'appliqua mieux qu'à sa personne. C'est « l'honnête homme » par excellence du dix-septième siècle.

Chose curieuse et qui étonne chaque jour davantage ceux qui le suivent depuis cinquante ans,
sans se laisser entamer quant au fond, tout en
gardant intactes les idées de sa jeunesse et de son
âge mûr, il a renouvelé sa forme du jour au lendemain ; il a dépouillé le rhéteur qui, malgré
tout, était resté en lui ; il ne pérore plus, il con-
verse ; ses articles de journaux sont des chefs-
d'œuvre dans l'art si difficile de la conversation.
Jusqu'en ces dernières années on voyait dans ses
écrits percer le bout de l'oreille du professeur
éloquent et disert. A présent, c'est tout l'homme.
Il me fait songer, comme écrivain, à ces marron-
niers du boulevard qui, lorsque l'hiver approche,
ont une nouvelle floraison. Et comme homme
politique et comme penseur, il me rappelle ces
rochers tranquilles et superbes que la mer de Bretagne bat inutilement de ses vagues en courroux.
Quand il aura disparu de ce monde, on pourra
dire de lui ce que M. Bersot disait de M. de Rémusat : « Il aimait hardiment la vérité, comme
il aimait hardiment la liberté : il était de la race
française, généreuse, brillante et fortement trem-
pée, qui cache sa fermeté sous la bonne grâce et
fait les grandes choses simplement parce qu'il ne
lui coûte pas de les faire. »

X

Dans la notice historique qu'il lui a con-
sacrée (1), M. Georges Picot s'exprime ainsi sur
les dernières années de Jules Simon :

« ..... Quatre ans de luttes, quatre ans d'efforts
vaillants et de constants échecs n'avaient pas lassé
un seul jour M. Jules Simon. Il n'avait jamais eu
plus de force ni déployé plus de talent : dans son
action incessante, nulle trace de fatigue; mais son
âme était épuisée de dégoût. Il avait vu, peu à
peu, le vide se faire autour de lui, ceux qui se
disaient ses disciples, qu'il avait crus dévoués à
la liberté, l'avaient quitté quand il avait fallu

(1) Notice lue en séance publique le 5 décembre 1896, à
l'Académie des sciences morales et politiques, où M. Georges
Picot succéda à Jules Simon comme secrétaire perpétuel.

CHEMINÉE DU CABINET DE JULES SIMON

D'après un dessin de Léofanti

PORTRAIT DE JULES SIMON

(Publié dans les *Mémoires des autres*)

choisir entre les satisfactions du pouvoir et l'esprit
de sacrifice. Les amis qui se pressaient dans son
cabinet, qui vivaient à sa table en 1876, avaient
été attirés successivement vers l'astre qui se levait
à l'horizon. Pour excuser leur ingratitude, la
majeure partie des disciples accusaient le maître.
Oubliant ses livres, méconnaissant toute sa doctrine, ils faisaient grand bruit de sa désertion.
Lui qui n'avait jamais cessé de défendre la liberté
religieuse, était signalé comme un nouveau
converti, un traître à la démocratie (1) : calomnies,
diffamation, attaques de tous genres et de toutes
formes, tout était bon pour le perdre. Il suppor-
tait tout sans se plaindre et sans dévier de sa
route. Quelque fiers que fussent ses discours,
quelque beaux que fussent ses livres, sa conduite
en ces années de lutte demeure la plus belle page
de sa vie. En aucune circonstance il n'a été plus
véritablement philosophe. On ne saura jamais ce
qu'il a souffert. Les ambitieux n'étaient pas seuls
à s'éloigner de lui. Un des amis de sa jeunesse
m'a fait, vers cette époque, un récit qui révèle
tout. Il était son collègue, le rencontrait chaque
jour au Sénat et il lui était défendu de lui parler ;
s'approchait-il de lui, échangeait-il un mot ou un

(1) Il s'en défendait éloquemment à Madrid, au mois de
septembre 1887, en disant, en réponse à M. Castelar : « Je
suis pour les Jésuites maintenant qu'ils sont opprimés,
comme j'étais contre eux quand ils étaient oppresseurs. »
— L. S.

serrement de main, aussitôt il était assailli de
questions et de reproches. Le pauvre homme
était esclave et victime de son parti. Ses plaintes
étaient une révélation ; il était évident que M. Jules
Simon avait été condamné et proscrit. »

Tout cela est parfaitement exact. J'en puis
parler en connaissance de cause, moi qui entrepris d'écrire sa vie au moment où Jules Simon
souffrait le plus cruellement de cette proscription.
Mais l'ostracisme dont il avait été frappé fut en
somme d'assez courte durée, les événements s'é-
tant chargés de lui donner raison plus tôt que ne
l'auraient cru ses adversaires. Et ceux qui ont
assisté à ses jeudis de février, en 1888, peuvent attester que bon nombre de ses anciens amis
lui étaient déjà revenus. Le boulangisme acheva
de lui ramener les plus récalcitrants. On sait avec
quel courage et quelle ardeur il se jeta dans la
mêlée des partis pour défendre la liberté contre
un retour menaçant de la pire des dictatures.
Souviens-toi du 2 décembre! Il faut lire ce livre
pour se faire une idée du merveilleux polé-
miste qui se révéla chez Jules Simon à soixante-
quatorze ans. Il en fut récompensé par des témoignages d'estime qui le dédommagèrent et le
consolèrent certainement de la perte de sa popularité. C'est ainsi que, lorsque le gouvernement
décida de se faire représenter au Congrès ouvrier
de Berlin, M. Eugène Spuller, qui était à cette
époque ministre des Affaires étrangères, vint le

solliciter d'accepter cette mission. Et l'on n'a pas
perdu le souvenir des prévenances respectueuses,
des attentions délicates dont il fut l'objet de la
part de l'empereur Guillaume.

Quelque temps auparavant, le 28 mai 1889, un
banquet lui était offert par ses admirateurs et ses
amis de l'Institut et du Sénat, à l'occasion de la
remise de la médaille frappée en son honneur par
M. Chaplain. Et son ancien camarade de l'École
normale, M. Francisque Bouillier, se faisait
applaudir de toute l'assistance rien qu'en énumé-
rant ses titres à la reconnaissance publique.

« ... Vous n'avez pas été seulement, lui dit-il, un
défenseur en théorie, mais un défenseur en acte
des pauvres et des misérables de tous genres,
des faibles et des abandonnés. J'aurais plutôt fait
assurément de dire les œuvres philanthropiques
auxquelles votre nom n'est pas associé que celles
auxquelles vous avez concouru, ou même dont
vous n'avez pas été, et dont vous n'êtes pas l'ini-
tiateur, l'âme et la vie. Vous semblez avoir particulièrement adopté la cause de l'enfance et de
l'ouvrière. N'êtes-vous pas le patron des pauvres
enfants moralement abandonnés pour lesquels,
hier encore, vous alliez faire une conférence en
province : N'êtes-vous pas aussi un des promoteurs
de la fondation des hôpitaux marins pour ces
petits malades qui ont besoin de l'air et des eaux
de l'Océan? Il y avait des ambulances pour les
blessés des champs de bataille, mais il n'y en

avait pas pour ces blessés de tous les jours, pour
ces victimes d'accidents de toutes sortes qui tom-
bent sur le pavé de Parïs. Grâce à la fondation
des ambulances urbaines et au concours que vous
lui avez donné, elles sont maintenant relevées et
transportées sans retard, et sans nouvelles tor-
tures, à l'hôpital ou à leur domicile.

« Je trouve aussi votre nom dans les Sociétés des
cités ouvrières et de l'hospitalité de nuit. Quelle
misère plus voisine du désespoir et même du sui-
cide, que celle du malheureux qui erre la nuit
sans asile à travers Paris ! Il y avait jusqu'à présent
une hospitalité de nuit pour les hommes, mais il
n'y en avait pas pour les femmes, quoique plus à
plaindre encore, réduites à cette extrémité. Dernièrement, un asile leur était ouvert sous vos
auspices. Ainsi cette belle et grande œuvre pourra,
au moins provisoirement, donner asile à ceux et
à celles qui n'ont pas où reposer leur tête... Si
vous pouviez connaître son nom, vous le béniriez,
vous aussi, en compagnie de celui du Cardinal
Lavigerie, malheureux noirs et esclaves du centre
de l'Afrique, chair humaine sacrifiée aux mar-
chands d'esclaves et aux vautours du désert.
Puissent ces cœurs généreux organiser bientôt
cette croisade sainte qui ira briser vos fers, et
fera enfin disparaître la plus grande honte de l'humanité de notre temps !... »

C'est ainsi que Jules Simon employait, dans ses
dix dernières années, les loisirs que lui avait faits

la politique militante. Du jour où il perdit toute espérance de revenir aux affaires, il devint, suivant l'expression de M. Picot, le centre d'un grand ministère de dévouement de charité.

L'âme, chez lui, était demeurée jeune. « Mais avec la vieillesse les instruments de l'action vinrent à manquer. Volonté infatigable, lassitude des membres refusant d'obéir, y a-t-il un supplice comparable ? Pour le supporter, il faut la résignation d'un sage. Depuis dix ans, aux souffrances morales M. Jules Simon n'avait opposé qu'un remède : le travail acharné qui avait été le fidèle compagnon de sa vie... Il travaillait de longues heures, sans connaître la fatigue, sans avoir besoin de ménager ses yeux. C'est la vue que l'âge marqua d'un signe de mort. Il la sentit décliner, puis le voile s'épaissit. On lui promit la guérison. Il affecta d'y croire pour rassurer les siens et fut reconnaissant à la science de la part de lumière qu'elle avait pu lui rendre. Mais ce n'était ni la force, ni la pénétration du regard. Il pouvait tracer encore des billets de quelques lignes et parfois sa main faisait illusion ; mais il lui fallut apprendre à dicter, ce qu'il avait ignoré. En vain, sa femme, ses enfants et sa petite-fille l'entouraient-ils des soins de la plus tendre affection. La solitude qu'il n'avait jamais redoutée devenait désormais l'impuissance et la nuit.....

« Entre ses dictées du matin et ses sorties qui le menaient toujours au Sénat ou à l'Académie, il demeurait de longues heures sur son fauteuil, repassant les études et les travaux de sa vie. Comme le voyageur fatigué s'arrête au flanc de la montagne pour mesurer la route, il contemplait de loin et de haut tout le chemin parcouru, depuis la petite ville perdue dans les brumes d'une côte bretonne jusqu'aux bancs de l'École normale ; il voyait avec ce regard intérieur que l'âge ne voile pas, la foule pressée autour de la chaire de Sorbonne, son rôle en 1848, sa retraite après le coup d'État, sa popularité sous l'empire, ses luttes électorales, ses premiers succès de tribune, les épreuves de l'année terrible, la collaboration avec M. Thiers, ses ministères, puis les quinze années de luttes si fières au nom de la liberté. Il examinait sa propre pensée, ses doctrines philosophiques, politiques et sociales ; il se retrouvait aussi ardent que dans sa jeunesse contre les vieux ennemis de la dignité humaine : l'athéisme, la tyrannie sous toutes ses formes, qu'elle vînt d'un seul ou de la foule, et l'égoïsme. Il se sentait prêt à livrer contre eux ses derniers combats, fidèle jusqu'à la fin à tout ce qui garantit, ennoblit et consacre en l'homme la liberté.... » — Et quelques mois avant de mourir, présidant l'assemblée générale d'une société vouée à l'amélioration des petits logements, il pouvait dire en toute vérité qu'il n'avait jamais éprouvé d'émotion comparable à celle qui était résultée d'un service qu'il avait pu rendre à une œuvre populaire. Et il ajoutait avec une éloquence qui semblait venir d'outre-tombe : « Voilà les véritables émotions ! Voilà ce qu'il y a de vrai dans la vie ! le reste n'est que chimère ! Vous arriverez à la richesse, vous arriverez à la grandeur. Qu'est-ce que la richesse ? Le moindre vent l'emportera. Qu'est-ce que la grandeur ? La grandeur est une fiction et une convention. Mais le bien qu'on a fait pour l'amélioration de la morale, pour la grandeur de l'humanité, pour la paix de l'âme de ceux qui souffrent, c'est cela qu'on emporte dans le tombeau, et, quand on a fait un peu de bien, on peut regarder la mort tranquillement (1) ».

Le 8 juin 1896, après une maladie qui ne dura que quelques jours, il rendit sa belle âme à Dieu (2).

(1) Discours prononcé le 15 mars 1896 à la Société française des habitations à bon marché.

(2) Ses funérailles eurent lieu aux frais de l'État ; son service funèbre fut célébré le 13 juin à l'église de la Madeleine où Mgr Bécel, évêque de Vannes, « mon évêque », comme il disait, lui donna l'absoute, et, au cimetière Montmartre où il fut enterré, des discours furent prononcés par MM. Méline, au nom du gouvernement ; d'Haussonville, au nom de l'Académie française ; Ravaisson-Mollien, au nom de l'Académie des sciences morales et politiques ; Frédéric Passy, au nom des sociétés de bienfaisance et de moralisation dont Jules Simon faisait partie ; Henry Houssaye, au nom de la Société des gens de lettres, Gerville-Réache, au nom des colonies ; Mézières, au nom de la Presse et des amis du défunt ; Christophle, ancien gouverneur du Crédit Foncier, au nom de la ville de Lorient et des Bretons.

XI

SOUVENIRS PERSONNELS

Le lendemain de la mort de Jules Simon, je publiais en tête de la *Revue des provinces de l'Ouest* l'article suivant :

C'est le cœur brisé que j'écris ces lignes, et je ne crois pas que la mort de mon père m'ait causé plus de chagrin que celle de Jules Simon. Tous ceux qui me connaissent et qui me suivent depuis une dizaine d'années, savent qu'il était mon maître, mon père spirituel, mon inspirateur, mon guide, l'ami fidèle des bons et des mauvais jours. Et les hommes de cette trempe sont devenus si rares que, lorsqu'ils disparaissent, il semble qu'une lumière s'éteint dans le ciel et que tout manque à ceux qui leur survivent.

Je ne raconterai pas ici la vie de Jules Simon. Je l'ai fait, il y a dix ans, dans un livre qui est épuisé et que je réimprimerai quelque jour. Je dirai seulement aux lecteurs de la *Revue* ce qu'il fut pour la Bretagne, son amour du sol natal, la

Maisons natale Bove et Théâtre de Lorient.

passion, le culte de toute sa vie, et principalement sur le soir, pour son cher pays d'origine, l'hommage enfin que nous avons le droit de lui rendre.

Et d'abord, pourquoi ne le dirai-je pas tout de suite ? C'est la *Revue* qui l'a révélé à la Bretagne. Il y a dix ans, personne ou presque personne ne savait chez nous qu'il était Breton, hormis ceux qui avaient lu l'*Affaire Nayl*, cet admirable plaidoyer contre la peine de mort, et les quelques amis d'enfance qui, comme les Guérin et Audren de Kerdrel, n'ont jamais cessé de le pratiquer et de correspondre avec lui.

Le gros du public ignorait qu'il était de Lorient, qu'il avait fait ses études à Vannes, qu'il avait débuté dans la politique comme député de Lannion, qu'il s'était marié à Rennes, et que son plus grand bonheur était de parler breton avec Renan et d'aller fouler de loin en loin les bruyères roses de ses landes natales. C'est la *Revue*, c'est mon livre qui le fit connaitre sous ce jour et qui le rendit populaire en Bretagne, même dans les milieux où ses opinions politiques et philosophiques l'avaient rendu suspect ; car, pendant longtemps, il fut aux yeux des catholiques une manière de libre-penseur et d'hérétique, un exemplaire adouci de Renan, bien que dans ses livres de doctrine, il se soit abstenu de toucher au dogme fondamental de la religion chrétienne et que, dans son for intérieur, il soit demeuré profondément chrétien.

Un jour que nous parlions de la *Vie de Jésus*, il me dit en propres termes : « Mon ami, il y a « des croyances qu'il faut respecter chez les « autres, alors même qu'on les a perdues. Gar- « dons-nous d'ébranler, par nos critiques, la foi « de ceux qui n'ont que cela pour tout bien ! »

Je me rappelle encore l'étonnement qu'on me manifesta de divers côtés, quand je parlai, en 1887, de lui faire donner la présidence des fêtes de Victor Massé à Lorient. « Pourquoi, disait-on, Jules Simon, qui est un orateur et un écrivain, aux lieu et place de Massenet ou de Léo Delibes, qui sont deux musiciens ? » On ne comprenait pas la pensée qui me guidait ; on ne se doutait pas, même à Lorient, que Jules Simon était le dernier des trois ou quatre grands hommes à qui cette ville a donné le jour depuis le commencement du siècle (1). Et lui-même avait si bien conscience de l'oubli où il était tombé parmi les siens, qu'il ne voulait pas accepter la présidence que Philippe Gille et moi nous étions convenus de lui offrir (2). »

(1) Brizeux, Victor Massé, Dupuy de Lôme sont nés à Lorient.

Samedi 7 mai 1887.

(2) « Mon cher ami, je vous écris que je ne présiderai la cérémonie de Lorient que si on joue exclusivement de ma musique, et vous prenez cette plaisanterie pour une acceptation. Vous écrivez des lettres, etc. Cela peut me mettre dans l'embarras à Lorient où je ne connais personne, où personne ne me connaît. Sachez d'ailleurs que je ne serai

Il vint quand même à Lorient, et j'ai à peine
besoin de dire que ses concitoyens lui firent un
accueil enthousiaste. Son discours, prononcé à

pas à Paris au mois d'août. Je serai plus loin de Lorient
que je ne le suis ici de Madrid. »

Paris, 28 mai 1887.

« En entrant hier, je me suis rappelé deux choses, la première que je n'avais pas serré la main à M. Léofanti [1], je
me le reproche, dites-le-lui ; la seconde que vous avez l'habitude de publier les discours [2]. Il y a plusieurs choses que
je vous prie de ne pas publier. On ne peut pas dire : Soyez
président de Victor Massé, ce qui aurait l'air d'une invite, ni
que je refuse entre autres raisons pour celle-ci, que je ne suis
pas connu à Lorient, ce qui aurait l'air d'une plainte ; ni que
Grévy voudrait m'avoir pour ministre, ce qui aurait l'air
d'une fatuité.

« Il faut ôter presque tout ce qui est relatif à moi. Vous
pouvez sans parler de présidence dire : Renan est président
du dîner celtique ; Simon, de notre association. Cela se
trouve bien : l'un est de Tréguier, l'autre de Lorient. Avec
cela un peu d'adresse, et en supprimant beaucoup de choses
qui ne concernent que moi, votre discours tiendra très bien
sur ses pieds.

« Je pars pour huit jours au plus.
                    « Tout à vous,
                              « JULES SIMON. »

Villers-sur-Mer, le 15 août 1887.

« Mon cher ami, j'ai en effet promis à M. Philippe Gille
d'aller à Lorient ; le maire m'a invité. Je compte arriver le 3.
Il me semble qu'on arrive à 9 heures du soir. Il sera trop

---

[1] Léofanti faisait alors son buste.

[2] Il m'écrivait ceci le lendemain d'un banquet de l'Association Bretonne-Angevine, dans lequel, comme toujours, il avait prononcé une
allocution éblouissante.

dix heures du matin, devant la maison natale de Victor Massé, eut un succès considérable, et j'entends encore les applaudissements qui couvrirent

tard pour me voir ce soir-là. Mais le lendemain, dès sept heures du matin, je serai visible à l'œil nu chez mon neveu Gustave Simon, caissier de la Banque de France, qui demeure à la Banque. Je partirai de Lorient le 5 à six heures du matin. C'est une affreuse corvée, qui se trouvera compliquée de plusieurs autres, comme il arrive toujours quand je mets le pied sur mes bruyères natales.

« C'est pour cela que j'ai refusé d'être du comité Brizeux [1].

« Il faudra probablement que je dise quelques mots quand on posera la plaque [2]. Arrangez cela si vous y tenez. La cérémonie officielle a lieu à quatre heures et demie, nous pourrions faire notre petite manifestation aussitôt après. Il fait encore jour à six heures et demie. Je ne voudrais pas parler avant Léo Delibes, ce serait absurde. J'écrirai une page ou deux. Ce sera bon à mettre dans votre *Revue*. Je l'ai reçue ici irrégulièrement, mais le numéro de Prévost-Paradol m'est parvenu. Je crois qu'il parle de moi en passant, mais je puis vous dire qu'il usait de moi largement, et qu'il me faisait trimer pour sa candidature. On passe sa vie à découvrir des dessous. L'histoire de ce pauvre garçon est des plus douloureuses. Peu de gens l'ont connu comme moi. Je pense que ses lettres à moi ont disparu chez Hérold [3]. Vous

---

[1] Il devait accepter plus tard sur mes instances.

[2] La plaque de bronze, dessinée et sculptée par Léofanti que l'Association Bretonne-Angevine a posée sur la maison natale de Victor Massé.

[3] M. Hérold, ancien préfet de la Seine, avait eu l'intention d'écrire une *Vie* de Jules Simon et lui avait demandé en communication toute la correspondance des hommes illustres qu'il avait pratiqués. Jules Simon y avait consenti. Mais les événements ayant détourné M. Hérold de son projet, la biographie promise ne vit jamais le jour, et il paraît que les lettres communiquées furent perdues. Cette perte fut très sensible à Jules Simon, et je me rappelle que lorsque je lui parlai d'écrire sa vie et de mettre à ma disposition tous les documents qui m'étaient nécessaires, il me répondit : « Je veux bien, mais n'allez pas faire comme Hérold ! »

sa voix, lorsque, parlant du mélodiste qu'était l'auteur des *Saisons* et des *Noces de Jeannette*, il s'écria que « le vrai musicien est celui qui chante ».

savez que Ludovic Halévy va publier des mémoires ou des correspondances.

« Tout à vous.

« JULES SIMON ».

Villers, lundi 19 août 87.

« Mon cher ami, j'ai reçu votre lettre hier dimanche, à huit heures du soir. Mon discours avait été expédié le matin. Vous devez le recevoir aujourd'hui, lundi, de façon à pouvoir l'envoyer ce soir ou mardi matin à Paris. Si j'avais attendu votre lettre, je l'aurais envoyée d'ici à Paris et on l'aurait eu ce soir pour le mettre en main dès demain. Mais comme il ne faut que deux heures pour composer trois feuillets, vous pourrez avoir votre morasse jeudi.

« Je me demande quel air nous aurons vous et moi, si le Maire, qui est intransigeant, refuse de me donner la parole. Pour moi, j'en serais charmé, mais le discours publié après cela ressemblerait au compte-rendu que j'ai lu dans un journal d'une première qui n'avait pas eu lieu.

« Vous ferez très bien de tout organiser à Lorient samedi. Je parlerai où l'on voudra et quand on voudra, pourvu que ce soit une seule fois, mais je ne peux pas parler avant Léo Delibes, qui représente l'Académie des Beaux-Arts. Une députation a toujours le pas sur un individu ; ne demandez pas cela, ce ne serait pas convenable. J'ajoute que je n'y vois aucun avantage, excepté pourtant celui-ci, c'est que, parlant le dernier, je ne ferais que rabâcher ce que les autres auraient dit [1]. Vitu, s'il veut parler, est un écrivain brillant, habile et compétent, qui sera plus intéressant que moi.

---

[1] C'est précisément pour cela que je désirais et que j'obtins que Jules Simon fît son discours le matin devant la maison natale de Victor Massé, à l'occasion de l'inauguration de notre plaque de bronze.

Il m'a dit plus tard que c'était Gounod qui lui
avait soufflé cette phrase. Je n'en crois rien, car

C'est une drôle d'idée, convenez-en, que de me faire parler
sur la musique.

« J'ai eu toutes les peines du monde à apaiser ma nièce,
qui voulait m'avoir à Roscoff lundi. Il est pourtant assez
naturel que n'ayant que deux jours en tout, je les donne à
mon fils et à sa famille. Je partirai de Lorient avec lui lundi
matin à 5 heures 40.

« Est-ce que Léofanti sera à Lorient ?

« Tout à vous.

« Jules Simon. »

« P. S. — Je n'ai qu'un brouillon informe de mon discours, cependant je pourrai lire là-dessus, si vous ne pouvez
pas sauver ma copie. Il est bien entendu que je lirai ces
trois pages, soit devant la maison, soit devant la statue. En
relisant votre lettre, je crois voir qu'il s'agit de lire un discours et d'en improviser un autre. Pas du tout, je n'impro-
viserai pas le moins du monde. On n'improvise pas dans
une cérémonie. D'ailleurs j'ai dit là-dedans tout ce que je
savais de Victor Massé, et je n'ai rien à ajouter. Il était sans
doute inutile de vous dire cela, mais il n'y a pas de mal à
mettre les points sur les i.

25 août 87.

« Mon cher ami, votre lettre n'est pas claire. Vous me
parlez de venir au-devant de moi le samedi. C'est à neuf
heures du soir que j'arrive. N'allez pas vous déranger à
cette heure-là. Je serai très pressé de souper et de me coucher. Le matin du dimanche vous me trouverez à l'heure
que vous voudrez chez mon neveu Gustave Simon, à la
Banque de France où il est caissier. Arrangez tout pour la
journée, je crois qu'il faut la permission du maire. Mon
idée est de dire quelques mots le matin à la plaque ; mais ce
sera tout. Je ne ferai pas deux allocutions. Je suis assez embarrassé d'en faire une. Je crois d'ailleurs qu'on ne me don-

Jules Simon était un musicien, lui aussi, et ceux
qui l'ont entendu à la tribune ou dans une réunion

nerait pas la parole à la cérémonie publique, où je ne suis
invité que comme passant. Je suis aussi invité au banquet,
je pense que je serai obligé d'y aller. C'est une fameuse
corvée que vous m'avez imposée là, car je suis obligé de
passer par Paris et d'y coucher en allant et revenant.

« Le pire de tout, c'est de faire comme vous dites une allocution. J'ai fini ce matin ma besogne courante, je puis donc
songer un peu à la *Reine Topaze*. Je l'ai entendue avec
plaisir ; mais je ne me la rappelle pas. Le pauvre Massé craignait par-dessus tout d'être qualifié de charmant musicien.
Je laisserai donc cette épithète à mon ami Léo Delibes. J'ai
fait depuis mon séjour ici quatre articles pour l'Amérique,
quatre pour les *Débats*, huit pour le *Matin*, et un discours
pour Louis Reybaud dont la lecture durera plus d'une
heure. Je suis tellement fatigué — par mes vacances — que
l'idée d'écrire vingt lignes sur les *Noces de Jeannette* me
trouble d'avance. Aujourd'hui je vais conduire Gustave qui
nous quitte. Je tâcherai de m'y mettre demain vendredi, et
plus probablement samedi, car ma correspondance arriérée
prendra la journée de demain. Je veux bien vous envoyer
ma copie quand elle sera faite, mais elle ne sera pas faite
avant mardi, car c'est très difficile. Je comptais prendre trois
ou quatre jours de repos, et alors j'aurais fait mon Victor
Massé en un jour ; mais fatigué comme je le suis, il m'en
faudra trois et je ne ferai rien qui vaille. Est-ce au Pouliguen que vous voulez ça ? Je ne me soucie pas de l'envoyer
à Paris quatre jours d'avance à cause du secret. Et puis
quel avantage avez-vous à publier cela le jour même ? Léo
Delibes pourra le trouver mauvais, peut-être même Philippe Gille. C'est pour lui que je me donne tout ce tracas,
je désire au moins lui être agréable. Vous avez encore le
temps de répondre à tout cela.

« Je crois que vous ferez bien de voir le maire et de
prendre ses ordres, de voir aussi Philippe Gille, Léo Delibes, Saint-Saëns. Ce sont mes amis les uns et les autres,
d'ailleurs je ne ferai que ce qu'ils voudront, et je me tairai

quelconque, savent qu'il *chantait* comme personne (1). La parole devenait un chant, tour à tour enjoué, pathétique et sublime, en passant sur ses lèvres, et c'est pour lui que semble avoir été écrit le mot de Lamartine : « celui qui sait attendrir sait tout, il y a plus de génie dans une

avec délices, si c'est leur idée. Vous ferez même bien de voir mon neveu pour lui dire à quelle heure je pourrai déjeuner le dimanche; ce sera le seul moment où je verrai ma famille.

« Je n'irai pas à Groix, et je ne reviendrai pas à Paris avec vous. Je partirai le lundi de bonne heure avec mon fils Charles pour Paramé, où est sa famille.

« Tout à vous .

« JULES SIMON. »

(1) M. Jules Simon est inimitable, écrivait un jour Anatole France. C'est l'art parfait. Lorsque les Gracques parlaient au peuple, ils se faisaient accompagner, dit-on, par un joueur de flûte. Quand M. Jules Simon parle, une flûte délicieuse l'accompagne ; mais elle est invisible, et chante sur ses lèvres. M. Jules Simon est philosophe autant et plus que M. Challemel-Lacour. Il sait l'oublier à propos. Il sait tout. Tour à tour insinuant, ironique, tendre, véhément, il a toutes les parties de l'orateur. Quand il monte à la tribune, il semble accablé. Appuyé des deux mains à la tablette d'acajou, il promène sur l'assemblée des yeux mourants qui tout à l'heure se chargeront d'éclairs ; il traîne les sons d'une voix éteinte qui peu à peu se ranime, s'enfle, puis se mouille de larmes ou gronde ainsi qu'un tonnerre mélodieux. Il est maître de lui comme de l'auditoire. Ému, mais vigilant, il saisit les interruptions et les emporte dans le mouvement harmonieux de sa pensée, comme un fleuve entraîne les rameaux qu'on lui jette. Tout lui sert. Il est le grand artiste dont le génie plastique transforme aisément toutes les matières que rencontre sa main, et il n'a à redouter que sa perfection même.

larme que dans toutes les bibliothèques de l'univers. »

Le soir de l'inauguration de la statue de Victor
Massé, au banquet qui termina cette magnifique
journée, je lui attirai une véritable ovation en lui
promettant, devant tout le monde, dans une
strophe quelque peu intempestive, qu'il aurait un
jour sa statue à Lorient, à côté de celles de Bisson,
de Victor Massé et de Brizeux. Jules Claretie dont
la mémoire est prodigieuse, a raconté cet incident dans une de ses dernières chroniques du
Temps, mais la réponse qu'il prête à Jules Simon
n'est pas tout à fait celle qu'il me fit. Il ne dit
pas : « Oh ! plus tard, plus tard ! » ce qui évidemment aurait été déjà très spirituel, mais : « Vous
me voyez, Messieurs, très embarrassé pour répondre au toast de mon ami M. Léon Séché
car je me trouve dans une situation intermé-
diaire. » Ce mot qui mérite d'être retenu mit la
la salle en joie. A partir de ce moment il devint le
héros, le dieu de la fête ; toutes les mains se tendirent vers lui. Vitu qui était auprès de moi se
pâmait, Léo Delibes et Massenet burent à sa santé
qui d'ailleurs était florissante, et moi, tout confus
du bruit qu'avait fait mon pétard, je triomphais
naturellement. Il faut dire que Jules Simon avait
improvisé dans l'intervalle un petit discours à la
gloire de Lorient qui avait littéralement transporté
son auditoire. Je vivrais cent ans que je n'ou-
blierais jamais cette minute-là.

Quelques jours après il m'écrivait le petit billet
que voici :

« *Villers, le 15 septembre 1887.*

« Mon cher ami,

« Je suis parti à 5 heures de Lorient le lundi,
et j'étais de retour ici le samedi après avoir passé
trois jours à Paramé. Ces huit jours m'ont bien
arriéré, je suis obligé de travailler comme un
nègre, et je ne puis songer à mettre ma correspondance en règle. Le mauvais temps continue,
il me chassera, et pourtant on est moins dérangé
ici qu'à Paris pour le travail.

« M. Philippe Gille doit être content de la ville
de Lorient. Les fêtes ont bien marché, la statue
est magnifique, et je vois que Saint-Saëns et quelques autres ont pris cette occasion d'écrire de
beaux articles sur Victor Massé.

« Vous ferez sans doute des articles sur nos
artistes vivants ; il me semble que nous ne connaissons par nos gloires actuelles. En dehors de Renan,
il n'y a pas un Breton connu par les Bretons...

« C'était sa marotte ; chaque fois que je le voyais,
il se plaisait à me faire le dénombrement de nos
gloires locales, de nos grands écrivains et de nos
artistes ; il reprenait le thème qu'il avait si ma-
gistralement développé dans sa lettre du 14 novembre 1885, qui marque le début de nos relations :

« Refaites notre unité, cher Monsieur ; refaites

notre cœur : il était bon, il était grand. C'est une bonne entreprise. Cherchez partout nos gloires. Nous avons des artistes, puisque nous avons des églises superbes ; des marins et des soldats à revendre ; des poètes comme Brizeux et Turquety qu'on oublie, des hommes de génie comme Châteaubriand et Lamennais. Peut-être pensez-vous que les modernes ne sont pas indignes des ancêtres. Voilà Renan dans la philosophie. Joseph Bertrand dans les sciences. Je crois que ni les matériaux, ni les ouvriers ne vous manqueront... »

C'est dire le contentement qu'il éprouva quand j'entrepris de glorifier par le bronze et par le marbre tous ceux qui sont l'honneur de la Bretagne et de l'Anjou, à commencer par Le Sage et Joachim du Bellay. Il fut l'âme du mouvement que célébrait l'autre jour (1) en termes trop élogieux pour moi le poète charmant qui a nom Armand Silvestre, — bien que, de temps à autre, il me reprochât doucement d'avoir créé une sorte de patrie bretonne-angevine! L'Anjou ne disait rien à son cœur de Breton. L'Anjou, pour lui, c'était la Loire, et la Loire c'était la civilisation française qui avait changé la face et entamé le vieux fonds de la Bretagne « ignorante et héroïque ». Or, comme il me l'écrivait l'année dernière à propos du Panthéon breton, il y avait des moments où il regrettait de ne pas être un paysan du pays de

(1) Voir le *Journal* du 28 juin 1896.

Vannes, portant le costume de ses pères, parlant leur langue et conservant pieusement leurs croyances et jusqu'à leurs superstitions. C'est la Bretagne de l'ancien temps qui l'avait élevé il y a quatre-vingts ans, c'est à elle qu'il devait ses facultés d'endurance et de courage, et c'est avec elle et pour elle qu'il vivait et qu'il entendait mourir.

Lorsque j'ouvris une souscription pour élever un monument à Le Sage, il m'adressa la lettre suivante datée du 22 avril 1892 :

« Vous savez bien, mon cher ami, que je pousse la manie des statues jusqu'au ridicule. Je trouve que la gloire, le génie, le talent sont des choses si précieuses, qu'il n'en faut rien laisser périr. Le monument qu'on a élevé à Duclos n'ôte rien de sa valeur à celui de Descartes. Je demanderais seulement que, quand on réunit les statues dans un même lieu, on ne fît pas coudoyer un vrai grand homme par un trop petit grand homme.

« Le Sage est un grand homme tout à fait ; vous avez bien raison de vous occuper de ses affaires ; on a peine à comprendre que Vannes ait attendu si longtemps pour lui élever une statue. Tous ceux qui aiment le bon sens, l'imagination, l'observation sagace, et ce que j'appellerai la satire aimable, pourront se réunir autour de sa statue, le jour de l'inauguration, sans se souvenir de leurs dissentiments, car Le Sage n'en ravive aucun ; il comprend tout, il juge tout avec une indulgence qui n'exclut pas une tendance générale vers le bien et le vrai. Il semble que c'est pour lui qu'a été écrite la fameuse maxime : rien d'humain ne m'est étranger. Je ne sais pas du tout si j'irai à Vannes pour le jour de la fête. Je me suis laissé aller cette année à faire trop de promesses. J'ai bien une douzaine de séances à présider ici. J'ai fait la faute d'en promettre une à Caen, où j'aiété professeur de philosophie il y a cinquante-quatre ans, et une à Saint-Brieuc. Toutes ses courses me fatiguent et me ravissent le temps de travailler. Je ne travaille plus que par hasard. Et pourquoi ? ceux qui m'appellent se repentent de m'avoir appelé quand ils me voient. Un jeune homme ferait mieux leur affaire, de sorte que je donne beaucoup et qu'on reçoit peu. Vous voyez que, dans mon roman, c'est l'archevêque de Grenade qui se charge d'expliquer à *Gil Blas* qu'il est temps de se pourvoir ailleurs. Du reste, si je ne vais pas à Vannes, vous serez le seul à vous en apercevoir. A Saint-Brieuc, c'est autre chose. Je crois, en vérité, que je suis le dernier survivant des députés de 1848, avec mon ami Tréveneuc.

« Bon courage et bon succès ; et bonne fête, et bonne statue.

« Tout à vous.

« JULES SIMON. »

Il ne vint pas à Vannes, mais je prie mes lecteurs de croire que ce ne fut pas de ma faute.

J'avais comme le pressentiment que, s'il ne pro-
fitait pas de cette occasion pour revoir la vieille
cité bretonne où il avait fait ses études, il mourrait
sans l'avoir revue, et pendant deux mois j'eus
recours à tous les moyens, j'usai de toute la diplo-
matie possible pour le décider à faire ce voyage.
Ce fut, hélas! en pure perte (1).

Cependant j'obtins de lui, non sans peine, qu'il
composât l'éloge de Le Sage pour la cérémonie
d'inauguration de son monument, et je priai son
ancien camarade du collège de Vannes, M. Frédéric Guérin, de lire ce morceau d'éloquence à sa

Villers-sur-Mer, le 31 août 1892.

(1) « Non, mon cher ami, je suis trop fatigué pour aller
à Vannes. Je ne ferai plus aucun voyage cette année. Si
quelque chose avait pu me déterminer à faire cette course,
c'est la très aimable lettre que vous m'écrivez. Je ne connais
plus à Vannes que l'évêque et j'ai de temps en temps le
plaisir de le voir chez moi. Je serais pour tous les autres un
inconnu, excepté pour les membres de la Société polymatique, qui savent mon nom parce que je suis leur collègue.
La maison de la Psalette dont vous me parlez n'existe plus;
elle a été rasée et remplacée par une petite place grande
comme la main. Je n'ai jamais été enfant de chœur, mais je
prenais là ma pension, et j'y ai connu l'abbé Gaudin, qui
était le directeur de la Psalette. Il vit encore; j'ai donc tort
de vous dire que je ne connais à Vannes que l'évêque; je
connais aussi l'abbé Gaudin, qui doit avoir quatre-vingt-
quatre ans, et je l'aime beaucoup. Vous aurez un charmant
discours de Kerdrel [1]; Kerdrel a eu le tort de ne pas écrire.
Il écrit et parle avec beaucoup de talent, et c'est un lettré

[1] M. Audren de Kerdrel, sénateur du Morbihan, directeur de l'Association Bretonne.

place. Ce fut l'événement littéraire de la journée. Et quand je lui rendis compte de l'accueil qu'on avait fait à sa prose et du désappointement qu'avait causé à tous son absence, il me répondit :

« Oui, j'aurais eu tout de même bien du plaisir à aller à Vannes... Rennes ne m'a pas dit grand'chose. Caen non plus, mais Vannes !... Je crois que j'y suis allé à treize ans et que j'en suis parti à dix-sept. On a rasé la maison où je demeurais, rue des Chanoines, et le petit séminaire près du Champ de Foire où j'avais auparavant habité six mois.

« M. Riou est sans doute avocat ? De quelle opinion était tout ce monde qui a paradé autour

très érudit. Il vous fera une véritable leçon de littérature. Pour moi, je n'ai rien à dire sur Le Sage. Je l'ai lu, il y a cinquante ans, j'aurais été obligé, pour parler de lui, de copier quelque dictionnaire biographique ; mais cela même je ne l'aurais pu faire, puisque je n'ai ici, en fait de livres, que le *Tout-Paris*.

« Bien du plaisir, bien du succès, bien des hommages affectueux de ma part à l'évêque, bien des amitiés à Kerdrel.

« Jules Simon. »

« P. S. — Je crois bien que M. Closmadeuc dont vous me parlez est le président actuel de la Société polymatique. J'avais eu l'idée d'envoyer à la Société mon *Académie sous le Directoire*, le seul de mes livres où il n'y ait ni politique ni philosophie. Mais j'ai réfléchi qu'il n'y avait pas non plus autre chose et que c'était décidément trop peu.

« Regardez la cathédrale. Elle m'émeut toujours quand j'y passe ; mais c'est peut-être par réminiscence Dieu sait combien je l'admirais il y a soixante-dix ans. »

de vous ? Pure affaire de curiosité pour moi, car vous savez que j'ai des amis — et des ennemis — partout. Kerdrel et Guérin, qui sont au nombre de mes meilleurs amis, ne sont pas des mêmes clans politiques et religieux.

« Je ne vois pas trace du préfet dans toute votre affaire. Et l'évêque ? Il ne pouvait guère contribuer au triomphe d'un romancier, mais il a dû être bienveillant.

« Je suis si préoccupé et si absorbé à présent par des ennuis de diverses sortes que je n'avais pas vu votre numéro de Le Sage, que vous m'avez envoyé (1). Il est très réussi. Je vous souhaite bon retour à Paris et succès à vos enfants.

« Tout à vous.

« JULES SIMON. »

Et dire qu'il s'est trouvé naguère un Lorientais de marque pour lui reprocher de n'avoir jamais rien fait pour Lorient !... Eh ! Monsieur, quand il n'aurait fait que l'illustrer ! c'est une chose qui n'est pas donnée à tout le monde, et la gloire de Jules Simon vaut bien un chemin vicinal, quelques douzaines de reverbères, voire même un kiosque à musique ! Il faut croire, d'ailleurs, que tout le monde à Lorient n'est pas de l'avis de ce critique, puisque, à la première nouvelle de la mort de Jules Simon, le Conseil municipal a

(1) *Revue des Provinces de l'Ouest,* mai 1892.

décidé de poser une plaque commémorative sur sa maison natale.

Le reproche de ce singulier Lorientais me rappelle la boutade de cet abbé des Côtes-du-Nord qui, la première fois que Jules Simon brigua le mandat de député dans l'arrondissement de Lannion (1846), disait aux paysans : « Ne votez pas pour Simon, c'est un menteur ; il prétend qu'il est Breton, ce n'est pas vrai : il est de Lorient ».

Tous ceux qui l'ont fréquenté quelque peu savent que Jules Simon était aussi bon Lorientais que bon Breton. Quand je lui montrai l'image de sa maison natale, il ne put s'empêcher de pleurer, et je me souviens qu'au cimetière de Lorient, il me dit devant la tombe de Brizeux : « C'est ici que je voudrais dormir ! » Ah ! oui, il était Breton : il l'était dans ses goûts, dans ses habitudes, dans toute sa manière d'être. Le plus grand plaisir que je pouvais lui faire, c'était de lui envoyer de temps à autre un panier de sardines du Pouliguen ou de Concarneau. Et comme il n'était jamais en reste avec ses amis, il m'en dédommageait en me faisant expédier où je me trouvais, en Anjou ou en Bretagne, un gâteau de Lorient, de la maison Laly « gendre, à ce qu'il croyait, de M. Colasse (1), et parfaitement indifférent à ce qu'on pouvait écrire sur sa famille ! »

(1) Le héros de son tant joli conte intitulé *Colas, Colasse et Colette.*

Et quelle fidélité à ses amis, quelle délicatesse, quelle discrétion dans les services qu'il se plaisait à leur rendre !... J'étonnerai bien des gens, surtout ceux qui le tenaient pour un libre penseur endurci, en leur disant que, pendant des années et des années, au plus fort de ses occupations politiques, il n'oublia jamais de faire passer au vénérable curé de Saint-Paterne, à Vannes, un petit ballot d'images pour la première communion de ses enfants pauvres. En cela comme en tout il était resté le fils de sa mère, qui était une sainte. Que de fois je l'ai surpris, dans son cabinet de travail, à regarder amoureusement son petit portrait en miniature qui était accroché à sa cheminée au-dessus de la photographie de la mignonne Marguerite ! Je suis sûr que lorsqu'il avait accompli une bonne action, il la regardait comme pour lui dire : Tu dois être contente de moi ! Il savait que la pauvre femme s'était saignée aux quatre veines pour le mettre au collège de Vannes, et depuis ce temps il lui avait fait dans le fond le plus intime de son cœur une petite chapelle où il lui brûlait tous les jours un cierge. C'est pour cela sans doute que le dernier mot qu'il ait prononcé sur son lit de mort fut le nom de sa mère. Oui, quelques minutes avant d'entrer en agonie, ce vieillard de quatre-vingt-deux ans dont la vie fut si remplie, si belle et si chrétienne, appela sa mère comme un enfant et cria par deux fois : Maman ! Maman !

O cher grand homme, à présent que votre journée laborieuse est finie, vous pouvez dormir en
paix. Je regrette seulement que ce ne soit pas en
terre bretonne. Vous me disiez un jour que la
grande affaire en ce bas monde était de pouvoir
vieillir. Vous entendiez par là que le temps finit
par donner raison à ceux qui comme vous n'ont
pas toujours été compris. Dieu vous a fait la grâce
de vivre assez pour voir tous vos adversaires
politiques s'incliner respectueusement devant la
sagesse de vos avis et devant l'indépendance et
la loyauté de votre caractère. Et dans le concert
d'éloges qui a marqué votre passage de l'une à
l'autre vie, c'est à peine si une fausse note s'est
fait entendre.

Vous êtes parti sous une jonchée de roses, de
fleurs d'ajonc et de bruyère ; j'espère que dans un
an ou deux, la noble femme qui porte si fièrement
votre deuil, j'espère que vos fils, vos petits enfants,
vos amis, vos admirateurs, se trouveront à Lorient,
sinon consolés, du moins sans trop de tristesse,
au pied de votre monument de gloire ; car voici
que, suivant la promesse que je vous fis en son
nom, il y a neuf ans, l'Association Bretonne-Angevine dont vous fûtes le premier président vient
d'ouvrir une souscription pour vous élever dans
votre ville natale un monument digne de vous. Et
déjà tout ce qui porte un nom dans la politique,
les arts et les lettres a répondu à mon appel.

APPENDICE

I

LE COLLÈGE DE VANNES EN 1830

Nous reproduisons ici les pages charmantes que Jules Simon publia sous ce titre, en 1886, dans la *Revue illustrée de Bretagne et d'Anjou*, aujourd'hui *Revue des provinces de l'Ouest*.

« Je faisais ma rhétorique à Vannes en 1830, avec les frères Nay, dont j'ai raconté l'histoire dans un livre, l'*Affaire Nayl*, qui vous est peut-être tombé sous la main (1). Le collège et les écoliers du collège ne ressemblaient à rien de ce que j'ai connu depuis. Nous étions tous externes, et nous formions dans la ville une petite tribu qui était, ce me semble, assez considérée. Les méde-

(1) Ce livre, qui est un pur chef-d'œuvre, a été publié en 1883 dans la jolie édition bleue de l'éditeur Calmann-Lévy.

L. S.

cins et les avocats connaissaient par leur nom les premiers élèves des hautes classes ; ils s'intéressaient à nos travaux ; ils prenaient part, à la fin de l'année, à des exercices publics, nous posaient des questions, discutaient avec nous sur des points de littérature et de philosophie. Plusieurs de nos camarades étaient des fils de paysans et portaient le vieux costume breton. Ils se destinaient à être prêtres. Ils étaient en général plus âgés qu'on ne l'est au collège. J'avais un camarade de vingt-quatre ans, et sa présence n'étonnait personne. La plupart de nos rhétoriciens avaient une vingtaine d'années.

« Il devait bien y avoir quelques richards parmi nous, mais ils étaient bien clairsemés. Ce bon vieux collège était l'asile privilégié des écoliers pauvres. Deux ou trois institutions tenues par de vieilles demoiselles rassemblaient chacune une vingtaine de pensionnaires. C'étaient les jeunes gens de bonnes familles. Nous les regardions un peu comme des esclaves à la chaîne. Ils étaient mieux vêtus et mieux nourris que nous ; mais nous avions sur eux l'inestimable avantage d'être libres. Quatre heures de classe pendant cinq jours de la semaine, et le reste du temps la bride sur le cou. Du reste, nous étions tous laborieux et sages, en notre qualité de pauvres. Chacun sentait qu'il faudrait prochainement gagner sa vie.

« Nous étions assez nombreux. Bien peu d'entre nous vivaient dans leur famille. La plupart

venaient des communes voisines, et trouvaient
un grenier ou une chambrette dans quelque
pauvre ménage, où ils prenaient aussi leur pension à très bon marché. Quelques paysans arrivaient tous les lundis avec un énorme pain de
seigle, qui devait leur suffire jusqu'au samedi
suivant. Ils le coupaient en tranches dans une
écuelle, et la logeuse y jetait un peu de bouillon.
Avec cela ils achetaient un morceau de bouilli,
ou quelque charcuterie avariée, quand ils étaient
en fonds. J'en ai connu plusieurs qui n'avaient
d'autre nourriture que cette soupe à midi et du
pain sec le reste du temps. Vous pouvez croire
que nous n'étions pas des freluquets.

« J'avais trouvé à me caser chez Madame Le Normand, qui tenait la pension des enfants de chœur,
rue des Chanoines. J'avais là une chambrette sans
feu, où mon lit, une chaise de paille et une petite
table en bois blanc avaient bien de la peine à
tenir. Je mangeais avec les six enfants de chœur,
un abbé qui les instruisait, et Madame Le Normand, la veuve d'un notaire de campagne. Il était
convenu que, quand l'abbé serait malade, ou
appelé à l'évêché, ou occupé de ses examens au
séminaire, je le remplacerais. Grâce à ces arran-
gements, je ne payais que 25 francs par mois
tout compris, et comme on m'avait exempté
de la rétribution scolaire, mon budget ne
s'élevait pour l'année qu'à 250 francs. J'aurais eu
grand besoin d'un supplément pour mon cos-

tume ; Madame Le Normand avait toutes les peines du monde à le rapiécer, et ce qui ajoutait à mon malheur, c'est que je n'avais que quinze ans, et que je grandissais encore. Quant à l'argent de poche, je n'en sentais pas le besoin. Je ne crois pas qu'il me soit arrivé une seule fois de regretter de n'en pas avoir.

« Mais si vous voulez savoir tous mes secrets, les 250 francs à trouver n'étaient pas une petite affaire. La somme n'était pas grosse, mais je n'avais personne au monde qui pût songer à la payer. Heureusement pour moi, dans ce petit monde étrange, on avait l'habitude de faire donner des leçons aux commençants par les élèves des classes supérieures. Cela faisait vivre les grands, et ne coûtait pas cher aux petits. Pour trois francs par mois, on donnait une leçon tous les jours, même le jeudi. Cela ne faisait guère que deux sous par heure ; mais on mettait deux élèves ensemble, quelquefois trois, rarement quatre. Grâce à la bienveillance de M. Le Nevé, mon professeur, j'avais huit élèves (deux séries de quatre). Je donnais ma première leçon le matin, de six heures et demie à huit heures, et l'autre le soir, de six à sept heures. On me voyait passer dans les rues en hiver avec ma petite lanterne et une pauvre veste d'indienne, qui ne me protégeait pas contre le froid et la pluie. On m'a dit depuis que j'inspirais aux braves gens de la petite ville une sorte de respect. Il est certain que je

trouvais de la bienveillance de tous les côtés.
Mes huit leçons ne me rapportaient que 24 francs,
et c'était mon grand souci. Madame Le Normand,
qui était la bonté même, avait beau me dire de
ne pas penser à ma dette, j'en souffrais cruellement. Après la distribution des prix, où j'eus
sans exception tous les premiers prix, car j'étais
ce qu'on appelle un fort en thème, le conseil général du département me fit présent de 200 francs.
Je fus donc riche à mon tour. Je payai les 10 francs
que je devais à mon hôtesse, j'achetai une redingote de drap et des souliers, dont le besoin était
encore plus pressant, et je goûtai la douceur
d'avoir des livres de classe à moi, achetés chez
M. Galles, au lieu de me servir de vieux bou-
quins sales et déchirés comme auparavant.

Je n'ai jamais raconté cette histoire ; il me
semble qu'elle a quelque intérêt, comme détail
des mœurs d'une petite ville il y a cinquante-cinq
ou cinquante-six ans. En 1872, étant ministre de
l'Instruction publique, je reçus au 1er jour de
l'an la visite des membres de l'Université. Le recteur de l'Académie de Paris, M. Mourier, me présenta le corps de ses inspecteurs, parmi lesquels
j'en vis un qui avait évidemment grande envie
de renouer connaissance avec moi, et je cherchais
inutilement à me rappeler où je l'avais vu, quand
M. Mourier, qu'on avait mis au courant, me
dit : « Voilà M. Du Pontavice, à qui vous avez
donné des leçons au collège de Vannes. — Pour

trois francs par mois, m'écriai-je ! » J'eus grand plaisir à l'embrasser. Il avait été un de mes fidèles jusqu'à la fin de mon année de philosophie. La leçon avait lieu chez lui, et nous partions tous les cinq ensemble pour être au collège au coup de huit heures.

Je ne compte pas ces années-là parmi les dures années de ma vie. Où j'ai eu à souffrir, c'est pendant mes trois années de l'École normale, et deux ans après en être sorti, quand je devins suppléant de M. Cousin à la Sorbonne, avec quatre-vingt-trois francs d'appointements par mois.

Pour revenir au collège de Vannes, je vous dirai d'abord que nous n'y étions pas très confortables. L'empereur avait eu l'idée d'en faire un lycée. Le rez-de-chaussée était déjà construit, en façade sur la place, à côté de l'ancienne chapelle, quand survinrent les événements de 1814. La construction fut interrompue, et les murs étaient restés là, à l'état de ruine moderne, ce qui constitue le plus attristant des spectacles. Derrière cette masure s'étendait une très vaste cour, mal entretenue, bordée au fond par les beaux bâtiments de l'ancien collège des Jésuites, où étaient nos classes. Elles occupaient le vaste rez-de-chaussée, le premier étage restant inoccupé et désert. C'était une suite de salles immenses, éclairées d'un côté sur la cour, de l'autre sur la campagne. On y accédait en descendant trois marches de pierre, dis-

jointes par le temps. Elles étaient dallées ; les
murs étaient nus, lézardés. noirâtres. Au milieu
de la salle, un poteau mal équarri soutenait le plafond. Des bancs de bois avec dossier couraient
sur les quatre murs ; il n'y avait ni tables, ni pu-
pitres, on écrivait sur ses genoux, tout le milieu
de la classe était vide. La chaire du professeur
était en face de la porte. On y montait par un escalier ou plutôt par une échelle de huit à dix marches. Le régent, car c'était le nom qu'on donnait
à nos maîtres. paraissait comme juché sur un ton-
neau. Il n'y avait, bien entendu, ni poêle, ni cheminée. Le froid. dans ces salles empierrées, situées
en contre-bas au fond d'une cour, entièrement
démeublées, immenses, avec leurs six fenêtres
mal jointes, était tellement intense qu'à certains
jours nous ne pouvions plus tenir nos plumes. Le
maître frappait trois coups sur son pupitre au
beau milieu de nos exercices. Aussitôt nous nous
levions tous comme des frénétiques en poussant
des cris perçants. Nous nous prenions par la main
et nous dansions une ronde effrénée autour du
poteau. Au bout d'un quart d'heure, trois nouveaux coups nous ramenaient à nos places.
C'était un système de chauffage économique.
Je crois qu'il n'était pas malsain. En tout cas,
nous avions tous une bonne santé et une grande
ardeur. La neige était si épaisse dans la cour,
que les premiers qui nous frayaient le chemin en
avaient par-dessus les genoux.

On dispute à présent pour savoir si on ne supprimera pas dans les collèges l'enseignement du latin. Si on avait pris en 1830 une pareille résolution, et qu'on l'eût appliquée au collège de Vannes, je ne sais pas à quoi nous aurions passé le temps. Nos régents, qui presque tous étaient prêtres, savaient parfaitement le latin. Ils savaient peut-être aussi, tant bien que mal, un peu de théologie. Je puis attester qu'ils ne savaient pas autre chose. On nous donna en 1829 un régent de physique. On n'avait plus entendu parler de ce genre d'études au collège de Vannes depuis 1789. M. Merpaut, qu'on chargea de cet enseignement, était comme le collège : il n'avait jamais entendu parler de cela. Il acheta un vieil exemplaire de la Physique de l'abbé Nollet. « Je ne le comprends pas, nous dit-il, mais nous le lirons ensemble, et peut-être, en nous aidant mutuellement, parviendrons-nous à savoir ce qu'il veut dire. » Nous n'y parvînmes pas. Nous mîmes au pillage deux armoires contenant quelques instruments de physique surannés, et beaucoup de substances diverses. Nous mettions un grand zèle à mélanger ces fioles l'une avec l'autre sous les yeux de M. Merpaut, pour voir ce qui en résulterait. Nous finîmes par jouer aux palets pendant la classe avec les disques d'une pile de Volta. Je dois dire, pour rendre hommage à la vérité, que M. Merpaut avait un jeu très brillant. Le professeur de rhétorique, notre voisin, se plaignit du

tapage. M. Merpaut fut magnifique : « Allez dire
à votre maître que nous sommes ici pour étudier
les lois de la nature, et que nous lui laissons
pleine liberté de faire tout ce qu'il voudra des lois
de la rhétorique ».

Voilà comment on enseignait la physique et la
chimie dans la classe de M. Merpaut. Dans les
autres classes, on n'enseignait ni la littérature, ni
l'art d'écrire, ni les sciences pures, ni les sciences
appliquées, ni l'histoire, ni la géographie, ni la
philosophie, ni la rhétorique. On enseignait supé-
rieurement le latin. On ne se contentait pas seulement de nous le faire écrire et traduire, on
nous le faisait parler. C'était notamment la langue
courante dans la classe de philosophie. Le principal du collège n'en employait pas d'autre dans
ses communications officielles avec nous. Il ne
disait pas : « Il y aura congé ce soir », mais : *Vacabunt scholæ serotinis horis totis*. Il s'appelait
M. Gehanno. C'était un petit vieillard guilleret,
avec une figure de pomme d'api, portant la queue
et les culottes courtes, un long habit canelle qui
traînait sur ses talons, et un grand gilet de satin
noir. Il n'était pas avare de congés. *Vacabunt
scholæ*. Il avait toujours une histoire amusante à
nous raconter quand nous allions dans son cabinet. Je me les rappelle encore après plus de cinquante ans, et je vous en raconterais quelques-
unes, ici-même, si je ne me rappelais le précepte
d'Aristote, qu'il faut savoir s'arrêter : ἀνάγκη ςῆναι.

Je ne m'arrêterai pourtant pas, quoi qu'en dise Aristote, avant de vous avoir dit un mot de la méthode employée par nos régents pour tenir leur classe. Nous étions placés selon les rangs obtenus dans la dernière composition, les numéros pairs à la droite du régent, et les numéros impairs à la gauche. Le premier à droite, qui était le premier de la classe, portait le titre honorable d'*imperator* ; les régents facétieux allaient même jusqu'à dire : *imperator Augustus*. Le premier à gauche, qui était le second de la classe, prenait le titre de *Cœsar*. Puis venaient de chaque côté deux prêteurs, et dix *Patres conscripti*. Le régent poussait la nomenclature plus loin, quand il s'agissait de *viri consulares* qui avaient été malheureux dans leur composition, et qu'on ne pouvait pas, par égard pour leur dignité, confondre avec la *plebecula*. Mais cette circonstance se présentait rarement, et après les vingt-six premiers noms proclamés au milieu des applaudissements, le régent fermait la liste. *Cœteri ordine pertubato*. Il n'y avait ni consuls ni tribuns, ces deux charges étant conférées de droit à l'empereur et au César : *Imperator Augustus, iterum consul, tribunitia potestate*.

Nous avions aussi un grand censeur, qui tenait le registre des pensums, et avait le droit d'en donner, droit dont il avait soin de ne pas user. C'était une espèce de maître d'études, et disons le mot, quoiqu'il soit un peu dur, un

espion. J'espère que mon camarade Lanco, qui
était grand censeur à perpétuité, ne m'en voudra
pas. La charge n'en était pas moins très ambi-
tionnée ; elle donnait droit à une place d'honneur
dans la classe et à la chapelle. Le régent nommait
le censeur directement, sans tenir compte des
rangs de composition. Ce dignitaire était renou-
velable tous les quinze jours. J'ai vu des élèves
préférer cette dignité à celle d'empereur.

Préférez-en la pourpre à celle de mon sang.

Mais cette aberration était rare. Pour moi, j'ai
été empereur constamment pendant mes trois
dernières années de collège, excepté une seule
fois, où je descendis au rang de César. Cette
éclipse passagère fut un événement dans le collège, et un peu dans la ville. J'avais pourtant des
compétiteurs de grand mérite, dont la carrière a
été plus heureuse que la mienne, quoique peut-
être moins bruyante. Je me contenterai de citer
M. Guérin, aujourd'hui conseiller à la Cour de
Cassation, son frère Alphonse, notre grand chi-
rurgien, qui était, l'an dernier, président de l'Académie de médecine. Il y avait aussi M. Alliou ;
mais celui-là a constamment dédaigné les honneurs, et s'est contenté d'être proviseur du lycée
de Saint-Brieuc.

Les élèves qui occupaient la droite de la
classe étaient les Romains, et ceux qui siégeaient
à gauche étaient les Carthaginois. Romains et

Carthaginois entraient dans la classe au coup de
huit heures. Le régent n'y était pas ; le grand censeur présidait. Il veillait à ce que chaque Romain fît
réciter les leçons au Carthaginois du grade correspondant, et lui récitât ensuite les siennes. On lui
remettait une note écrite sur la façon dont l'épreuve
avait eu lieu. Elle était laconique : *Satisfecit*, ou
Non satisfecit. En général, elle était sincère. Il en
dressait un tableau qu'il remettait au régent, lorsque celui-ci faisait son entrée dans la classe à huit
heures vingt minutes. Le régent appelait quelques
non satisfecit, pour constater le degré de leur ignorance, et leur infligeait la punition proportionnée.
Il y avait ensuite des défis. Un Romain disait : Je
provoque le second préteur Carthaginois. Ils se
rendaient au poteau, *ad palum*, et lisaient leur
devoir l'un après l'autre. Le régent faisait ses re-
marques, et nommait le victorieux. Les victoires
et les défaites de chaque parti étaient soigneusement enregistrées par le grand censeur et les deux
purpurati.

La classe du samedi était un moment solennel. Le grand censeur et les *purpurati* (l'empereur
et le César) avaient additionné et comparé toutes
les notes de la semaine. Ils soumettaient à l'examen
du régent cet important travail. Il y avait quelquefois des difficultés. On discutait. Le régent était
maître de trancher la question, ou d'en appeler
au Sénat ou au peuple. L'abbé Le Bail s'en remettait toujours à un plébiscite ; mais l'abbé Robert

PORTRAITS-CHARGES DE JULES SIMON

Peuh !... par Gill.

(*La Lune*, 7 janvier 1877).

Au premier plan, Gambetta ; au second, Jules Simon.
On lit sur le poids : *Opportunisme*.

LE PRIX DE VERTU ; par Gilbert Martin.

(*Don Quichotte*, 12 mars 1880.)

M. Buffet.   J. Simon.   De Broglie.

LE DERNIER TOUR DE TRAPÈZE ;
par Gilbert Martin.

(*Don Quichotte*, 25 novembre 1880.)

PORTRAITS-CHARGES DE JULES SIMON

Bonjour ! — Bonsoir ! — par Gill.
(La Lune, 24 décembre 1876).
(A l'arrière-plan, De Marcère).

Jules Simon académicien ; par Gill.
(Eclipse, 1876).

et M. Le Nevé usaient du pouvoir dictatorial.
Simple affaire de tempérament. La sentence ren-
due, le grand censeur apposait solennellement
deux écriteaux : Romani victores et Carthaginienses victi ; ou Romani victi et Carthaginienses
victores. Il y avait certains avantages attachés à
la victoire ; des bons points, des exemptions de
travail. Mais c'était surtout pour nous une question d'amour-propre. On se sentait humilié d'être
du côté des vaincus, et l'abbé Le Bail ne manquait
pas de nous apprendre que c'était une *diminutio
capitis*.

Vous jugerez de tout le reste par cet échan-
tillon, car je ne veux pas vous ennuyer des détails
de la méthode. Elle est peu connue ; elle venait en
en ligne droite des jésuites. Je n'espère pas la ressusciter, et je n'en ai, veuillez m'en croire, aucune
envie. Après notre année de logique, que vous
autres modernes vous appelez l'année de philosophie, nous avions grand'peine à être reçus bache-
liers : j'ai vu des empereurs revenir bredouilles.
On nous regardait dans l'Académie de Rennes
comme des gens qui avaient sommeillé pendant
un siècle ; et il m'est arrivé plus d'une fois de dire
que j'ai fait mes études il y a cent cinquante ans.
Aussi quelles études ! La première découverte que
je fis en entrant à l'École normale, c'est que je ne
savais rien au monde, excepté un peu de latin.

JULES SIMON.

II

BIBLIOGRAPHIE (1)

OUVRAGES

1. *De Deo Aristotelis, diatribe philosophica* (thèse de doctorat ès lettres). In-8, 47 pages. Paris, imp. Moquet,
1839.

2. *Du commentaire de Proclus sur le* Timée *de Platon*
(thèse de doctorat ès lettres). In-8, 196 pages. Paris,
imp. Moquet, 1839.

3. *Études sur la théodicée de Platon et d'Aristote.* In-8,
vii-280 pages. Paris, Joubert, 1840.

4. *Œuvres de Malebranche.* Nouvelle édition, collationnée
sur les meilleurs textes et précédée d'une introduction. Première et deuxième séries, 2 volumes in-12,
53 feuilles. Paris, Charpentier, 1842.

5. *Œuvres de Descartes.* Nouvelle édition, collationnée
sur les meilleurs textes et précédée d'une introduction. *Discours sur la méthode. Méditations. Traité
des passions.* In-12, xlvii-562 pages. Paris, Charpentier, 1842, 1850, 1852, 1857, 1860, 1865, 1868,
1872, 1877.

6. *Œuvres philosophiques de Bossuet.* Nouvelle édition,
collationnée sur les meilleurs textes et précédée d'une

<hr>

(1) Nous empruntons cette Bibliographie à la notice historique
publiée sur Jules Simon par M. Georges Picot (Hachette, éditeur,
1897).

introduction. In-12, 17 feuilles 1/2. Paris. Charpentier, 1842. — Même ouvrage, 1853, 1863, 1881.

7. *Œuvres philosophiques d'Antoine Arnauld.* Nouvelle édition, collationnée sur les meilleurs textes et précédée d'une introduction, In-12, XLI-563 pages. Paris, Charpentier, 1843.

8. *Histoire de l'École d'Alexandrie.* 2 volumes in-8 : I, II-602 pages, 1844 ; II, 692 pages, 1845. Paris, Joubert.

9. *Manuel de philosophie* à l'usage des collèges : *Introduction et psychologie*, par Amédée Jacques. *Logique et histoire de la philosophie*, par Jules Simon. *Morale et théodicée*, par Émile Saisset. In-8, x-648 pages. Paris, Joubert, [1845], 1846. — 2ᵉ édition, in-8. Paris, Joubert, 1847. — 2ᵉ édition (*sic*) augmentée d'un appendice et mise en harmonie avec le dernier programme officiel du baccalauréat ès lettres. In-8, XII-625 pages. Paris, Hachette, 1851. — 3ᵉ édition, 1857. — 4ᵉ édition, 1863. — 5ᵉ édition. 1867. — 6ᵉ édition 1869. — 7ᵉ édition, 1872. — 8ᵉ édition, 1877. — 9ᵉ édition, 1883. — Même ouvrage, traduction espagnole : *Manual de filosofia, por Amédée Jacques, Jules Simon, Émile Saisset.* In-8, 608 pages. Paris, Hachette, 1868. — In-18 jésus, 1872, 1877, 1886, — Même ouvrage, traduction portugaise.

10. *Aux électeurs du département des Côtes-du-Nord.* In-4. Paris, imp. Fain et Thunot, s. d. [1846].

11. *Aux électeurs des Côtes-du-Nord.* In-8, 4 pages, Paris, imp. Fain et Thunot, s. d. [1848].

12. *Rapport à l'Assemblée constituante sur le projet de loi organique de l'instruction publique*, 1848.

13. *Discours sur la liberté d'enseignement*, à l'Assemblée constituante de 1848. Paris, Panckouke, 6, rue des Poitevins.

14. *A MM. les électeurs des Côtes-du-Nord.* In-8, 4 pages, Paris, imp. Thunot, s. d. [1849].

15. *L'Université* (Extrait de la *Liberté de penser*. numéro du 15 novembre 1849). In-18, 44 pages. Paris, imp. Thunot, 1849.

16. *Louis XIV et sa cour. Portraits, jugements et anecdotes extraits des Mémoires authentiques du duc de Saint-Simon* (1694-1715). In-18, xxxv-3o2 pages avec introduction. Paris, Hachette (*Bibliothèque des chemins de fer*), 1853.

17. *Le Régent et la cour de France. Portraits, jugements et anecdotes extraits des Mémoires authentiques du duc de Saint-Simon* (1715-1723). In-18, xxix-289 pages avec une introduction. Paris, Hachette (*Bibliothèque des chemins de fer*), 1853.

18. *La Saint-Barthélemy*, récit. (Extrait de *l'Estoile, Brantôme, Marguerite de Navarre, de Thou, Montluc*, etc., (*24 août 1572*.) In-18, ii-109 pages. Paris, Hachette (*Bibliothèque des chemins de fer*), 1853.

19. *La mort de Socrate*, in-18. Paris, Hachette (*Bibliothèque des chemins de fer*), 1853.

20. *Le Devoir.* In-18, iv-522 pages. Paris, Hachette, (1853) 1854. — 2ᵉ édition, in-12, iv-426 pages. Paris, Hachette, (1853) 1854. — 3ᵉ édition, 1855. — 4ᵉ édition, in-8, 1856. — 5ᵉ et 6ᵉ éditions, in-18 jésus, xix-455 pages. Paris, Hachette, 1857 et 1860. — 7ᵉ édition, in-18 jésus, xv-458 pages. Paris. Hachette. 1863. — 8ᵉ, 9ᵉ, 10ᵉ, 11ᵉ, 12ᵉ, 13ᵉ et 14ᵉ éditions, in-18 jésus, 468 pages. Paris. Hachette, 1869, 1872, 1874, 1879, 1881, 1886. — Même ouvrage, traduction en grec moderne : Τὸ Καθῆκον, ὑπὸ Ἰουλίου Σιμῶνος, μεταφρασθὲν ἐκ τοῦ Γαλλικοῦ ὑπὸ Π. Γ. Σκόφου. In-8, xx-56o pages. Préface de Jules Simon, écrite par lui en grec ancien, imprimée ici en français et en grec moderne. Athènes. " ἐκ τοῦ τυπογραφείου Χ. Νικολαΐδου Φιλαδελφέως ", 1860. — Même ouvrage, traduction suédoise : *Plitgen, af Jules Simon... Ofversáttning fran nionde original upplagan...* In-8, 375 pages. Stockholm, L. J. Hiertas, 1870.

21. *La religion naturelle.* In-8, vi-466 pages. Paris, Hachette, 1856. — 2ᵉ édition, 1856. — 3ᵉ édition, in-18, jésus, 12 feuilles 4/9. Paris, Hachette (1856), 1857. — 4ᵉ édition, in-18 jésus, xxxv-412 pages. Paris, Hachette, 1857, — 5ᵉ édition, in-18, jésus, xxxi-

416 pages, 1860. — 6ᵉ édition, xv-416 pages, 1866. —
7ᵉ édition, xi-422 pages, 1873. — 8ᵉ édition, vii-423
pages, 1883. — Même ouvrage, traduction anglaise :
*Natural religion, by M. Jules Simon, translated by
J. W. Cole ; edited, with preface and notes, by the
rev. J. B. Marsden*, etc. In-8, xliv-266 pages. Londres, Richard Bentley, 1857.

22. *La liberté de conscience.* In-18 jésus, 456 pages. Paris,
Hachette, 1857. — 2ᵉ édition, 492 pages, 1857. —
3ᵉ édition, entièrement refondue, 468 pages, 1859. —
4ᵉ et 5ᵉ éditions, 419 pages, 1867 et 1872. — 6ᵉ édition (*avec une introduction nouvelle*), xxviii-419
pages. Hachette, 1883.

23. *La liberté*, 2 volumes in-8 : I, viii-515 pages ; II, 571
pages. Paris, Hachette, 1859. — 2ᵉ édition, 2 volumes in-18 jésus, xi-836 pages. Paris, Hachette,
1859.
      Ouvrage dédoublé ensuite pour former les deux
      suivants :

24. *La liberté politique.* 3ᵉ édition, in-18 jésus, 378 pages.
Paris, Hachette, (1866), 1867, 372 pages. — 4ᵉ édition, 1872. — 5ᵉ édition, revue et augmentée, viii-
380 pages, 1881.

25. *La liberté civile.* 3ᵉ, 4ᵉ et 5ᵉ éditions, in-18 jésus, 426
pages. Paris, Hachette, 1867, 1872, 1881.

26. *L'ouvrière.* In-8, viii-392 pages. Paris, Hachette, 1861.
— 2ᵉ édition, in-18 jésus, 374 pages. Paris, Hachette,
1861. — 3ᵉ édition, xi-418 pages, 1861. — 4ᵉ édition,
xv-448 pages, 1861. — 5ᵉ édition, 1863. — 6ᵉ, 7ᵉ et
8ᵉ éditions, xvi-448 pages, 1891. — Même ouvrage,
traduction allemande : *Die Arbeiterin.*

27. *L'instruction populaire en France.* Débats parlementaires, par MM. Carnot, Havin et *Jules Simon*, députés au Corps législatif, *avec une Introduction historique par M. Jules Simon.* In-8, 257 pages. (Parties dues à M. Jules Simon : *Esprit de la Révolution
sur l'instruction populaire*, p. 1 à 98 ; *Situation des
instituteurs et des institutrices*, p. 113 à 142. *L'emprunt des écoles*, p. 167 à 196 ; *De l'abrogation des*

lettres d'obédience, p. 229 à-240 ; *L'instruction obligatoire*, p. 241 à 256). Paris, Degorce-Cadot, *Bibliothèque libérale,* 1864.

28. *Discours sur la loi des coalitions de M. Jules Simon, député au Corps législatif, dans la séance du 19 janvier 1864* (Extrait du *Moniteur universel* du 20 janvier 1864). In-8, 52 pages. Paris, imp. Panckouke et Cie, 1864.

29. *Discours sur la loi des coalitions de M. Jules Simon, député au Corps législatif, dans la séance du 21 janvier 1864* (Extrait du *Moniteur universel* du 22 janvier 1864). In-8, 62 pages. Paris, imp. Panckouke et Cie, 1864.

30. *Discours sur la loi des coalitions (29 avril 1864).* In-18, 32 pages. Versailles, imp. Cerf ; Paris, Librairie internationale. A. Lacroix, Verboeckhoven et Cie, 1864.

31. *Discours sur la situation des instituteurs et des institutrices (19 mai 1864).* In-18, 35 pages. Versailles, imp. Cerf; Paris, Librairie internationale, A. Lacroix Verboeckhoven et Cie, 1864.

32. *L'École.* 1re et 2e éditions, in-8, 435 pages. Paris. Librairie internationale, A. Lacroix, Verboeckhoven et Cie, 1864. — 3e et 4e éditions, 1864. — 5e, 6 et 7e éditions, revues et augmentées, 435 pages, 1865. — 2e édition, in-18 jésus, 445 pages. Paris, Hachette 1874. — 9e édition, 1877. — 10e édition, *contenant un résumé de la dernière statistique officielle,* vii-455 pages, 1881. — 8e édition, xxvii-455 pages, 1886. — 12e édition, xxvii-569 pages, 1894. — Même ouvrage, traduction espagnole (*Biblioteca professional de educacion, La Escuela, obra escrita en francés por... M. Julio Simon, y traducida al castellano por A. y A Moya, de la Torre*). In-8, 296 pages. Valence, *Biblioteca professional de educacion,* 1883.

33. *Conférence sur les bibliothèques populaires.* Société d'enseignement professionnel du Rhône (*Revue des cours littéraires,* 11 février 1865). Lyon, impr. Storck.

34. *Le travail.* 1re et 2e éditions, in-8, iii-425 pages. Paris,

Librairie internationale, A. Lacroix, Verbockhoven
et Cie, 1866. — 3e et 4e éditions, vii-425 pages 1867.

35. *Discours sur les bibliothèques populaires à la séance
    annuelle de la Société Franklin. (Revue des cours
    littéraires,* 23 juin 1866.)

36. *L'ouvrier de huit ans.* 1re et 2e éditions, in-8, 352 pages
    Paris, Librairie internationale, A. Lacroix, Ver-
    boeckhoven et Cie, 1867. — 3e et 4e éditions, in-18
    jésus, iv-38o pages, 1867.

37. *Discours sur le travail des enfants dans les manufac-
    tures,* prononcé par M. Jules Simon, président de
    la 52e séance annuelle de la Société pour l'instruction
    élémentaire. (*Revue des cours littéraires,* 10 août
    1867.)

38. *La séparation de l'Église et de l'État.* Discours pro-
    noncé au Corps législatif dans la séance du 3 décem-
    bre 1867 (extrait du *Moniteur universel* du 4 décembre
    1867). In-18, 35 pages. Versailles, imp. Cerf. 1867.

39. Discussion générale de la loi sur l'armée. *Discours de
    M. Jules Simon* (extrait du *Moniteur universel* du
    24 décembre 1867). In-8, 19 pages. Paris, Degorce-
    Cadot, 1867.

40. *Suppression des armées permanentes, organisation
    démocratique de l'armée.* Discours prononcés au
    Corps législatif dans les séances du 23 décembre 1867
    et du 12 janvier 1868. In-8, 23 pages. Paris, Degorce-
    Cadot, 1868.

41. *La peine de mort.* Discours prononcé au cirque des
    Champs-Élysées (Réunions publiques du dimanche).
    [Au profit des ouvriers français délégués à l'Exposi-
    tion de Londres.] 1867 ou 1868.

42. *Des réformes à introduire dans l'organisation des
    conseils de prud'hommes.* Discours prononcé au Corps
    législatif dans la séance du 20 mars 1868. In-18
    jésus, 35 pages. Paris, Degorce-Cadot (*Bibliothèque
    libérale*), 1868.

43. *Discours sur l'influence morale du logement sur l'ou-
    vrier. (Revue des cours littéraires,* 7 novembre 1868.)

44. *La politique radicale.* In-8, 400 pages. Paris, Librairie
internationale, A. Lacroix, Verboeckhoven et Cie,
1868. — 2e et 3e éditions, in-18 jésus, 400 pages,
1868 et 1869.

45. *Les réunions publiques* (extrait du *Journal officiel*).
In-18, 32 pages. Paris, Degorce-Cadot (*Bibliothèque
libérale*), 1869.

46. *Discours sur le devoir.* (*Revue des cours littéraires*,
20 février 1869.)

47. *Paris aux Parisiens.* Discours prononcé le 4 mars 1869
au Corps législatif, in-18, 24 pages. Paris, Degorce-
Cadot (*Bibliothèque libérale*), 1869.

48. *L'instruction populaire.* Conférence faite à Reims, le
25 avril 1869. In-12, 22 pages. Reims, imp. Luton,
1869.

49. *Conférence au profit des victimes du tremblement de
terre de l'Amérique méridionale.* Paris, 1869, imp.
A. Parent.

50. *Discours sur l'instruction obligatoire.* 11 juillet 1869,
imp. A. Parent.

51. *Le libre-échange.* Discours prononcé à Lyon. Lyon,
Bellon, 1869.

52. *La peine de mort.* In-18, 71 pages. Bordeaux, imp.
Gounouilhou, 1869. — Même ouvrage: *La peine de
mort, récit.* 1re, 2e, 3e et 4e éditions, in-18 jésus, 186
pages. Paris, Librairie internationale, A. Lacroix,
Verboeckhoven et Cie, 1869 et 1870. — Même ouvrage: *Trois condamnés à mort,* in-18 jésus, 245
pages. Paris, C. Lévy, 1881. — Même ouvrage:
L'affaire Nayl. Trois condamnés à mort. Paris,
C. Lévy, 1883.

53. *La famille.* In-18. 36 pages. Paris, Degorce-Cadot,
1869.

54. *Discours à la fête solsticiale du 14 mars 1869.* Paris,
Degorce-Cadot.

55. *Le système coopératif appliqué à l'exploitation des
chemins de fer,* avec une lettre-préface de Jules
Simon. 1870, Paris, Librairie internationale.

56. *La liberté de penser*. In-18 jésus, 34 pages. Paris, Degorce-Cadot, 1870.

57. *Discussion générale sur la liberté commerciale. Discours de M. Jules Simon, député de la Gironde.* Séances des 19 et 20 janvier 1870. In-8, 55 pages. Bordeaux, imp. Gounouilhou, 1870.

58. *Discours sur la liberté de la librairie prononcé au Cercle de la librairie* (*Revue des cours littéraires,* 5 février 1870).

59. *Discours sur la peine de mort* (*Revue des cours littéraires,* 12 mars 1870).

60. *Le libre-échange.* In-8, vi-339 pages. Paris, Librairie internationale, A. Lacroix, Verboeckhoven et Cⁱᵉ, 1870.

61. *Discours sur l'instruction obligatoire.* Association philotechnique, 5 juin 1870. Imp. A. Parent, 1870.

62. *Discours prononcé à la séance de rentrée de l'École normale supérieure,* en 1871.

63. *Discours de distribution des prix à l'Association philotechnique, à Paris, le 21 juillet 1872.* Imp. A. Parent, 1872.

64. *Discours prononcé le 5 août 1872 au Conservatoire national de musique.* In-4. Paris, Ch. de Mourgues, 1872.

65. *Discours prononcé à la distribution des prix du concours général, le lundi 12 août 1872.* In-4, 8 pages, Imp. nationale, août 1872.

66. *Discours... à l'assemblée générale des délégués des sociétés savantes, réunis à la Sorbonne le samedi 19 avril 1873.* In-16, 80 pages. Paris, Hachette, 1873.

67. *Discours... sur la prorogation des pouvoirs de M. le maréchal de Mac-Mahon, président de la République.* Séance du 18 novembre 1873. In-18, 24 pages. Paris, Le Chevalier, 1873.

68. *L'instruction gratuite obligatoire.* — 1ʳᵉ édition, in-32, 191 pages. Paris, librairie de la *Bibliothèque démocratique,* 1873. — Même ouvrage, traduction polo-

naise... *Oswiata ludu. — Juliusz Simon... Nauka bezplatna i abowiazhowa... Karol Forster...* In-8, xvi-143 pages. Berlin, U. Wydawcy, 1875.

69. *Discours de distribution des prix à l'Association philotechnique, à Paris le 18 janvier 1874.* Imp. A. Parent, 1874.

70. *La réforme de l'enseignement secondaire.* In-8, 436 pages. Paris, Hachette, 1874. — 2ᵉ édition, in-18 jésus, 436 pages, 1874.

71. *Souvenirs du 4 septembre : Origine et chute du second Empire.* In-8, 440 pages. Paris, Michel Lévy frères, 1874. — 2ᵉ édition. 3ᵉ édition, in-18 jésus, 440 pages, 1876.

72. *Discours sur l'abolition de l'esclavage, au banquet donné par les créoles présents à Paris le 6 mai 1875.* Imp. Brière, 1875.

73. *Discours prononcé à la Société d'enseignement professionnel du Rhône.* Association typographique Riotow à Lyon.

74. Fondation Cartault (2ᵉ année). Compte rendu de la cérémonie du couronnement de la rosière, qui a eu lieu le 17 octobre 1875, à Puteaux. *Discours de M. Jules Simon, député.* In-8, 16 pages. Paris, Jules Boyer, 1875.

75. *Discours d'inauguration du Cercle Franklin, au Havre, le 9 janvier 1876.*

76. *Souvenirs du 4 septembre : Le Gouvernement de la défense nationale.* In-8, 396 pages. Paris, Michel Lévy frères, 1874. — 2ᵉ édition. — 3ᵉ édition, in-18 jésus, 396 pages, 1876.

77. *Politique et philosophie*, par Frédéric Morin. *Introduction par M. Jules Simon.* In-18, xlvi-352 pages (Introduction, p. 1 à xlvi). Paris, Germer-Baillère, 1876.

78. Association philotechnique pour l'instruction gratuite des adultes.... Séances d'inauguration [*tenue à Foix sous la présidence de M. Jules Simon le 8 octobre 1876. Discours de M. Jules Simon*]. In-8, 42 pages.

Foix, impr. Astier, 1876. — Autres discours prononcés par M. Jules Simon dans des réunions de l'Association philotechnique : à Paris (ouverture solennelle des cours), le 5 octobre 1876. Paris, impr. Parent, 1877 ; — à Paris (1876-1877, distribution solennelle des prix), le 20 janvier 1878. Paris. impr. Parent, 1878 ; — à Suresnes (année scolaire 1877-1878, distribution solennelle des prix), le 7 avril 1878 ; Paris, impr. Martinet, 1878 ; -- à Paris (distribution solennelle des prix et banquet du soir), le 23 juin 1878. Paris, impr. Parent, 1878 ; — à Saint-Brieuc (séance d'inauguration, le 1er septembre 1878. Saint-Brieuc, impr. Guyon, 1878 ; — à Aubervilliers (séance d'inauguration), le 22 septembre 1878. Paris, impr. Paul Dupont, 1878 ; — à Paris (année 1878-1879, ouverture solennelle des cours, ouvertures particulières des sections des Quinze-Vingts, et des Ternes). Paris, impr. Parent, 1879 ; — à Paris (distribution solennelle des prix), le 6 juillet 1879. Paris, impr. Parent, 1879 ; — à Saint-Brieuc, en 1883. Saint-Brieuc, impr. Francisque Guyon, 1883 ; à Boulogne-sur-Seine (année scolaire 1888-1889, distribution solennelle des prix), le 28 avril 1889. Boulogne-sur-Seine, typogr. et lithogr. A. Doizelet, 1889.

79. *Discours prononcé sur la tombe de M. Thiers.* In-16, 8 pages. Castres, imp. Fabre, 1877.

80. *Le Gouvernement de M. Thiers (8 février 1871, 24 mai 1873).* 1re et 2e éditions, 2 volumes in-8 : I, 479 pages ; II. 459 pages. Paris, Calmann Lévy, 1878. — 3e édition, 2 volumes in-18 jésus, 934 pages, 1879. — 4e et 5e éditions, 2 volumes : I. 479 pages ; II, 475 pages, 1880. — Même ouvrage, traduction anglaise : *The Government of M. Thiers, from 8th February 1871, to 24th May 1873 ; from the French of M. Jules Simon, in two volumes.* In-8 : I, 553 pages ; II, 506 pages. Londres, Sampson Low. Marston, Searle et Rivington, 1879.

81. *Discours prononcé le 9 juillet 1878 au banquet offert aux membres étrangers du Jury de l'Exposition universelle.* Imp. Gauthier-Villars, 1878.

82. *Discours prononcé pour l'inauguration de la statue de
Paul-Louis Courier, à Véretz, en 1878.*

83. *Discours sur la propagation de l'enseignement professionnel, prononcé à l'Association polytechnique nan-
taise.* Nantes, Imp. du Commerce, 1878.

84. *La question des traités de commerce.* Association pour
la défense de la liberté commerciale, et pour le
maintien et le développement des traités de commerce.
Conférence tenue au théâtre du Château-d'Eau, le
16 février 1879, par M. Jules Simon, sénateur. In-8,
27 pages. Paris, 35, rue Bergère, 1879.

85. Société de protection des enfants du papier peint, 10,
rue Beccaria. Distribution des récompenses. Compte
rendu de la séance du 23 février 1879. [*Discours de
M. Jules Simon.*] In-8, 43 pages. Paris, impr. Chaix,
1879.

86. Société d'agriculture de la Gironde. Séance extraordinaire du 22 avril 1879. *Conférence de M. Jules Simon* et banquet libre-échangiste. In-8, 43 pages.

87. Chambre syndicale de l'horlogerie. Distribution solennelle des récompenses aux ouvriers et apprentis, le
2 mai 1879, salle du Grand-Orient, rue Cadet, *présidée par M. Jules Simon,* s. l. n. d.

88. *Discours prononcé à la distribution des récompenses
aux apprentis de la Société pour l'assistance paternelle aux enfants employés dans les fabriques de
fleurs et de plumes, le 4 mai 1879.* Impr. Chaix 1879.

89. Société d'enseignement professionnel du Rhône...
Discours prononcé par M. Jules Simon à la distribution des prix, au Grand-Théâtre de Lyon, le 1ᵉʳ juin
1879. In-8, s. l. n. d.

90. *Rapport au Sénat sur le projet de loi relatif au siège
du pouvoir exécutif et des Chambres à Paris.*
1ᵉʳ juillet 1879. A., t. VII, p. 91 à 98; an., p. 278;
I, 272. — Rapport sur le même projet de loi. 19 juillet 1879. A., t. VII, 218; an., p. 354; I, 370.

91. *Discours prononcé à Nancy, le 3 août 1879, à l'inauguration de la statue de M. Thiers.*

92. *Discours prononcé aux funérailles de M. le baron Taylor, le 15 septembre 1879.*

93. *Rapport au Sénat sur le projet de loi adopté par la Chambre des députés, relatif à la liberté de l'enseignement supérieur.* 8 décembre 1879. A., t. II, p. 4 ; an., p. 3 ; I, 20.

94. *Rapport supplémentaire (au Sénat) sur le projet de loi relatif à l'enseignement supérieur.* 13 janvier 1880. A., t. I, p. 6 ; an., p. 4 ; I, 2. — Rapport supplémentaire sur le même projet de loi. 16 février 1880. A., t. II., p. 187 ; an., p. 232 ; I, 58.

95. *Discours de distribution de prix au patronage industriel des enfants de l'ébénisterie, le 22 février 1880.* Imp. Chaix, 1880.

96. Société générale pour le patronage des libérés repentants, rue de Varennes, 78 *bis* (Ministère de l'intérieur). Séance annuelle du 30 mai 1880. [*Discours de M. Jules Simon.*] In-8, 32 pages.

97. L'Exposition universelle internationale de 1878 à Paris. Rapport du Jury international. *Introduction par M. Jules Simon, rapporteur général.* In-8, 581 pages. Paris, Imprimerie nationale, 1889.

98. *Le livre du petit citoyen.* In-18 jésus, 191 pages, avec vignettes. Paris, Hachette, 1880. — *Le livre du petit citoyen, livre de lecture à l'usage des écoles primaires.* 2ᵉ édition 1880. — 3ᵉ édition, 1885. — 4ᵉ édition, 1894. (Tirage de chaque édition à 18,000.)

99. Association pour le placement en apprentissage et le patronage d'orphelins des deux sexes... Quarante-huitième rapport annuel. Compte rendu des travaux de l'année 1881 [assemblée générale annuelle du 24 avril 1881, sous la présidence de M. Jules Simon. *Discours de M. Jules Simon*]. In-8, 71 pages. Chartres, imp. Garnier, 1882.

100. *Rapport au Sénat sur la proposition de loi de M. Dufaure, relative au droit d'association,* 27 juin 1882. A., p. 807 ; an., p. 45, I, 318. — *Rapport complémentaire sur la même proposition de loi.* 4 juillet 1882. A., p. 832.

101. *Dieu, Patrie, Liberté.* In-8, vii-430 pages. Paris,
C. Lévy, 1883. — 2ᵉ, 3ᵉ, 4ᵉ, 5ᵉ, 6ᵉ, 7ᵉ, 8ᵉ, 9ᵉ et 10ᵉ éditions, C. Lévy, 1883. — 11ᵉ édition, in-18, jésus
viii-430 pages. Paris C. Lévy, 1883. — Même ouvrage, traduction espagnole (*Dios, Patria y Libertad,
por Julio Simon.* Version castellana de J. Orellis),
In-8, viii-328 pages. Madrid, Dubrull, 1883.

102. *Une Académie sous le Directoire.* In-8, 477 pages.
Paris, C. Lévy, 1884, 1885.

103. *Thiers, Guizot, Rémusat.* In-8, 375 pages. Paris,
C. Levy, 1885.

104. *La neutralité scolaire.* Discours prononcé au Sénat
le 18 mars 1886. In-18, Louvain, Ch. Fon-
tein, 1886.

105. Association bretonne angevine, fondée le 7 décembre
1886. Banquet de fondation [*Discours de M. Jules
Simon*]. In-12, 28 pages (1).

106. *Nos hommes d'État.* [Recueil d'articles parus dans le
Matin.] In-18 jésus, 360 pages. Paris, C. Lévy,
1887.

107. *Victor Cousin.* In-18 jésus, 185 pages et portrait.
Paris, Hachette. (*Les grands écrivains français*),
1887. — 2ᵉ édition, 1889. — 3ᵉ édition, 1891.

108. *Opinions et discours*, par Jules Simon. Avec étude
biographique et littéraire. In-8, 32 pages. Paris,
Gautier (*Nouvelle bibliothèque populaire à 10 centimes*), 1888.

109. Société philanthropique… Inauguration du nouvel asile
de nuit et du dispensaire pour enfants, 44, rue Labat
(Montmartre). *Discours prononcé par M. Jules Simon.* In-8, 29 pages. Paris. Société philanthropique.
1888.

110. Discours prononcé à l'assemblée générale annuelle

(1) M. G. Picot a oublié de mentionner les discours que Jules
Simon prononça au mois de septembre 1888, comme président de
l'Association Bretonne-Angevine, à Pontivy, à l'inauguration de la
statue du docteur Guépin, à Lorient, à l'inauguration de la statue de
Brizeux.

de la Société française des amis de la paix, le
23 mars 1888.

111. Alliance française... *Allocution de M. Jules Simon* dans
la matinée-conférence du Vaudeville, du 20 décembre 1888.

112. *L'éducation athlétique* (extrait du journal *l'Illustra-
tion*). In-32, 26 pages. Paris, imp. Chaix, 1888.

113. *Conférence sur l'éducation*, faite au théâtre de Lille
(séance solennelle du 20 janvier 1889). In-8, 17 pages.
Publication de la *Société industrielle du Nord de la
France*. Lille, imp. Daniel, 1889.

114. *Mémoire des autres.* Illustrations de Noël Saunier,
1er, 2e et 3e mille, in-18, jésus, viii-299 pages. Paris,
E. Testard et Cie (*Collection E. Testard et Cie*). Mar-
pon et Flammarion, 1889.

115. *Mignet, Michelet, Henri Martin.* In-8, 373 pages.
Paris, C. Lévy, Librairie nouvelle, 1889.

116. Le *Journal des Débats sous la Restauration,* dans
Le Livre du Centenaire du Journal des Débats.
In-4, xvi-631 pages, pages, p. 107 à 119. Paris,
Plon, 1889.

117. *Souviens-toi du 2 décembre,* 1re et 2e éditions, in-18
jésus, iv-364 pages. Paris, Victor Havard, 1889.

118. Lettre de M. Charles Lucas, membre de l'Institut, à
M. Jules Simon, Secrétaire perpétuel de l'Académie
des sciences morales et politiques, à l'occasion du
rapport de la commission sénatoriale relatif au projet de code pénal italien abolissant la peine de mort,
suivie de la *Réponse de M. Jules Simon.* In-8,
7 pages. Orléans, imp. Paul Girardot ; Paris, 1889.

119. *École Monge.* Distribution des prix, 31 juillet 1890.
Discours de M. Jules Simon, sénateur, président.
In-8, 11 pages. Paris, imp. Chaix, 1890.

120. *L'hygiène à Paris. L'habitation du pauvre,* par le
docteur O. Du Mesnil... — *Avec une préface de M.
Jules Simon...* In-18, 222 pages (Préface, p. 5 à 10).
Paris, J.-B. Baillière et fils, 1890.

121. *Discours prononcé à Mâcon par M. Jules Simon, les*

19 et 21 octobre 1890, aux fêtes du Centenaire de Lamartine. In-8., Mâcon, Protat, 1891.

122. *Colas, Colasse et Colette.* In-8, 36 pages. Paris, Gautier (*Nouvelle bibliothèque populaire à 10 centimes*), 1891.

123. *Nouveaux mémoires des autres.* Illustrations de Léandre, gravées sur bois par Prunaire, in-18 jésus, 367 pages. Paris, Testard et Flammarion, 1891.

124. *Discours prononcé à l'assemblée générale annuelle de la Société protectrice de l'enfance,* à la Sorbonne. le 22 février 1891.

125. *Discours prononcé à la Ligue populaire pour le repos du dimanche,* avril 1891.

126. *La femme du XXe siècle,* par Jules Simon, de l'Académie française, et Gustave Simon, docteur en médecine. In-8, 410 pages. Paris, C. Lévy, Librairie nouvelle, 1891. — 2e, 3e, 4e, 5e, 6e, 7e, 8e, 9e, 10e, 11e, 12e, 13e, 14e, 15e, 16e, 17e, 18e, 19e, 20e et 21e éditions, in-18 jésus, 410 pages, 1891 et 1892. — Même ouvrage, traduction suédoise.

127. *De l'initiative privée et de l'Etat en matière de réformes sociales.* Conférence faite au Grand-Théâtre de Bordeaux, le 7 novembre 1891, sous le patronage de la Société des ambulances urbaines. In-12, 22 pages. Bordeaux, imp. G. Gounouilhou, janvier 1892.

128. *L'Association des dames françaises.* Conférence faite au profit de l'association [à la fin de l'année 1891].

129. *Discours prononcé à l'inauguration du monument des mobiles bretons, à Saint-Brieuc, le 10 juillet 1892.*

130. *Discours prononcé à l'inauguration de la statue de Le Sage à Vannes, en 1892.*

131. *Notices et portraits (Caro, L. Reybaud, Michel Chevalier, Fustel de Coulanges).* In-8, 353 pages. Paris, C. Lévy, [1892], 1893.

132. *Discours prononcé à la Ligue contre la licence des rues. — 9 mai 1894.*

133. *Quatre portraits (Lamartine, le cardinal Lavigerie, Ernest Renan, Guillaume II, suivis du discours pro-*

noncé pour le centenaire de l'Institut). — In-18,
334 pages. Paris, C. Lévy, 1896.

TRAVAUX ACADÉMIQUES

1. *Rapport fait au nom de la commission pour le prix
    Halphen*, lu dans la séance du 11 juin 1864, t. 70,
    p. 433. Inséré dans les *Mémoires de l'Académie*,
    t. XII, p. 321-322.

2. *Fragment sur l'éducation des filles*, lu dans la séance
    publique annuelle des cinq Académies, le 16 août
    1864, t. 70, p. 243 à 261. — Institut, in-4, p. 107
    à 126.

3. *Les sociétés coopératives de construction et de logement*
    t. 75, p. 245 à 266.

4. *Influence de l'éducation, sur le bien-être et la moralité
    des classes laborieuses*. Rapport sur le concours
    pour le prix quinquennal fondé par M. le baron
    Félix de Beaujour, lu dans la séance du 7 décem-
    bre 1867, t. 83, p. 193 à 197. Inséré dans les *Mé-
    moires de l'Académie*, t. XIII, p. 259 à 265.

5. *Discours prononcé aux funérailles de M. Viennet*, le
    mardi 14 juillet 1868. Institut, in-4, p. 9 à 11.

6. *Observations sur l'esclavage au Brésil*, t. 91, p. 453-454.

7. *Discours de M. Jules Simon, président de l'Institut,
    prononcé aux funérailles de M. Auber...*, le 15 juil-
    let 1871. Institut, in-4. p. 1 à 3.

8. Séance publique annuelle des cinq Académies, du mer-
    credi 25 octobre 1871, présidée par M. Jules Simon...
    Discours d'ouverture de M. le Président, t. 96,
    p. 235 à 243. — Institut, in-4, p. 1 à 12.

9. *Discours de M. Jules Simon, président de l'Académie
    des sciences morales et politiques, lu dans la séance
    publique annuelle du samedi 23 décembre 1871*,
    t. 96, p. 554 à 576. — Institut, in-4, p. 1 à 23.

10. *L'éducation physique dans les collèges*, t. 100, p. 737
    à 812.

11. *Discours... prononcé aux funérailles de M. de Ré-musat*, le 8 juin 1875. Institut, in-4, p. 13 à 15.

12. Discours prononcés dans la séance publique tenue par l'Académie française pour la réception de M. Jules Simon, le 22 juin 1876. *Discours de M. Jules Simon.* Institut, in-4, p. 1 à 47.

13. *Observations sur l'instruction primaire et l'instruction secondaire*, t. 105, p. 159-160.

14. *Observations sur les résultats de l'enseignement primaire à Paris de 1867 à 1878*, t. 110, p. 880 à 882.

15. *Discours prononcé par M. Jules Simon, directeur de l'Académie française, dans la séance du 7 août 1879, sur les prix de vertu.* Institut, in-4, p. 95 à 118. — In-18, 96 pages. Paris, Didot, 1879.

16. *Discours prononcé à l'inauguration de la statue de M. Thiers, à Saint-Germain-en-Laye, le dimanche 19 septembre 1880*, t. 114, p. 676 à 680. — Institut, in-4, p. 9 à 15.

17. *Observations sur l'enseignement secondaire à Paris en 1880*, t. 115, p. 41 à 47.

18. *Le vêtement*, t. 115, p. 150 à 165.

19. *Le monde régénéré par la science*, t. 115. p. 625 à 635.

20. *L'instruction publique et la Révolution.* Rapport et discussion sur un ouvrage de M. Albert Duruy, t. 117, p. 747 à 752, 753-754.

21. *La cité des Kroumirs ; La cité Jeanne d'Arc.* Rapport sur deux ouvrages du docteur Du Mesnil, t. 117, p. 933 à 941.

22. *Notice historique sur la vie et les travaux de M. de Rémusat*, lue dans la séance publique annuelle du samedi 22 juillet 1882, t. 118, p. 246 à 277. Inséré dans les *Mémoires de l'Académie*, t. XIV, 1re partie, p. 277 à 315.

23. *Le danger des mauvais livres et le moyen d'y remédier.* Rapport sur un ouvrage de M. de Budé, t. 119, p. 764.

24. *Observations sur les populations agricoles de la Bretagne*, t. 120, p. 158 à 160.

25. *Les assurances ouvrières en Allemagne.* Rapport sur
un ouvrage de M. Ch. Grad, t. 120, p. 281 à 283.

26. *Notice historique sur la vie et les travaux de M. Guizot,* lue à la séance publique annuelle du samedi
10 novembre 1883, t. 120, p. 863 à 905. Inséré dans
les *Mémoires de l'Académie,* t. XV, p. 1 à 52.

27. Funérailles de M. Mignet..., le vendredi 28 mars 1884...
Discours de M. Jules Simon. — Institut, in-4. p. 15
à 19.

28. *Observations sur un ouvrage de M. du Mesnil : L'habitation du pauvre à Paris,* t. 121, p. 448.

29. *Suppression des anciennes Académies,* t. 122, p. 722 à
746.

30. *Éloge de M. Thiers,* lu dans la séance publique annuelle du 8 novembre 1884, t. 122, p. 837 à 878.
Inséré dans les *Mémoires de l'Académie,* t. XV,
p. 53 à 102.

31. *Rapport sur la traduction d'Aristote de M. Barthé-
lemy-Saint-Hilaire,* t. 124, p 765 à 768.

32. *Éloge de M. Mignet,* lu dans la séance publique annuelle du 7 novembre 1885, t. 124, p. 885 à 924.

33. *Notice historique sur la vie et les travaux de M. Michelet,* lue dans la séance publique annuelle du
4 décembre 1886, t. 127. p. 26 à 99. Inséré dans les
Mémoires de l'Académie, t. XV, p. 151 à 237.

34. *Le Comité des travaux historiques et philosophiques,*
t. 127, p. 119 à 127.

35. *Les temps passés.* A propos d'un ouvrage de M. G. Guizot et de Mme de Witt, t. 127, p. 470-471.

36. *Discours prononcé à l'inauguration de la statue élevée
à la mémoire de Victor Massé, à Lorient, le 4 septembre 1887.* — Institut, in-4, p. 7 à 12.

37. *Notice historique sur la vie et les travaux de M. Louis
Reybaud,* lue dans la séance publique annuelle du
17 décembre 1887. t. 129, p. 28 à 59. Inséré dans
les *Mémoires de l'Académie,* t. XVI, p. 1 à 38.

38. *Notice historique sur la vie et les travaux de M. Henri
Martin,* lue dans la séance publique annuelle du

samedi 1er décembre 1888, t. 131, p. 29 à 63. —
In-4, 43 pages. Paris, Didot, 1888.

39. Inauguration de la statue de Jean-Jacques Rousseau,
le 3 février 1889. *Discours de M Jules Simon,
directeur de l'Académie française.* In-8, 8 pages.
Paris, Didot, 1889.

40. *Réponse de M. Jules Simon, directeur de l'Académie
française, au discours de M. Henri Meilhac. (Séance
de l'Académie française du 4 avril 1889.)* Institut,
in-4, p. 33 à 56. — In-8, 41 pages. Paris, C. Lévy,
Librairie nouvelle, 1889.

41. *Notice historique sur la vie et les travaux de M. Michel
Chevalier,* lue dans la séance publique annuelle du
7 décembre 1889, t. 133, p. 29 à 90.

42. *Notice historique sur la vie et les travaux de M. Ca⟩ o,*
lue dans la séance publique annuelle du samedi
6 décembre 1890, t. 135, p. 111 à 176.

43. *Notice historique sur la vie et les travaux de
M. Fustel de Coulanges,* lue dans la séance publique
annuelle du samedi 28 novembre 1891, t. 137,
p. 33 à 66.

44. *Notice historique sur la vie et les travaux de M. Char-
ton,* lue dans la séance publique annuelle du samedi
3 décembre 1892, t. 139, p. 47.

45. *Notice historique sur la vie et les travaux de M. Hippo-
lyte Carnot,* lue dans la séance publique annuelle
du samedi 2 décembre 1893.

46. *Notice historique sur la vie et les travaux de M. Ch.
Lucas,* lue dans la séance publique annuelle du
samedi 1er décembre 1894.

47. *Notice historique sur la vie et les travaux de
M. Victor Duruy,* lue dans la séance publique
annuelle du samedi 30 novembre 1895.

COLLABORATIONS DIVERSES

Articles dans le *Dictionnaire des Sciences philosophiques*
(1re édition 1843-1852; 2e édition, 1875).

Préface à *Eugénie Grandet*, de Balzac, 1853.

Collaborateur de la *Revue des Deux-Mondes*, depuis le
1er octobre 1840.

Collaborateur de *La liberté de penser*, de 1848 à 1850.

Directeur du *Journal pour tous*, en 1856.

Directeur du *Siècle*, de 1875 à 1877.

Directeur du *Gaulois*, de 1879 à 1881.

Collaborateur du *National*, de juin 1848 à la suppression
du journal.

Collaborateur du *Matin*, depuis le 12 août 1884.

Collaborateur du *Journal des Débats*, depuis septembre 1886.

Collaborateur du *Temps*, depuis le 2 mars 1890.

Directeur de la *Revue de famille*, depuis 1888.

Collaborateur du *Figaro*, du *Journal*, du *Soir*, etc.

Auteur d'articles parus dans un grand nombre de revues et
journaux italiens, anglais, espagnols.

TABLE DES MATIÈRES

TABLE DES GRAVURES

PORTRAITS-CHARGES DE JULES SIMON

TOURS, IMPRIMERIE PAUL BOUSREZ